关系、规则与乡村治理

赣东北塔湾村的秩序表达

Guanxi, Rule and Rural Governance

陈燕芽 著

中国社会科学出版社

图书在版编目（CIP）数据

关系、规则与乡村治理：赣东北塔湾村的秩序表达／陈燕芽著. -- 北京：中国社会科学出版社，2024. 10.
ISBN 978-7-5227-4402-5

Ⅰ．D638

中国国家版本馆 CIP 数据核字第 2024Q95G03 号

出 版 人	赵剑英
责任编辑	许　琳
责任校对	李　硕
责任印制	郝美娜

出　　版	中国社会科学出版社
社　　址	北京鼓楼西大街甲 158 号
邮　　编	100720
网　　址	http://www.csspw.cn
发 行 部	010-84083685
门 市 部	010-84029450
经　　销	新华书店及其他书店
印　　刷	北京君升印刷有限公司
装　　订	廊坊市广阳区广增装订厂
版　　次	2024 年 10 月第 1 版
印　　次	2024 年 10 月第 1 次印刷
开　　本	710×1000　1/16
印　　张	16.75
插　　页	2
字　　数	233 千字
定　　价	98.00 元

凡购买中国社会科学出版社图书，如有质量问题请与本社营销中心联系调换
电话：010-84083683
版权所有　侵权必究

目 录

第一章 导论 ……………………………………………… (1)
    一 村落进入与问题意识 …………………………… (1)
    二 乡村依何而治的三种取向 ……………………… (6)
    三 相关概念界说 …………………………………… (28)
    四 研究的基本说明 ………………………………… (40)

第二章 地域社会关系底色 ……………………………… (47)
    一 历史沿革与自然地理 …………………………… (47)
    二 经济特征 ………………………………………… (54)
    三 村落社会关系结构 ……………………………… (61)

第三章 等级差序：家庭关系下的伦理性治理 ………… (70)
    一 内外差序：家庭边界与身份关系 ……………… (71)
    二 伦理为基：家庭内部秩序的构建 ……………… (79)
    三 伦理失序与家庭分化 …………………………… (96)
    四 小结：家庭关系与差序治理 …………………… (105)

第四章 轻重相权：亲族关系下的混合性治理 ………… (109)
    一 小亲族关系形态与治理 ………………………… (110)

  二 仪式化家族及其治理 …………………………………（125）
  三 小结：亲族关系与混合治理 ……………………………（140）

第五章 交换扩展：村落关系下的市场性治理 ………………（143）
  一 理性与自由：家户互助合作秩序的生成 ……………（145）
  二 均衡与强制：村落公共事务的治理 …………………（168）
  三 互利性公平：村落交换治理与扩展 …………………（182）
  四 小结：村落关系与交换治理 …………………………（194）

第六章 关系变迁中的乡村治理 ………………………………（197）
  一 流变的家庭与治理 ……………………………………（197）
  二 亲族关系的变迁与治理 ………………………………（205）
  三 村落关系的嬗变与治理 ………………………………（212）
  四 小结：关系变迁与治理规则适应性转化 ……………（220）

第七章 总结与讨论 …………………………………………（222）
  一 对"乡村依何而治"的延伸性回应 …………………（222）
  二 关系、规则与治理：乡土底色力量"再发掘" ………（229）
  三 不足之处与后续研究 …………………………………（235）

参考文献 ……………………………………………………………（237）

附录 塔湾村调查日志（节选） ………………………………（252）

后 记 ……………………………………………………………（264）

第一章

导　论

一　村落进入与问题意识

"中国文明史一直伴随着城市与乡村的分离，对立过程进行的"①，20世纪80年代以来，为了消弭城乡二元对立因素，实现对乡村社会的整合，国家推行了一系列政策措施。其中，包括"法律下乡""乡村基层法治化建设"等法律规则层面的整合，旨在推动构建法律共同体，实现普遍的"规则之治"。然而，近年来的乡村法治实践表明，现代性规则在进入日常生产生活等方面仍保留着诸多传统因子的乡村社会过程中遭遇了冲突与排斥，出现"语言混乱"②和规则混乱的现象，进而导致乡村"法治内卷化"③。用费孝通先生的话来讲，即"法治秩序的好处未得，而破坏礼治秩序的弊端却先发生了"④。针对这一困境，法学、社会

---

① 徐勇：《非均衡的中国政治：城市与乡村比较》，中国广播电视出版社1992年版，第6页。
② "语言混乱"一词最早由克利福德·吉尔兹提出，用来形容地方性知识与外来法律之间的冲突与对抗，并认为这是导致第三世界秩序混乱的一个原因；之后，朱晓阳援用这一概念来概括中国法治化进程中出现的法律规则与社会内生性规则的冲突现象。
③ 如林辉煌、蒋华林等人均持此观点，即表现这样一个悖论："随着法治建设的推进，可资利用的法治资源日益丰富，但是普遍的规则之治并没有实现，无论是执法者还是当事人都更多地采用非法治化的方式来处理社会问题，结果反而造成多数人权益的受损，而且，法治建设越推进，去法治化的实践后果越明显。"参见林辉煌《法治的权力网络——林乡派出所的警务改革与社会控制（2003—2012）》，博士学位论文，华中科技大学，2013年。
④ 费孝通：《乡土中国　生育制度》，北京大学出版社1998年版，第58页。

学、政治学及法律相关交叉领域学者深入研究，形成了乡村治理法治论、内生规则论和互动论三种观点，着力回应乡村社会"依何而治"或如何治理的问题。

事实上，要有效推动法治化建设，跨越"法治内卷化"困境，也许我们不该囿于对当前乡村治理规则的探讨，而应首先厘定乡村社会行为主体选择某一规则的原因或辨明影响规则选择秩序生成的因素，即，要对乡村治理内在机制何以生成的这一深层次问题进行挖掘。正如应星等所言："在村民的眼中，法治、人治、司法与非司法的界限并不重要，真正重要的区别是某种手段在表达利益、解决纠纷上实用与否……他们打官司并不一定是出于他们对法律的相信，就像他们上访并不一定出于对'青天'的相信。他们把法律和上访同样都作为权宜救济的手段，就如同支配者把法律和信访作为权宜治理的手段一般。"[1] 那么，应该如何检视隐匿于治理规则之下的奥秘呢？

列宁曾经指出："为了用科学眼光观察这个问题，最可靠、最必需、最重要的就是不要忘记基本的历史联系，考察每个问题都要看某种现象在历史上怎样产生，在发展中经过了哪些主要阶段，并根据它的这种发展去考察这一事物现在是怎样的。"[2] 而中国历史的真正秘密则隐藏在乡村中国之中。因此，探究中国社会现状所隐匿的奥秘要从乡村开始，更要从"历史乡村"着手。

众所周知，国内外学者关于传统乡村社会治理形态及治理规则的研究早已存在，如马克斯·韦伯在《儒教与道教》一书中对中国乡村社会自治作了描述，认为中国村落是"无朝廷官员的自治地区"，村社生活主要被以氏族为基础的自治组织所支配。乡民不必依靠强力性的外来王法来维持彼此之间的关系，他们完全可以凭借相互间千丝万缕的联系和

---

[1] 应星、王庆华：《涉法信访、行政诉讼与公民救济行动中的二重性》，《洪范评论》第3卷第1辑，中国政法大学出版社2006年版，第191—221页。

[2] 《列宁选集》第四卷，人民出版社1972年版，第43页。

对相对长久的利害关系的考虑，通过涵盖社会生活方方面面的礼俗，来调整公共生活中发生的冲突，维护家族或乡村共同体内部的秩序①；费孝通先生则直接将乡土社会归为"无法"及追求"无讼"的"礼治"社会，即依靠社会公认的行为规范——"礼"而治，非由法所统制的社会，维持"礼"的是传统；②来自美国的"中国通"学者费正清也发现"礼"在中国传统乡村社会的重要性，并发出感叹："对于一个享有较高物质生活水平的美国人来说，使他感到惊异的是中国农民在这样困苦的生活条件下，竟能维持一种高度文明的生活。问题的答案在于他们的社会习俗，这些习俗使每个家庭人员，按照根深蒂固的行为准则经历人生的各个阶段和变迁。这些习俗和行为准则，一向是世界上最古老而又最牢固不变的社会现象。"③

无论是马克斯·韦伯、费正清，还是费孝通先生都试图回答这样一个问题：在皇权无法有效渗透的乡村社会是"依何而治"的？他们强调"礼"，即社会内生性规则在维系乡村社会秩序的独特意义，但却认为"礼"是依靠最稳定、最牢固不变的传统或社会习俗来维持的，这在一定程度上具有形而上的色彩，也不禁令人心生疑虑：在具体的治理实践过程中，实然意义上的"礼"与应然意义上的"礼"是完全相同的，还是另有关系呢？是固化不变的，还是动态发展的呢？作为治理规则的"礼"是否会被取代或重构？如果会，那么为何及如何呢？由此可见，他们忽视了对治理的实然规则及其应用这一治理内核问题的把握，且多是结论性的陈述，未具体呈现乡村社会"礼治"的生动图景。

机缘巧合的是，从2016年开始，有幸多次去往位于江西东北部的余干县梅港乡塔湾村（自然村）实地考察村落形态与实态，并将中华人民

---

① ［德］马克斯·韦伯：《儒教与道教》，洪天富译，江苏人民出版社2010年版，第98—103页。
② 费孝通：《乡土中国　生育制度》，北京大学出版社1998年版，第48—53页。
③ ［美］费正清：《美国与中国》（第四版），张理京译，世界知识出版社1999年版，第21页。

共和国成立前村落自然、经济、社会及治理形态作为重点。调研发现此村落有两个特点：一是自主性较强。在塔湾村，一家一户的小农经济发达，几乎每家每户均为土地所有者与生产者，无大地主，以自耕或半自耕的土财主为主；村落内租佃关系简单，以小规模的村内土地租佃为主，农户以家户为基本单元进行生产经营活动，在日常生产、生活及其交往中，对老板、大头首、保甲长、会首、"话公"等村落权威或强势人物，村内外组织、国家力量的依赖性较弱。相对而言，村落小农的自主性较强。

二是注重关系，即自主性较强的同时，人们在日常生产生活交往中又十分注重关系。"攀关系""关系好""看关系""关系不好的不行""关系在，情在""断关系"等与关系相关的词句出现频率很高，关系无所不在，也不可或缺。村民遇事时会首先根据关系来决定该如何行为，如何选择规则，关系不同，行为规则也不同，关系变动，相适用的关系规则也随之变化；反之，规则的实践样态和效用也会因关系的不同而有所区别。人们也常常通过各种行为手段来创设或破坏各种关系，如"断关系"或"攀关系"等，进而来突破某一规则限制或谋求某一规则的保护。

例如，生产环节或建房的帮工，邻里帮工一般要管饭，日后还要对等地还回去，否则双方的关系会受到影响。亲兄弟、女婿等人的帮工，可以不管饭，以后不还回去或不对等的偿还也是可以接受的；家户之间借用生产工具要看关系，关系好才能借上，凡是能借到的就不用给报酬，关系不好就算给钱也借不到。如果关系好的一方拒绝另一方的借用请求或收受报酬，那么双方关系也会遭到破坏，之后双方不会再互借生产工具，即使借，也不一定借的到；农户之间发生矛盾纠纷，如何解决也先看双方的关系，兄弟之间、至亲之间、同姓村民之间、同村人之间、本村与外村人之间所适用或选择的规则也会有差异；按照规定，除独子、身体缺陷的适龄男子均要服兵役，但这一规则却因农户与保长之间关系不同而出现流变，与保长关系好的老板、至亲等可免被抓壮丁。诸如此类的事例，举不胜举。

关系始终像紧箍咒一样，左右着人们的行为，转化和形塑既定规则，进而又反过来指导着行为及行为结果，人们不得不顾及这一点。论及此处，在将关系与乡村治理勾联之前，为消除人们可能产生的关于"私人关系何以影响乡村治理"的疑虑，有必要事先解释一下。自古以来，"普天之下莫非王土""家天下""国天下""家国一体"的思想，使得"公""私"的边界具有模糊性，"公"与"私"均可以"己"为中心不断伸缩与扩展，家亦如此。这样一来，公与私一直存在着暧昧关系，表现为公共领域与私人领域相互重合与延伸，"私人领域的人际关系与公共领域的社会关系相互重合与延伸是中国社会的很重要特点……在这一底色上形成的私人领域的人际关系在人们日常生活中具有支配性地位，并深刻影响着公共政治领域。公共领域没有与私人领域脱离和分割出来，是中国政治的重要特征之一"[①]。

既然关系如此重要，回到上述问题，无所不在、不可或缺的关系是否会或是如何影响乡村社会秩序的建构与维系的呢？关系与乡村治理规则，包括法律规则与"礼"等社会内生性规则之间又是什么关系？关系、规则、治理之间有何内在关联？这些具体问题成为本研究的缘起基点，也汇聚成了基本的问题意识：在"皇权无为"的情况下，一个自主性较强的村庄是如何通过关系—规则的互动互构进行社会自我调节并实现治理的？

本书以关系—规则为视角，以一个自然村落为研究单元，通过对中华人民共和国成立之前村落社会的具体治理实践形态的考察，紧紧围绕着关系、规则与治理三者之间的关系来挖掘乡村社会自我调节的内在机

[①] 徐勇：《关系权：关系与权力的双重视角——源于实证调查的政治社会学分析》，《探索与争鸣》2017年第7期。

理，为深刻认识乡村如何及"依何"而治的变迁及现状寻求历史制度底色，并在此基础上，从关系—规则的视角剖析乡村治理的实态，回答现代性法律规则在乡村社会遭遇排斥与对抗的底色性原因，为新时代法治乡村建设和乡村治理共同体建设提供新的思考方向。

研究乡村社会中关系与规则的互动互构对乡村治理的影响为我们诠释和理解乡村社会治理内在机理及结构提供了重要路径。本书在回答核心问题之余，也努力尝试着对费孝通与费正清先生关于乡村社会依"礼"而治的理论进行适当的补充。通过关系这一"活"变量的引入来更好地展现与充实关于传统乡村社会依"礼"而治的过程，同时，努力探究在有着深厚关系传统的中国乡村，"礼"是否囿于关系来发生作用，即"礼"与关系之间是否存在着互动关系及其对乡村治理有何影响的问题。

二 乡村依何而治的三种取向

塞缪尔·P. 亨廷顿在《变化社会中的政治秩序》一书中提出："人当然可以有秩序而无自由，但不能有自由而无秩序。"[①] 无论是过去、现在，还是将来，社会秩序是不可避免的议题，良好的社会秩序是人类生存、生活、生产活动的必要前提和基础，也正如卢梭所言："社会秩序乃是为其他一切权利提供了基础的一项神圣的权利。"[②] 然而，对于非自然状态下的人类，并不存在无须规则或规律的秩序，统治或治理要依靠一定的规则或力量，乡村治理亦是如此。根据本书的研究逻辑，将围绕乡村"依何而治"进行综述，从已有文献来看，主要归纳为以下三种研究取向。

---

① [美] 塞缪尔·P. 亨廷顿：《变化社会中的政治秩序》，王冠华、刘为等译，上海人民出版社2008年版，第6页。
② [法] 卢梭：《社会契约论》，何兆武译，商务印书馆2003年版，第4页。

（一）乡村治理的法治论

法治论者主要强调自上而下的法律及国家力量在维持社会秩序上的作用。西方法治论起源于古希腊文明，他们坚信法律的统治地位，主张自由仅受制于法律，法律之权力大于人之权力。"古希腊七贤"之一的毕达库斯（Pittacus）首先提出"人治不如法治"[①]的思想。之后为维护法律而放弃生命的苏格拉底先生可以说也是主张用法律来维持秩序的先锋之一。他在面对法官与陪审团不公正的判决时，拒绝向法庭妥协，坚持认为，无论是真理的持有者，还是美德的富有者，最后都必须是法律的服从者。[②] 因为法律是正义的、神圣的，无论法律判决公正与否，公民均应该无条件地服从法律，一旦逃避，便违反了法律与公民资格精神，这种行为是最低贱的，也会进一步导致城邦秩序的混乱。其弟子柏拉图关于城邦"依何而治"问题的答案，经历了从人治向法治的重大转变，这可清晰地见诸《理想国》与《法律篇》两部著作之中。在早期作品《理想国》中，柏拉图从"善"的角度勾勒了一个由哲学家统治的理想国家模式，认为靠知识与智慧替代法律掌管，"不停地制订和修改法律，总希望找到一个办法来杜绝商业上的以及我刚才所说的那些其他方面的弊端……其实等于在砍九头蛇的脑袋"，"在哲学家成为城邦的统治者之前，无论城邦还是公民个人都不能终止邪恶，我们用理论想象出来的制度也不能实现"[③]。理想国似乎只存在于他的想象及哲学话语中，由于国家实践与现实的双重冲击，他开始为法治正名而努力，在《法律篇》中，构建了"第二等好国家"。在这里，法律成为统治者，"人们必须为他们自己制定法律并在生活中遵

[①] 参见［古希腊］亚里士多德《政治学》，吴寿彭译，商务印书馆1965年版，第145页。
[②] 参见李鼎楚《论苏格拉底的法律思想》，《吉首大学学报》（社会科学版）2005年第1期。
[③] ［古希腊］柏拉图：《理想国》，郭斌和、张竹明译，商务印书馆1986年版，第143、255页。

循它们,否则他们会无异于最野蛮的野兽","如果一个国家的法律处于从属地位,没有权威,我敢说,这个国家一定要覆灭;然而,我们认为一个国家的法律如果在官吏之上,而这些官吏服从法律,这个国家就会获得诸神的保佑和赐福"①。然而,柏拉图的法治思想又是不彻底的,无须法律的人治国家依旧是最理想的模式,而法治国家则是"第二等好"的。柏拉图的学生亚里士多德驳斥了理想国的构想,并继承与发展了其法治思想,强调法律的统治,并指出法治的两重意义,即"已成立的法律获得普遍的服从,而大家所服从的法律又应该本身是制订得良好的法律"②,法治亦是正义之治。从本质上来看,无论是柏拉图还是亚里士多德的法治思想均带有道德主义色彩。

在古希腊法治思想的影响下,古罗马人将法律看作为至高无上的权威,并日益强调自然法与自然理性。如西塞罗指出:"我们是法律的仆人,以便我们可以获得自由","法律统治执政官,所以执政官统治人民,因此确切可以说,执政官乃是会说话的法律,而法律乃是不会说话的执行官"③,"法律是植根于自然的、指挥应然行为并禁止相反行为的最高理性"④。

近代社会以来,随着人文主义的兴起,西方关于法治思想的研究进入一个新的阶段。洛克将国家权力分为立法权、行政权与对外权,其中立法权为最高权力,来自人民的委托,立法机关不得转让,同时,他强调政府及君主无权施行专制统治,"应该以正式公布的既定的法律来进行统治,这些法律不论贫富、不论权贵和庄稼人都一视同仁,并不因特殊

---

① [古希腊]柏拉图:《法律篇》,张智仁、何勤华译,上海人民出版社2001年版,第309、715页。
② [古希腊]亚里士多德:《政治学》,吴寿彭译,商务印书馆1965年版,第202页。
③ 法学教材编辑部《西方法律思想史编写组》编:《西方法律思想史资料选编》,北京大学出版社1983年版,第79页。
④ [古罗马]西塞罗:《国家篇 法律篇》,沈叔平、苏力译,商务印书馆1999年版,第158页。

情况而有出入"①。卢梭在《社会契约论》一书中致力于在社会秩序中，"寻找一种结合的形式，使它能以全部共同的力量来卫护和保障每个结合者的人身和财富，并且由于这一结合而使每一个与全体相联合的个人又只不过是在服从其本人，并且仍然像以往一样地自由"②，为此，他寄希望于人们通过社会契约联结成国家，并由个体权利和自由的让渡形成人民主权，以此来保护人民的自由，但实质上，社会秩序的维持依然需要至高无上的强制性力量。孟德斯鸠则以法律为个人自由的限度。此外，如霍尔巴赫、摩莱里等人均强调法治的至上性。如摩莱里认为，戒律、准绳和道德都要从基本和神圣的法律引申而来，法律神圣不可侵犯，谁改动或废除法律就惩罚谁，同时，不分等级和地位，任何公民如果违反神圣的法律就要受到制裁③。

随着经济社会的发展，法治论研究也开启了现代化进程。英国法学家戴雪以本国政治和法律传统为基础，论证了法治现代化的重要意义；在此之后，富勒、罗尔斯、哈贝马斯等人也从不同维度阐释和丰富了西方法治理论，形成了形式法治与实质法治的分歧，自由主义法治学说由此兴起。其中，形式法治以拉兹为代表，强调法的支配地位和法律制定的合法性，认为法律是全社会最高行为规范，即"法律至上"，无论主政者还是人民均要遵从之，使人民得以预期政府的行为，并在这种预期的基础上规划个人的日常生活。从广义上讲，法治是指"人们应服从法律并受法律统治"，狭义上来看，指的是"政府应受法律统治并服从法律"④。与之相对应的是实质法治观点，如约翰·罗尔斯认识到形式法治的不足，认为形式法治重点关注遵守法律的程度，而事实上，包括法律在内的任何形式的政治制度都有正义或不正义之分，"不能体现良心自

---

① [英] 洛克：《政府论》（下篇），叶启芳、瞿菊农译，商务印书馆1964年版，第90页。
② [法] 卢梭：《社会契约论》，何兆武译，商务印书馆2003年版，第19页。
③ 苏一星：《西方法律思想发展简史》，中国社会科学出版社2002年版，第105页。
④ 参见陈福胜《法治的人性基础》，博士学位论文，黑龙江大学，2004年。

由、思想自由、人身自由和平等的政治权利，就不是一个正义的程序"，人们要拒绝服从不正义的法律。①

自由法治学说与形式法的观点有相似之处，即强调法律至上，法治是与权力无涉的，是社会共同体为了保卫自身权利而创设的规则主张，是为对抗权力而生的，并试图通过司法独立而实现"去国家""去权力"的法治。如美国自由主义法学家安德鲁·奥尔特曼认为"每一个社会都应该依据法治运作"②，即法治被视为是最理性的统治方式，应当取代道德等非法治的控制方式，以实现法治的普世主义价值。"在整个社会生活中严格贯彻法治原则，其最基本的精神是用法律和制度来治理国家，管理国家，从法治本身的含义看，首先是指以法律和制度来组织、管理、协调国家的一切事务，即国家治理步入法律和制度的轨道。"③与自由主义法治学说相对应，有学者主张法治虽然与市民社会的需求相吻合，但法治的实现从来都是国家权力推动的，且法治的生成从一开始就是依附和服务于国家权力的，并不存在一个权力无涉、孑然独立的法治状态。如罗·庞德提出"有效法律行为的限度"④。美国学者理查德·波斯纳等的研究表明，作为法治建设最重要的载体，司法不可能独立于国家权力，从本质上来讲，法治是国家权力运作的过程，法治社会秩序是国家通过外部性的规则对某一社会进行的控制。⑤

与西方一样，中国自古以来也存在着"依何而治"的讨论，早在春秋战国时期，就出现以管仲、商鞅、韩非等为代表的法家学派，提出

---

① [美] 约翰·罗尔斯:《正义论》，何怀宏、何包钢、廖申白译，中国社会科学出版社1988年版，第187页。

② [美] 安德鲁·奥尔特曼:《批判法学——一个自由主义的批评》，信春鹰、杨晓锋译，中国政法大学出版社2009年版，第5页。

③ 刘作翔:《法制现代化概念、释义和实现目标》，《宁夏社会科学》1999年第3期。

④ [美] 罗·庞德:《通过法律的社会控制 法律的任务》，沈宗灵、董世忠译，商务印书馆1984年版，第98页。

⑤ [美] 理查德·波斯纳:《法官如何思考》，苏力译，北京大学出版社2009年版，第21、26页。

"以法治国""以法为本"等口号。管仲最早明确主张"法治",即"以法役人",认为"上不行法,则民不从","法律政令者,吏民之规矩绳墨"①。也就是说,如果以法来治理国家,则天下太平,反之则民不顺国不安,法律是官吏臣民要遵守的共同行为准则,即使制定法律的君主也要从法,"令尊于君"。在管仲思想的基础上,商鞅对法治的推崇更上一筹,要"不贵义而贵法","任法而治",同时,还要切实地去执行法律,如果法治只停留在空谈阶段,与无法一样,会导致国乱。至于如何使法行之有效,他又提出要"明法",要"立信于民"与"尊君重权"。韩非主张"以法为本","不务德而务法","上法而不上贤"。由此可见,法家诸子均看重法治,但法出自于君,由君主制定,且法只是君主治国的重要手段,充斥了浓郁的人治气息,更多的是形式上的法治,与西方意义上的法治有所区别。

直到近代,西方学说传到中国,使得"法治"有了近现代的价值色彩。《论法的精神》的译者严复引介了法国的法治思想,反对人治,主张法治。19世纪90年代,黄遵宪重申"以法治国",西方"法治"概念进入中国学者视野,之后,康有为、梁启超、章太炎、孙中山、陈独秀、胡适等均加入到倡导法治的浪潮中去。新中国成立之后,法学家钱瑞升继续坚持法治主张,指出"人治随人而易,而法治则可以一成不变,实行法治者,有治人可以进步更快,没有治人也可以维持相当的标准"②。"文化大革命"期间,人治主张占上风,成为人们的共识。动荡年代结束之后,梁漱溟在1978年的政协直属小组会议上一再强调"中国历史发展到今天,人治的办法已经走到尽头。人们对法制的愿望更加迫切、更加坚决了,中国的局面由人治渐入法制,现在是转折点"③。这一观点开

---

① 《管子·法法》,转引自马作武《管子法律思想评述》,《山东社会科学》2004年第8期。
② 参见苗延波《论法治、人治与德治的关系——中国与西方人治、法治思想之比较》,《天津法学》2010年第2期。
③ 公丕祥主编,夏锦文、刘旺洪副主编:《当代中国的法律革命》,法律出版社1999年版,第317—318页。

启了人治与法治的讨论，产生三派，其中，何华辉、李步云等为代表坚持法治论，直到今天，讨论与分歧依然存在。

西方法治论持有者并无意于乡村社会"依何而治"的探求，然而，由于中国城市与乡村的二元性，中国部分学者对乡村法治进行研究。如董磊明、陈柏峰、聂良波等在对河南宋村的法律实践进行解读时，发现与传统乡土社会相比，当前农民的价值观念、行为逻辑和联结模式都在发生本质的变化，农村社会呈现出"结构混乱"，导致当前村庄内生力量无法有效地整合秩序。在越来越具有现代性特征的乡土社会，国家法律已日益成为维护社会秩序、促进社会和谐、保障新农村建设不可或缺的力量，"迎法下乡"已有了现实的内在需要，并非国家的一厢情愿。[①] 林辉煌亦持有类似观点，认为法治实质上是一种规则供给模式，目的在于实现良性的社会控制与秩序，在乡村社会的微观实践中法治已出现内卷化局面，要解决这个问题必须将法治纳入权力网络中来，离开了国家权力，而希望由个体或社会来达成规则供给的制度，基本上是不可能的[②]。杨力对乡村司法理论进行反证，指出随着新农民阶层的出现及其推动的乡村社会变迁，乡村司法理论产生了一些悖论性事实，在此基础上，从"地位获得理论"与乡村司法运作存在的关联角度对此加以解释，并认为现有的乡村司法理论应当摆脱地方化特征，转而复归到追求普适化的乡村法治化轨道。[③]

乡村治理法治论的研究集中于对当下农村社会法治实践，尤其是乡村司法的考察，属于乡村司法法治论的范畴，主要强调在现代化的冲浪下，社会内生的秩序迅速崩溃，要"找回国家"，突出国家介入对乡村社会秩序的重要性，要注意对传统乡土社会政治社会现象及当下乡村社

[①] 董磊明、陈柏峰、聂良波：《结构混乱与迎法下乡——河南宋村法律实践的解读》，《中国社会科学》2008年第5期。

[②] 林辉煌：《法治的权力网络——林乡派出所的警务改革与社会控制（2003—2012）》，博士学位论文，华中科技大学，2013年。

[③] 杨力：《新农民阶层与乡村司法理论的反证》，《中国法学》2007年第6期。

会中传统因子的解释限度。

(二) 乡村治理的内生规则论

与法治论相对应，乡村治理的内生规则论的持有者强调乡村社会内生性规则是乡村治理及其秩序维持的规则与力量，主要包括风俗、习惯、惯行、习惯法、惯例、民间法、礼、宗法、伦理规则等一切由乡村社会内部生成，并为内部群体所广泛认可的，支配乡村社会关系及行为的规则。研究者们主要从以下几个层面展开研究：

一是规则与乡村社会秩序之关系层面。国外学者弗里德里希·冯·哈耶克、滕尼斯等考察了社会内生性规则与社会秩序建构和治理的关系。弗里德里希·冯·哈耶克在阐释自生自发秩序时提出"社会秩序二元观"，指出人类依靠规则形成一定的社会秩序，内部规则和外部规则都是人类演化需求的产物，共同在人类社会历史进程中发挥着作用。"与外部秩序相对应的外部规则尽管是人类社会所不能或缺的治理工具，但是它却不能因此而侵扰或替代内部秩序得以生成并得以维续的内部规则，否则自生自发的内部秩序和植根于其间的个人的行动自由就会蒙受侵犯并遭到扼杀"。正因为如此，他主张对传统的尊重与遵守，在他看来，任何人都是有限理性的，长期的历史过程已为人们积淀了传统性的习惯、习俗等自发性规则，遵守传统规则是经过"自然选择"的人对规则的应然性第一态度。[①] 与之相类似，诺斯区别了非正式制度与正式制度。

德国社会学主要创始人斐迪南·滕尼斯对习惯、习俗、风俗和惯例进行定位与辨析，将习惯和惯例作为人以血缘关系为纽带的共同体秩序中的规则系统，并指出，"在村庄社区和包括若干村庄的地区内，习俗和习惯法占统治地位；在或大或小的区域里，这样结合起来的人们，所作所为都

[①] [英] 弗里德里希·冯·哈耶克：《法律、立法与自由》（第一卷），邓正来等译，中国大百科全书出版社2000年版，第40页。

根据作为普遍的和共同的、有效的意志的习惯法，统治者们据此进行他们的统治，仆役据此履行他们的役务，他们都相信必须这样做，因为大家都这样做，而且父辈们也曾这样做，相信这是正确的，因为历史都总是如此。"①

以英国历史学家爱德华·汤普森为代表的学者们则从历史的角度来进行考察，他认为西方社会进入法律秩序之前，中世纪欧洲是典型的习惯性秩序，在这种情况下，"习惯"是个好东西，"如果说'习惯'沿着一条道路传达了我们今天将其归之于'文化'的众多内涵，那么，习惯沿着另一条路则与普通法发生非常密切的关系。这种法律源于乡村的习惯和平常的习俗：习俗可以简化为规则和惯例，它在某种情况下被编纂成法典并可以当作法律来实施"②。同时，爱德华·汤普森还指出要在历史大背景下来探讨现代法律秩序的生成才是准确的进路，最重要的例子便是中世纪英国农业区"把庄园习惯作为地方法"③。就早期社会中，习惯对主体影响和控制力的重要作用而言，弗朗西斯·培根发出过如下感言："在迷信以外事情中习惯之凌驾一切是处处可见的，其势力之强，使得人们于自白、抗辩、允诺、夸张之后，依然一仍旧贯地作下去，好像他们是无生命的偶像，和由习惯的轮子来转动着的机械似的，这种情形真使人惊讶。"④

二是乡村自治层面。按照安东尼·吉登斯的观点："在传统中国，乡村实行某种程度的自治。"⑤ 至于乡土社会如何及"依何"进行自我治理

---

① [德] 斐迪南·滕尼斯：《共同体与社会——纯粹社会学的基本概念》，林荣远译，北京大学出版社2010年版，第236页。
② [英] 爱德华·汤普森：《共有的习惯》，沈汉、王加丰译，上海人民出版社2002年版，第3页。
③ [英] 爱德华·汤普森：《共有的习惯》，沈汉、王加丰译，上海人民出版社2002年版，第3页。
④ [英] 弗朗西斯·培根：《培根论说文集》，水天同译，商务印书馆1983年版，第144页。
⑤ [英] 安东尼·吉登斯：《民族—国家与暴力》，胡宗泽等译，生活·读书·新知三联书店1998年版，第47页。

的问题，研究成果颇丰。日本学者基于共同体理论，展开了对中国"乡土共同体"如何运转的探讨。内山雅生教授利用日本满铁惯行调查资料研究，提出了"共同关系"概念，即在中国传统乡村社会，会首、会头等村庄实力派通过因看青、打更、保甲自卫团等合作行为形成的"共同关系"来实现对农村社会的控制。① 清水盛光指出，中国专制主义的客观基础存在于被统治阶层的社会构成之中，从共同体自律性连带的性质中体现出来，而自律的连带是一种由社会意识支配的协同关系，是以自然形成的村民的亲和感情为基础产生的。因此，中国村落拥有以里老和老人为中心实施的各种自治功能。② 在此基础上，平野太郎则明确指出中国农村存在着"乡土共同体"，村落在农村生活中的农耕、治安防卫、祭祀信仰、娱乐、婚葬以及农民的意识道德中的共同规范等方面具有共同体意义。③

中国社会学家费孝通先生在《乡土中国》一书中用社会学的方法阐明传统中国农村的"乡土性"，认为乡土社会是熟人社会，人们追求"无讼"，社会公共秩序的生成与维持无须依赖国家的法律，而仅依靠"礼"，依靠对传统规则的服膺，是"礼治"社会。④ 在乡土社会中，想要建立法治秩序，要看重人民怎样去应用法律及法庭等设备，还要在社会结构和思想上有所改革，否则就会出现"法治秩序的好处未得，而破坏礼治秩序的弊端却已先发生了"的情况⑤。有"中国通"之美誉的美国学者费正清在对中国旧社会本质进行探讨时发现："中国维护社会秩序的首要办法是灌输社会行为的正统原则（礼），其次是利用奖惩这种恩

---

① ［日］内山雅生：《二十世纪华北农村社会经济研究》，李恩民、邢丽荃译，中国社会科学出版社2001年版，第5页。
② 李国庆：《关于中国共同体的论战——以"戒能—平野论战"为核心》，《社会学研究》2005年第6期。
③ 李国庆：《关于中国共同体的论战——以"戒能—平野论战"为核心》，《社会学研究》2005年第6期。
④ 费孝通：《乡土中国 生育制度》，北京大学出版社1998年版，第48—53页。
⑤ 费孝通：《乡土中国 生育制度》，北京大学出版社1998年版，第58页。

威兼施的办法。使用武力来维持秩序，被认为是最后一项手段。"①

梁漱溟先生则认为伦理是国家与社会治理的基础，人人在伦理关系中各行其是，"太平有道之世，国与民更仿佛两相忘，则是中国真情"，国家权力是消极无为的，社会治理过程中，讲究伦理关系、情义，而非法律等正式规则，也正如他在《中国文化要义》一书中所阐述的那样"中国政治之特殊，一是把政治作为伦理间之事，讲情义而不争权利，用礼教以代法律，是曰政治之伦理化；二是对内对外皆求消极相安，而最忌多事，几于为政治之消极，是曰政治之无为化"②。马戎则对费孝通先生的礼治秩序内涵进行了扩展，认为礼治秩序应该包含两个层面：一个是行为规范层面，用来处理人与人、人与群体之间的关系，比如待人接物礼仪、人情互惠规则、纠纷处理办法以及制度化了的家法族规等，这个层面上的礼治可以称为民间法；另一个是道德规范层面，用来处理不涉及人际关系的行为。③ 徐勇教授持类似观点，即中国传统的乡土社会具有深厚的家族性，在一个个相对封闭的家庭共同体中，主要依靠千百年流传下来的礼俗进行治理，礼俗来自人们日常共同生活，基于血缘、地缘而产生。人们要在共同体内生活，不仅要接受，而且必须要遵守。④

还有部分学者从村规民约维度进行研究。谢晖认为无论是少数民族地区，还是汉族地区，中国乡民社会的基本特征仍然突出，乡村日常生活和交往的准则仍大体上由以村规民约为代表的习惯法来调整；⑤ 张明新认为农村社会和城市社会相比，相对封闭。农村社会仍以血缘关系为基础，在整个国家社会体系中的地位事实上具有边缘性，受到国家的影

---

① ［美］费正清：《美国与中国》（第四版），张理京译，世界知识出版社1999年版，第67页。
② 梁漱溟：《中国文化要义》，安徽师范大学出版社2014年版，第166、188页。
③ 马戎：《"差序格局"——中国传统社会结构和中国人行为的解读》，《北京大学学报》（哲学社会科学版）2007年第2期。
④ 徐勇：《农村社会观察（五则）——礼治，理治，力治》，《浙江学刊》2002年第2期。
⑤ 谢晖：《当代中国的乡民社会、乡规民约及其遭遇》，《东岳论丛》2004年第4期。

响较之于城市社会而言要小得多。因此，农村社会传统的生产生活方式、行为习惯及村庄内在的逻辑必将继续存在并发挥着难以被取代的功能和作用。①

三是宗族社会层面，即以宗族社会为基本场域、载体对乡村社会为何及"依何"而治的问题进行研究。马克斯·韦伯在《儒教与道教》一书中试图从中国宗教伦理中寻找中国为何没有出现资本主义的原因时指出，与有官员所在的缺乏有组织自治的城市不同，中国村落则是无官员的且有组织的自治地区。村落就是氏族或氏族的联盟。每个氏族都有公认的"道德准则"，在事实上"拥有为其成员立法的权力，此一权力不仅具有超越法律的效力，而且在某种情况下，甚至在宗教礼仪问题上，还具有抗拒法律的效力"。② 这样一来，国家与乡村社会关系较为散漫，控制力与监视力较弱，"在这样的社会中，法律是用不上的，社会秩序主要靠老人的权威、教化以及乡民对于社区中规矩的熟悉和他们服膺于传统的习惯保证"③。马克斯·韦伯对中国传统乡村社会形态的研究引发了后续者对这一话题的关注、讨论及反思。

日本学者谷川道雄从历史的角度对中国六朝时期的宗族组织进行考察时指出血缘关系、名望等作为宗族自我组织的两大因素，即宗族是"由各种血缘分化而成的私家的集合，而使这种集体更加紧密结合的，则是其中作为特殊私家的名望家"④。瞿同祖则从法律的角度阐释了中国传统社会的治理特点，认为在传统的宗族社会中，经济权、法律权、宗教权等一切权力均掌握在家长或族长手中，实行对宗族社会的统治。然而，

---

① 张明新：《从乡规民约到村民自治章程——乡规民约的嬗变》，《江苏社会科学》2006年第4期。
② [德] 马克斯·韦伯：《儒教与道教》，洪天富译，江苏人民出版社2010年版，第93、94、95、98页。
③ 梁治平：《乡村社会的法律与秩序》，王铭铭、王斯福主编《乡土社会秩序、公正与权威》，中国政法大学出版社1997年版，第417页。
④ [日] 谷川道雄：《中国中世社会与共同体》（增订本），马彪译，上海古籍出版社2013年版，第173页。

在瞿同祖看来，宗族是国家治理的单位，国家承认他们的治权，反过来他们维持其单位内的秩序而对国家负责，进而实现对整个社会秩序的维持，即通过族长治理好宗族，国家自然实现有效治理。① 在一定程度上，宗族社会治理是以目的为导向的，至于社会内部自治是被允许的。冯尔康先生也承认宗族的自治性，但与瞿同祖不同，他认为宗族自治是一种以血缘为基础的"教化"自治，包括宗族对族人的"教化权"与族人的"自教养"。同样，金耀基先生也主张通过教化的自治，但他更突出家庭的作用，正如他自己所说的那样："中国的家，乃不止指居同一个屋顶下的成员而言，它还可横的扩及到家族、宗族而至民族，纵的上通祖先下及子孙，故中国的家'展延的、多面的、巨型的家'"，"孝经通过家庭的'育化'和'社化'的过程，深深地形塑了中国人的意识形态与行为模式。"②

钱杭则着重强调了家族文化对乡村社会秩序维护的重要性，认为宗族是乡村社会的原生形态，有着深厚的家族道德文化支撑，这种家族文化建构了农民心理归属感和文化安全感。人们通过参与宗族活动，把每个人和每个家庭的历史、责任连接起来，通过确切的历史定位，不仅满足了自己对历史感和归属感的需求，更重要的是寻找到了链接现实与传统的中介，人们对宗族的需要主要不是功能性的，而是"内源性的"。③ 而刘良群等人关注了宗族传统规则对当前乡村社会治理的影响，他指出国家行政控制与主流意识形态在乡村社会的弱化和退出，为乡村社会传统文化的恢复腾出了空间。有着悠久历史和深厚经济文化土壤的宗族，在中国南方一些农村，有了较大的复兴和发展，成为一个不可忽视的力量，对乡村社区公共权力分配与运行产生重要影响。"无职无权"的村民在生活中对宗族这种天然的血亲关系的感受和依赖

---

① 瞿同祖：《中国法律与中国社会》，商务印书馆 2010 年版，第 30 页。
② 金耀基：《从传统到现代》，法律出版社 2010 年版，第 30、33 页。
③ 钱杭：《宗族重建的意义》，香港中文大学《二十一世纪》1993 年第 10 期。

最强,不论在日常生活中,还是在经济活动中,他们都把家族关系作为一种可资利用的资源,对其抱有程度不同的期望和依赖。①肖唐镖在《宗族政治——村治权力网络的分析》一书中展现了宗族在乡村治理中角色的变迁,指出,明清至今,在中国乡村治理过程中,经历了从"正式治理者"到"非正式影响者",再到"非正式治理者"的转变,即使在现代社会背景下,宗族仍有生命力,可以通过传统的现代转换融入公民社会。②

(三) 乡村治理的互动论

同构论或互动论的持有者横跨法学、人类学、社会学、政治学等多个学科领域,强调在乡村治理中,作为外部规则的国家法与内生性规则之间互动与互构,试图寻找乡村法治建设的落脚点。研究者们主要从以下两个层面展开研究:

一是找回传统或法治本土化资源的层面,即认识到法律有效行为的限度及社会内生性规则或乡土传统、地方性知识的重要性。法律实用主义的始祖小奥利弗·温德尔·霍姆斯大法官曾说:"法律的生命不在逻辑而在经验。"③"法律一如人类,要想延续生命,必须找到某种妥协之道","对各种社会利益及其相对重要性的分析是法律和法官在解决自己问题时所必须利用的线索之一"④。受实用主义的启示,哈贝马斯阐释了法律与伦理道德之间互动互补的关系,指出法律与道德既不是简单的等级关系,不管这种等级关系是法律以道德为基础,还是道德以法律

---

① 刘良群:《宗族对乡村社区公共权力的影响与作用——从江西省 XJ 县 40 个村的调查看宗族与村级公共权力》,黄宗智主编《中国乡村研究》第三辑,社会科学文献出版社 2005 年版,第 343—386 页。
② 肖唐镖:《宗族政治——村治权力网络的分析》,商务印书馆 2010 年版,第 50、286 页。
③ [美] 小奥利弗·温德尔·霍姆斯:《普通法》,冉昊、姚中秋译,中国政法大学出版社 2006 年版,第 1 页。
④ [美] 本杰明·内森·卡多佐:《法律的生长》,刘培峰、刘晓军译,贵州人民出版社 2003 年版,第 3、51 页。

为现实实现；也不是简单的源生关系，不管这种源生关系是法律产生于道德，还是道德通过法律而构建。对现代性而言，"借助于法律有效性当中的合法性成分，实证法仍然保留着同道德的关联。但这种同道德的关联不应该误导我们得出这样的结论，即在规范等级的意义上把道德置于法之上。法的等级的观念，属于前现代法的世界。自主的道德和依赖于论证的实定法，毋宁说处于一种互补关系之中"，"从社会学角度看，这两者是同时从那种传统法和具有法规效力的伦理之间仍然交错不分的全社会精神气质当中分化出来的"，"现代法律秩序对自主化了的道德是一种同源的补充这种观点，是有经验依据的"。[1] 罗·庞德、尼尔·K. 考默萨等注意到了"有效法律行为的限度"，认为虽然在人数众多且问题复杂的情况下，往往会产生用法律来解决纠纷和矛盾的要求，但人数众多和问题复杂恰恰是法律手段难以奏效的因素，理由在于各主体的诉求不同，判断问题的标准难以统一，法律处理方式较为单一，规范不够明确，以及司法的容量有限等。[2] 克利福德·吉尔兹在《地方性知识：阐释人类学论文集》指出："在每一个第三世界国家——甚至沃尔特、甚至新加坡——在何为司法正义……及其功能等既定观念与更加反映现代生活的形式和压力的各种外来观念之间的张力便是全部司法过程的生命。"[3] 他进而将这种地方性知识与外来法律之间的冲突与对抗称为"法律的语言混乱"，并认为法律语言的混乱是导致第三世界秩序混乱的一个原因。美国著名法学家昂格尔则将法律与地方性知识（习惯法）两种制度的关系看作是"共生"的，认为与核心的法律秩序并存

---

[1] ［德］尤尔根·哈贝马斯：《在事实与规范之间》，童世骏译，生活·读书·新知三联书店2003年版，第130、131页。

[2] ［美］罗·庞德：《通过法律的社会控制法律的任务》，沈宗灵、董世忠译，商务印书馆1984年版，第98页；［美］尼尔·K. 考默萨：《法律的限度》，申卫星、王琦译，商务印书馆2007年版，第169页。

[3] ［美］克利福德·吉尔兹：《地方性知识：阐释人类学论文集》，王海龙、张家瑄译，中央编译出版社2000年版，第301页。

的是一种非正式的习惯法体系,后者体现着传统主义社会占优势的意识并支撑着社会的等级秩序。[1] 罗伯特·C. 埃里克森在《无需法律的秩序》一书中对夏斯塔县牧区内邻人纠纷解决的研究时也强调了习惯规则等社会内生性规则的重要性,指出:"在许多情况下,法律都并非保持秩序之核心","法律制定者如果对那些会促成非正式合作的社会条件缺乏眼力,他们就可能造就一个法律更多而秩序更少的世界"。[2]

在西方实用主义学说、地方性知识理论的基础上,20 世纪 90 年代中后期,以苏力等为代表的海归学者推崇同构论或结合论,即坚持法治本土化,主张借用本土资源(包括中国社会内生的机构、关系及各种传统、惯习、风俗等在内)建立与中国现代化相适应的法治(法治现代化),又被称为"本土资源派"。苏力力求对民间规则的正当性与合理性作出新的解释,在《法治及其本土资源》一书中,从村庄熟人社会中人们之间的默契与预期出发,发现现代性法律制度一方面没有能力满足村落对法律服务的需要,另一方面又禁止与熟人社会性质相符合而与现代法治相悖的实践,进而导致村庄秩序陷入困境;同时,在他看来,一个国家的法治并不是一套抽象的无背景原则和规则,而涉及一个地方性与有限理性的知识体系,利用本土资源是变迁中的法律制度获得人们接受、认可及有效运作的途径。中国法治既不能走理论型或从国外舶来的法治道路,而是必须主动利用中国本土的资源,注重中国法律文化的传统与实际,寻求国家法与民间法的相互沟通、理解以及妥协和合作。[3] 随后,他在《送法下乡:中国基层司法制度研究》一书中又对送法下乡这一国家对乡村社会整合的现象进行了反思,发现现代性的法治在向乡土社会渗透过程中造成规则混乱,出现日益边缘化的乡土性规则与难以得到认

---

[1] [美] 昂格尔:《现代社会中的法律》,吴玉章、周汉华译,中国政法大学出版社 1994 年版,第 212 页。
[2] [美] 罗伯特·C. 埃里克森:《无需法律的秩序》,苏力译,中国政法大学出版社 2003 年版,第 346、354 页。
[3] 苏力:《法治及其本土资源》,中国政法大学出版社 1996 年版,第 23、61 页。

同的现代性规则的冲突。"中国基层法院法官在处理司法问题时一个主要的关注就是如何解决好纠纷，而不只是如何恪守职责，执行已有的法律规则，而是完全实用主义导向的"，如果"笼统地引介具有普遍真理性的司法原则和司法知识，而不是对症下药，那么即使有普适的真理，这个真理也会在特定语境中失去其可能具有的'真理性'"。因此，要注重外部性的法治规则与乡村内生性规则的冲突与融合。① 跟随苏力的步伐，强世功致力于中国法律新传统的法律治理化问题的研究，强调只有在法律的新传统中才能理解中国法治建设在当下面临的种种挑战。②

法律规则与社会内生性规则的冲突是中国法治化进程中的棘手问题，朱晓阳将之总结为"语言混乱"，认为"语言混乱"是因为舶来的"实证科学"教条与在地的价值和信念间的无法"视野融合"而引起的。虽然如此，草根社会却能融会贯通不同的知识、信念与践行，并消除"从外部引入的、更多反映现代生活方式和压力的正义观之间的紧张。这意味着"在普通人的日常交往中，在他们成功处理与他人的纷争和争议中，在普通的法庭过程中，一定包含着的维系生活世界的秩序的秘密"，人们要抱持整体主义的态度和立场进入"田野"。③ 赵晓力则通过对近代农村土地交易实践的分析与考察，指出"对基层实践和农民需求的无知和无视，只顾贯彻政府意志，将使任何一部旨在解决问题的法律变成一部制造麻烦的法律。"④ 同样，顾培东也认为实行法治并不意味着法律之外无规则，真正有效的经验是把法律与其他社会控制资源结合起来，根据特

---

① 苏力：《送法下乡：中国基层司法制度研究》，中国政法大学出版社2000年版，第181、192页。

② 强世功：《权力的组织网络与法律的治理化——马锡五审判方式与中国法律的新传统》，强世功编《调解、法制与现代化：中国调解制度研究》，中国法制出版社2001年版，第204—263页。

③ 朱晓阳：《"语言混乱"与法律人类学的整体论进路》，《中国社会科学》2007年第2期。

④ 赵晓力：《中国近代农村土地交易中的契约、习惯与国家法》，《北大法律评论》1998年第2期。

定的社会条件，综合、协调地发挥其作用。①

　　法律史学家梁治平在《乡村社会中的法律与秩序》一文中，通过对1980年以来现代法律制度不断进入乡村社会的遭遇及其后果的考察，展现了乡村社会多种知识与秩序并存的多元格局特点，强调了民间知识规则的合理性与重要性，并在此基础上重新审视了正式制度与非正式制度，国家与社会之间的关系。②刘建荣、李朝晖等对村规民约进行了研究，如刘建荣指出村规民约在维护乡村社会秩序中具有重要价值，这些只是乡村社会自发形成的民间规约，但国家法律等正式制度及权力进入乡土社会中，经常受到乡村社会各种风俗习惯的影响和制约，且在现阶段，受法律进入乡村的限度制约，乡村社会原有的内生性规则必然是乡村社会秩序调控的主角和补充，实际上，在传统乡土社会中，村规民约历来和正式法律一道共同发挥着法治的功能和效用。③赵旭东通过对华北一个村落的纠纷解决实践进行实地考察，试图揭示乡村社会中权威的多元性及各类权威建立的过程和条件，并致力于在国家法律与地方习俗之间找到可以沟通及协调运作的途径。④杨方泉在分析塘村一次因土地纠纷而起的重大械斗冲突的基础上，探究法治的本土资源、宗族纠纷的场域以及种族与社会主义的关系，并指出了在城市化背景下乡村社会法治秩序变迁的方向。⑤朱晓阳在《罪过与惩罚：小村故事（1931—1997）》一书中以国家法与村落规范的整合与冲突为视角，讲述了发生在云南一个小村落跌宕起伏的越轨与惩罚故事，指出："对这样一个小小的社区所发生的这些事件，最好还是将它们当作一个复杂的过程来观察。支配这一

---

① 顾培东：《中国法治的自主型进路》，《法学研究》2010年第1期。
② 梁治平：《乡土社会中的法律与秩序》，王铭铭、王斯福主编《乡土社会的秩序、公正与权威》，中国政法大学出版社1997年版，第415—487页。
③ 刘建荣：《乡规民约的法治功用及其当代价值》，《北京人民警察学院学报》2008年第1期。
④ 赵旭东：《权力与公正：乡村社会的纠纷解决与权威多元》，天津古籍出版社2003年版。
⑤ 杨方泉：《塘村纠纷：一个南方村落的土地、宗族和社会》，中国社会科学出版社2006年版。

复杂过程的不仅是规范而且是地方性社会条件,是那里的政治和具体的行动者们"①。同样,应星在《村庄审判史中的道德与政治》一书也注意到社会传统的重要性。

董建辉在对话费孝通先生提出的"礼治社会"基础上,认为从礼与法、基层社会与国家、地方习惯法与国家法等诸多层面的关系来看,所谓礼治并不意味着无法,并从历史发展的实际出发,指出完全自立于王朝法律统治之外,单纯依靠于无法之礼来维持公共秩序的乡土社会也是根本不存在的,建议将传统农村社会的一般特征由礼治改为"以礼治为主,礼法兼治"②;吴义章也持有这般观点,认为在一个法治社会里,法律不是唯一的权威,除了法律,社会生活中还存在着其他权威,如伦理规则、宗教戒律,甚至民间法等,它们都会对不同范围的人们发挥着制约作用,只靠严酷而冷冰的法律的一统天下,与法治的初衷南辕北辙、适得其反。③

二是国家政权建设层面,即试图通过对国家法与乡村社会内生性规则的整合来实现国家政权建设与乡村社会秩序的整合。黄宗智在研究清代纠纷处理中指出,在正式审判制度与民间调解制度之间有一个中间领域,正式与非正式制度之间发生对话,形成一个半官半民的地带,即"第三领域",除非发生纠纷和控诉,仅只有介入才能保障这一广泛领域内治理的连续和平稳运行时,政府才会介入,否则政府都尽量不介入这一领域,国家与乡村在这里进行有效互动,进而实现乡村有效治理。④在"第三领域"的基础上,黄宗智又提出了"简约治理"的概念与分析

---

① 朱晓阳:《罪过与惩罚:小村故事(1931—1997)》,天津古籍出版社2003年版,第279页。

② 董建辉:《"礼治"与传统农村社会秩序》,《厦门大学学报(哲学社会科学版)》2005年第4期。

③ 吴义章:《西方的法治理论》,郑永流《法哲学与法社会学论丛(3)》,中国政法大学出版社2000年版,第207—209页。

④ 黄宗智:《清代的法律、社会与文化:民法的表达与实践》,上海书店出版社2001年版。

框架来理解中国传统乡村社会,"简约治理"包括治理主体的简约性与治理规则的简约性,但遗憾的是在具体讨论时,他更多地关注第一层面的简约性,而或多或少忽略简约的治理规则。与之相一致,李怀印在《华北村治——晚清和民国时期的国家与乡村》一书中,以鹿县晚清、民国衙门资料为基础,对这两个时期中国乡村治理模式进行探讨,深描了在乡村治理过程中国家的不干预及县以下非正式手段的流行,提出了"实体治理"。①

黄宗智与李怀印的研究以高高在上的国家"不在场"为前提,而杜赞奇等则从国家政权建设的角度来阐明国家与乡村社会之间的互动关系。他在《文化、权力与国家:1900—1942年的华北农村》一书中提出"权力的文化网络",这一网络包括"不断相互交错影响作用的等级组织和非正式互相关联网",如市场、宗族、宗教、水利控制的等级组织以及诸如庇护人与被庇护人之间的相互关系。在对日本满铁惯行调查村庄资料进行分析的基础上,认为中央政府及地方政权依赖文化网络而建立权威,如果国家政权抛开或毁坏文化网络来深入乡村社会的企图注定要失败。②科大卫则将目光投向华南宗族,试图回答朝廷的法典条文与民间的礼仪习俗是如何交织在一起并指导着"华南"的地域建构的。他指出"明王朝通过法律来创造里甲,而宗族则是通过礼仪来继承里甲","宗族就是地方社会与国家整合的这样一种产物,地方社会与王朝共谋,将宗族作为建立社会秩序的基础"③,即在历代王朝的政治整合与相互渗透中,华南与王朝之间的正统纽带,不仅建立在正式制度上,也建立在"宗族"这套民间语言上。日本学者滋贺秀

---

① [美]李怀印:《华北村治——晚清和民国时期的国家与乡村》,岁有生、王士皓译,中华书局2008年版。
② [美]杜赞奇:《文化、权力与国家:1900—1942年的华北农村》,王福明译,江苏人民出版社2010年版,前言第5页。
③ 科大卫:《皇帝和祖宗——华南的国家与宗族》,卜永坚译,凤凰出版传媒股份有限公司、江苏人民出版社2010年版,第9、10页。

三也曾认为，明清的地方官，是在礼仪—法律的秩序上审理案件的，因此，地方官于王朝的律例（法）之外，也同样重视人的感受（情）、社会的秩序（理）。①

也有国内学者从国家政权建设层面来阐释两者的互动。如王学辉在对西南民族地区习惯法文化进行研究，力求回答国家法为何不能深入乡土社会这一问题。他认为一个社会是否在规则的统治之下，一个社会是否有序，并不必定要以文字体现出来，社会秩序在任何时候都不可能仅仅依靠立法构成。社会中的习惯、道德、惯例、风俗等从来都是一个社会的秩序和法治状况构成不可缺少的部分，没有社会生活自发秩序和其他非正式制度的支撑与配合，国家正式制度也就缺乏坚实的基础。缺乏正式和非正式制度的配套，秩序将无法真正出现，法律将仍然是空的，法治半径也会越来越小。在他看来，法理机制具有规范性、条理清楚、适用范围广、外在强制力的特点，是一种带有"公"的性质的浅层规范，采用的是一种压制的方式；风俗习惯更多的是靠相关主体对该"规范"的普遍认可，靠情感、良好的心理认同和价值利益取向的公共性以及社会舆论来维持，它属于一种"私"的深层规范，采用的是一种补救型、自治型的方式，它仍属于法的一种形式。②徐勇教授从国家权威的重建、社会行为的规范与整合及农民对法律的认同等方面证明了"法律下乡"的必要性与重要性，同时也强调"民间法"对乡村社会整合及秩序生成的效力与地位，并进一步指出"国家法"与"民间法"非此消彼长的关系，两者共存并进，要通过对两者加以整合来促进现代国家与乡土社会的整合及现代法治体系的建设。③吴思红也认为乡村社会秩序主要由国家和乡村社会的二元整合实现的，而建构符合乡村经济社会发展

---

① ［日］滋贺秀三：《清代诉讼制度之民事法院的概括性考察——情、理、法》，王亚新、梁治平编《明清时期的民事审判与民间契约》，法律出版社1998年版，第19—53页。
② 王学辉：《双向建构：国家法与民间法的对话与思考》，《现代法学》1999年第1期。
③ 徐勇：《"法律下乡"：乡土社会的双重法律制度整合》，《东南学术》2008年第3期。

并具有新内容的强国家强社会整合模式是实现平衡乡村社会秩序的客观要求。① 黄芳注意到中国在现代国家建构过程中形成了二元社会秩序,进而引起治理规则的二元冲突,而要解决规则冲突,实现理想秩序的治理,并不能用普及法律的方式挤压习惯的效力范围,在中国经济存在极大的区域不平衡的现实下,要允许不同地区实现不同模式的区域治理秩序,并运用共治的理念使得不同的规则系统充分发挥其效用,达到不同规则共同致力社会秩序的治理过程,即实现二元秩序中习惯与法律的规则共治。②

从上述梳理中可以发现,学界对乡村社会"依何而治"的研究成果较为丰富,无论是法治论,还是内生规则论,抑或同构论,都试图真实地展现在乡村治理中,各种规则或力量所处的角色及其作用。同时,部分学者还努力为乡村治理法治化和国家法治现代化勾勒规则共治的蓝图。这无疑为我们充分认识乡村社会治理的规则秩序提供了诸多方法论与结论性启示,也为后来者进一步研究打开窗口。

然而,这些成果并非乡村社会"依何而治"的终结,尚存在一些不足与再研究的空间。首先,法治论与社会论持有者均存在着过分强调某一种规则或力量,而忽略其他规则力量,只见国家不见社会,或有国家无社会的倾向,且多局限于纠纷解决研究。同时,法治论与互动论中的找回传统维度的研究受西方理论的束缚较大;其次,三种研究进路中很少将历史中的乡村社会通过自我调节实现的有效自治与当下乡村社会自治进行对比研究,或考察传统时期,或探究现代乡村社会样态及治理,一定程度上缺乏历史纵深感,历史制度底色的模糊势必会影响研究深度与广度;再次,在乡村治理"依何而治"的论争更多地囿于治理规则或力量的选择,而未细致地深入分析规则与治理行

---

① 吴思红:《论村民自治与农村社会控制》,《中国农村观察》2000年第6期。
② 黄芳:《社会秩序理论——一种政治思想史的考察》,博士学位论文,浙江大学,2014年。

为的互动机制；最后，三种研究进路尚未跳出"国家—社会"分析框架的窠臼。基于此，本书尝试跳出"国家—社会"既有分析框架的窠臼（当然，跳出并不等于剔除，国家仍然是整个研究的背景），试图通过中国乡村社会的底色变量——关系的引入，将国家与社会统一于关系之中，进而从关系、规则、治理行为三者之间的关系来揭示乡村治理实践奥秘，重点挖掘乡村社会的传统底色。如此，才能更好地把握在传统因子与现代要素碰撞之下，乡村社会应该如何及"依何而治"的中心问题。套用阿尔科利一句话："历史转型的整体进程往往展现了其漫长的历史连续性；当其无法展现这种连续性之时，断裂、新的开端以及道路的转换就变得激烈起来。"①

三　相关概念界说

同一概念界说的不同往往会造成研究重心与结论的差异，进而可能引发学术分歧与纷争，由此可见，核心概念的阐释与明晰是开展学术研究的基本前提，为避免不必要的误读及精准地表达本研究旨趣意图，笔者将对以下几个主要概念进行说明。

（一）治理

"治理"一词在古代中国便已有之，如《孔子家语·贤君》有曰："吾欲时官府治理，为之奈何"；《荀子·君道》有言："明分职，序事业，材技官能，莫不治理，则公道达而私门塞矣，公义明而私事息矣"。在上述传统语境之下，治理为指管理、统治之意，与现代意义上的治理在内涵外延上有所区别。20世纪90年代开始，"governance"（治理）流

---

① 参见［美］禹贞恩编《发展型国家》，曹海军译，吉林出版集团有限责任公司2008年版，第156页。

行于西方学术界,尤其是政治学与经济学领域,"在许多语境中大行其道,以至于成为一个可以指涉任何事物或毫无意义的'时髦词语'"①,同时被赋予了丰富的、新的含义。如 1995 年,全球治理委员会(Commission on Global Governance)在《我们的全球伙伴关系》这一报告指出:治理是各种公共的或私人的个人和机构管理其共同事务的诸多方式总和,它是使相互冲突的或不同的利益得以调和并且采取联合行动的持续的过程,它既包括有权迫使人们服从的正式制度和规则,也包括各种人们同意或以为符合其利益的非正式的制度安排。它具有四个方面的特征:治理是一个过程,而非一整套规则或一种活动;治理过程不是控制而是协调;治理涉及公共部门,也涉及私人部门;治理不是一种正式制度,而是持续的互动。②

中国对"governance"的引介与阐释始于 20 世纪 90 年代中后期,如徐勇教授于 1997 年从公共权力的配置与运作形式的角度出发,较早地将 governance 翻译成治理,认为治理是公共权力对公共事务的处理,以支配、影响和调控社会,其中,公共权力是治理逻辑结构中最为核心的概念,它应该是一个体系,包括国家权力与社会自治权两部分③。换句话说,治理亦可分为国家治理与社会自治。随后,俞可平全景式地对"治理"进行介绍与阐释,在总结国外学者关于治理的定义之基础上,指出:"治理一词的基本含义是指官方的或民间的公共管理组织在一个既定的范围内运用公共权威维持秩序,满足公众的需求。治理的目的是在各种不同的制度关系中运用权力去引导、控制和规范公民的各种活动,以最大限度地增进公共利益,所以,治理是一种公共管理活动和公共管理过程,它包括必要的公共权威、管理规则、治理机制和治理方式"④,"从政治

---

① 鲍勃·杰索普、漆燕:《治理的兴起及其失败的风险:以经济发展为例的论述》,《国际社会科学杂志》(中文版)1999 年第 1 期。
② 俞可平主编:《治理与善治》,社会科学文献出版社 2000 年版,第 4、5 页。
③ 徐勇:《GOVERNANCE:治理的阐释》,《政治学研究》1997 年第 1 期。
④ 俞可平:《全球治理引论》,《马克思主义于现实》2002 年第 1 期。

关系、规则与乡村治理：赣东北塔湾村的秩序表达

学的角度看，治理是政治管理的过程，它包括政治权威的规范基础、处理政治事务的方式和对公共资源的管理"①。在此基础上，治理及其相关理论成为国内各学科领域研究的重要范式，并不断尝试治理研究的"中国化""本土化"，最具代表性的当属乡村治理与社区治理，但总体上讲，都强调国家与社会，公共与个体的多重作用及其互动过程。

费正清在《美国与中国》描述了传统中国社会结构："自古以来就有两个中国，一个农村为数极多的从事农业的农民社会，那里每个树木掩映的村落和农庄，始终占据原有的土地，没有什么变化；另一方面是城市和市镇的比较流动的上层，那里住着地主、文人、商人和官吏——有产者和有权势的家庭。"② 乡村与城镇泾渭分明，"皇权不下乡""皇权不到边""双轨政治"等均是对这一现象的有效总结。虽然，近代以来，国家权力与控制不断向下渗透，但处于国家权力最末梢的乡村社会自治权并未受到明显削弱，依靠乡村社会自组织与自我调节功能实现自我治理仍然是主要方式。也正如马克斯·韦伯所言，中国治理的历史实际上是皇权试图不断将其势力向城外地区渗透与扩张的过程，但往往事与愿违，出了城墙，其统辖势力的有效性便大大地减弱乃至消灭。③

本研究侧重于对乡村治理，尤其是中华人民共和国成立之前乡村治理形态的考究。故此，本书所指的治理更多的是指社会自治活动，即乡村社会通过诸如促进关系与规则互动互构等特定方式来进行自我调节以维护乡村社会秩序的持续过程。当然，社会自治并非完全排斥国家，而是相对于国家的直接控制而言的，即在国家权力背景下的村落社会自我治理。同时，治理过程的实现需要以一定的治理单元为载体依托，在村落社会中，家户是承载着经济、社会、文化、政治功能的最基本单元，

---

① 俞可平主编：《治理与善治》，社会科学文献出版社 2000 年版，第 5 页。
② [美] 费正清：《美国与中国》（第四版），张理京译，世界知识出版社 1999 年版，第 20 页。
③ [德] 马克斯·韦伯：《儒教与道教》，洪天富译，江苏人民出版社 2010 年版，第 98 页。

家族、村落、保甲等单元是家户的集合与延伸，从这一意义上来讲，乡村治理是由家户治理、家族治理、村落治理等集合而成的体系。正如英国学者埃德蒙·R.利奇在分析缅甸政治体系时所言："自治的小单元经常倾向于集合成更大的体系。"[1]

（二）关系

"看关系""关系好""有关系""拉关系"等与关系有关的词汇话语萦绕于中国村落社会日常生活及生产活动中，关系无处不在，不可或缺，中国是"关系社会"。正是因为关系是人们耳熟能详，甚至常挂嘴边的表达用语，其含义似乎不言而喻，通俗易懂，以至于过多的解释显得些许刻意，这样一来，国内外学者对关系的研究成果可谓是硕果累累，但将关系作为一个术语加以说明的却是凤毛麟角。然而，关系本身是一个包容性且适用性较广的概念，不同语境及不同角色需求又会让关系蒙上一层面纱，让人陷入"关系究竟为何义"的混沌，在这种情况下，对处于具体研究中的"关系"这一概念范围进行简要说明与限定又尤为必要。

本书所指的"关系"一词为中国本土概念，相较于西方相关理论中常用来表示"关系"的英文词汇"relationship/relation/interaction"，其意涵有所不同且更为丰富，故以汉语拼音"guanxi"代之。为此，学者们陆续对本土关系展开研究，以与西方的关系加以区别。如塔尔科特·帕森斯等人提出特殊主义与普遍主义原则，并指出传统中国儒家在道德上支持的是个人对于特定个人的私人关系，即个人关系，为儒家伦理所接受和支持的整个中国社会结构，是一个突出的特殊主义的关系结构[2]。

---

[1] ［英］埃德蒙·R.利奇：《缅甸高地诸政治体系：对克钦社会结构的一项研究》，杨春宇、周歆红译，商务印书馆2012年版，第20页。

[2] ［美］塔尔科特·帕森斯：《社会行动的结构》，张明德、夏遇南、彭刚译，译林出版社2003年版，第616页。

费孝通提出"差序格局"的概念来描述中国传统乡村社会结构及关系特征[1]；梁漱溟先生用"伦理本位"来概括中国社会人际关系，把社会各种关系家族主义化，即"随着一个人年龄和生活开展，而渐有其四面八方若近若远数不尽的关系。是关系，皆伦理；伦理始于家庭，而不止于家庭"[2]；金耀基将人情、关系、面子作为理解中国社会结构的关键性社会与文化概念，并指出中国人家关系是以情感为取向特征的[3]；杨国枢则提出"关系取向"[4]；黄光国建立"人情与面子"理论模型，并将关系分为情感性关系、混合性关系与工具性关系三种[5]；此外，还有部分学者从人情、人伦、报、面子、脸、缘、礼物等角度讨论人际关系，如翟学伟在研究脸、面子的基础上提出人缘、人情和人伦等模式[6]。然而，多数研究并未对关系的概念作出规定。

《现代汉语词典》（修订本）对"关系"一词给予如下释义：一是事物之间相互作用，相互影响的状态；二是人和人或人和事物之间的某种性质联系；三是对有关事物的影响或重要性，值得注意的地方；四是泛指原因条件等；五是表明有某种组织关系的证件；六是关联、牵涉。[7]根据前两项释义，乔健将"关系"界定为"一个或一个以上的个人或团体与一个或一个以上的个人或团体间相互作用，相互影响的状态"[8]。陈午晴对乔健的界定表示肯定的同时做出了补充，将社会现实中人与人的

---

[1] 费孝通：《乡土中国　生育制度》，北京大学出版社1998年版，第24—30页。
[2] 梁漱溟：《梁漱溟全集》（第3卷），山东人民出版社2005年版，第82—95页。
[3] 金耀基：《关系和网络的构建——一个社会学的诠释》，《金耀基自选集》，上海教育出版社2002年版，第93—111页。
[4] 杨国枢：《中国人的心理与行为：本土化研究》，中国人民大学出版社2004年版，第95页。
[5] 黄光国：《人情与面子：中国人的权力游戏》，张文达、高质慧编《台湾学者论中国文化》，黑龙江教育出版社1989年版，第273—295页。
[6] 翟学伟：《中国人际关系的特质——本土的概念及其模式》，《社会学研究》1993年第4期。
[7] 中国社会科学院语言研究所词典编辑室编：《现代汉语词典》（修订本），商务印书馆1996年版，第407—408页。
[8] 乔健：《"关系"刍议》，杨国枢主编《中国人的心理》，台湾桂冠图书公司1988年版，第105页。尤广辉、胡永君等人也持有相同的观点，具体参见尤广辉、胡永君《关系结构中的法律》，《学习与探索》2003年第1期。

关系界定为："个体或若干个体或群体之间由于某种性质所构成，或由于相互作用，相互影响所形成，或者二者兼之的状态"①，即包括表象层面的静态关系如血缘关系、老乡关系，和内在层面的动态关系如权力关系、情感关系等两重含义。

本书无意于创造出新的关系释义，在上述阐释的基础上，侧重于将关系限定于村落社会中私人领域人与人之间的关系，不包括抽象纯粹的人与人关系及公共关系，形成或产生于人们日常生产生活及交往实践活动，或先赋的，或后获的，并对人们的行为及其规则，甚至整个村落社会的秩序状态产生重要影响。我想用徐勇教授在论述"关系权"时对"关系"一词作的说明来加以表达，他指出，与马克思刻画小农经典论断所说的因商品交换而产生的广泛"社会交往"关系不同，以血缘关系和农业文明为基本底色的中国传统社会中的关系属于私人间交往的人际关系，是农业村落之内的人们在长期生产生活交往互动中日积月累形成的，或自然生成或人为建构，具有相当的情感成分，使人们产生共同信任和共同行为；同时，这种私人关系在人们日常生活中具有支配性地位，也深刻地影响着公共政治领域，即在"关系社会"里孕育出"关系政治"。② 同时，本书主要目的在于通过展现关系与规则的互动互构来回答乡村治理"依何而治"的问题，并不在于穷尽关系类型。因此，为了与村落社会自我治理的各层级治理单元相匹配，本书从不同的治理载体（场域）来归纳关系，如家庭内部成员关系等，当然，由于在不同载体或情境下，个人扮演角色会发生变化，在传统乡村社会，超越家庭之外的人与人之间的关系通常会表现为家户关系，而家族关系也会具体化为人与人之间的关系。

---

① 陈午晴：《中国人关系的游戏意涵》，《社会学研究》1997 年第 2 期。
② 徐勇：《"关系权"：关系与权力的双重视角——源于实证调查的政治社会学分析》，《探索与争鸣》2017 年第 7 期。

(三) 关系规则

"关系规则"这一概念虽涉及研究较为少见，但并非一个全新的提法。如陈午晴较早地在《中国人关系的游戏意涵》一文中有过简略的阐述，指出基于中国文化中社会规范的模糊性和差序性，每种性质的表象静态关系都对应着一套既不相同又不太明确的内在动力关系规则，制约和指导着人们之间的相互作用或相互影响，进而将关系规则类比于非正规性的游戏规则，并通过人们在实践过程中对关系规则的选择、解读和操弄来说明关系运作的逻辑及关系作为延伸规范和潜在资源的作用。[①] 在王林敏等人看来，"关系"规则是当下人们的行为规范，存在于正式的法律制度阴影之下，在法律制度评价中是不合法的潜规则，交换规则是最基本的关系规则。他强调公共领域中存在的关系，首先将关系定义为社会资源配置的方式，本质是被私化的权力，尔后从人性、文化、社会等方面阐释了关系规则运作的平台与土壤，将关系交往视作是一种自然安排及社会安排的结果，符合人性。人性中趋利避害的本能（利益驱动）是关系运用的初始驱动力；传统文化是关系运作的内在促成因素；权治社会为"关系"交往和"关系"规则的运作提供了现实的基础，正式制度的缺席或软弱造成正式制度的权威受到削弱，不能有效地制约"关系"规则。[②]

之后，唐峰则以纠纷解决为载体对关系规则的含义、功能及机制进行研究，指出关系规则即关系、人情、面子三要素融合而成的一种潜规则，其中人情是关系建立及运作的基础与内在机制，面子则充当关系规则的柔性防御机制；作为潜规则或第二规则，附属于国家法律规则及民

[①] 陈午晴：《中国人关系的游戏意涵》，《社会学研究》1997年第2期。
[②] 王林敏、王玉瑞：《关系：被私化的权力》，《黑龙江省政法管理干部学院学报》2008年第1期；王林敏：《社会安排与个体行为："关系"规则的存在基础》，《甘肃政法学院学报》2008年第7期。

间规范等明规则或第一规则，但反过来对明规则又有确认和改变的作用，三者与纠纷事实相弥合形成个案解决规则。然而，由于关系规则的潜规则及非正式规则的属性，他又建议通过将所有的关系规则都纳入正式制度之内来实现对"关系规则"的有效控制。[①] 尤光辉、胡水君在对关系与法律之间的关系进行研究时，指出关系对人类行为构成约束，特定主体基于相互之间的关系，其行为受到一套关系规则的支配，即关系决定了他们能做什么及其不能做什么，关系规则是一种非正式制度，与法律等正式制度一起制约乃至决定着人的行为，二者相互作用。在此基础上，他建议在法律与关系之间要构建起一种平衡，二者各扬所长，在以法治为主的同时又要对能使社会有序发展的关系予以尊重。[②]

上述关于何为关系规则的研究观点均将关系规则作为静态的非正式规则，且仅作为一个研究中国社会关系的附加概念，并没有承担解释的作用。本书所指的关系规则是针对乡村治理过程中村落社会中人们"依何而治"或"如何而治"提出的一个解释性或工具性概念，力求展现关系、规则、治理三个变量的互动图景。对此，可从以下几个面相维度加以说明：

其一，人的行为受各种关系左右，关系即规则。莫斯在跨文化考察人的分类之后总结道："那些成为一个完整的，除了上帝以外与别人毫不相干的实体的人，实在是凤毛麟角"[③]；马克思也曾说过："人的本质不是单个人所固有的抽象物，在其现实性上，它是一切社会关系的总和。"[④] 人处于关系中，尤其是在以血缘关系与农业文明为基本底色的传统中国村落共同体内，人自呱呱落地之日起，便有了与之相干的人，且将要始终在与人的相互关系中生产生活，既被动地处于与他人的关系网

[①] 唐峰：《纠纷解决中的关系规则》，《山东大学学报》（哲学社会科学版）2009年第6期。
[②] 尤广辉、胡永君：《关系结构中的法律》，《学习与探索》2003年第1期。
[③] 参见杨美惠《礼物、关系学与国家》，赵旭东、孙珉译，江苏人民出版社2009年版，第175页。
[④] 《马克思恩格斯选集》第一卷，人民出版社2012年版，第135页。

结之中，也主动地将相关系之人编织进自己的关系世界，其与他人互相作用或影响的行为就受到相应关系的束缚与指导。如父子、兄弟姐妹等血亲关系为先赋性关系，未分家之前，作为家主的父亲在家户事务中拥有较为绝对的权威，表现在生产生活交往等各个方面，作为家庭成员的子女行为要囿于这一关系，甚至在婚嫁等终身大事要"父母之命，媒妁之言"，一旦冲破这一关系，他们就会被打上大逆不道的标签，甚至付出更为沉重的代价。后获性关系中亦是如此，如师徒关系、师生关系、主佃关系等，一旦关系成立，双方相互行为就要在对应的关系框架内进行。这些关系规定双方身份或给予满足各自需求的可能的同时，也赋予了他们一系列的规则。

如果任何人都是抽象或个体的、无相关系人的孤立存在，那么就没有始发于人类生产生活实践的分化，人的行为也就没有对应的关系对象，进而也就无所谓规则；反过来，"规则表征着行动的类型，规则是行动的凝结，是一种行动的稳定特征，也是人区别不同行动的重要标准。显然，对于行动而言，没有规则即没有行动"[1]。从这个意义上讲，关系即规则，人的行为受各种关系即规则的左右。借用卢梭在《社会契约论》中发出的感叹之词："人是生而自由的，但却无往不在枷锁之中"[2]，这些枷锁即是关系规则。

其二，人的行为维持或破坏或创设各种关系。马克思曾指出："社会生产过程的任何前提同时也是它的结果，而它的任何结果同时又表现为前提。因此，生产过程借以运动的一切生产关系既是它的条件，同样也是它的产物"[3]。同理，人们生产生活及交往行为以由"己"一层层推出的关系为前提的基础上，也在有意识地通过策略或技巧或无意识的行为来维持、破坏或创设各种关系，在乡村社会中，"拉关系""搞关系"

---

[1] 陈忠：《规则论——研究视阈与核心问题》，人民出版社2008年版，第28页。
[2] ［法］卢梭：《社会契约论》，何兆武译，商务印书馆2003年版，第4页。
[3] 《马克思恩格斯全集》第二十六卷，人民出版社1972年版，第564页。

"断关系""攀关系"等是最为常见的关系手段。如少数家中多子的普通村民通过送礼或义务帮忙等手段与手握征兵权的保长攀上关系,以求暂时性地躲避被抓壮丁的命运;再如过继或结干亲等行为可以改变或创设出新的关系。诸如此类不胜枚举。正如皮埃尔·布迪厄所言:"每一个行为群体倾向于通过不懈的养护工作,在生活中维持一种特殊的实用关系网,这个关系网不但包括处于良好运转状态的全部系谱关系,一种纯粹基于宗谱关系的亲属关系,还包括因日常生活需要而予以调动的非系谱关系。"① 当然,一旦新关系得以成立,相关系之人的行为就要受到新关系及其规则的左右。

其三,规则在关系中运行及发挥效用。按照制度主义者的解释,规则是"有关什么行动(或结果)是必须的、禁止的或允许的,以及不遵守规则时会受到什么制裁的规定"②,乡村治理的规则视角更多地关注"人们的行动实际上遵循的东西,不论他们是否承认或认识到,这些规则是正在发挥作用的东西"③。而根据格兰诺维特的"嵌入性"理论启示,无论何种类型规则或对规则是何倚重,均要将其置于关系中去理解和分析,关系是规则赖以产生与运行的基础,尤其是在生于斯长于斯的乡土世界。在这种世界里,内生或外在性规则如何运行及发生效用均要看自己与对方的关系而定,"一定要问清了,对象是谁,和自己是什么关系之后,才能决定拿出什么标准来"④,关系是人们行为规则选择秩序生成的基点,在行为发生之前,相互关系之人首先考虑的问题便是既存的关系格局,尔后囿于关系规则来行为。一旦特定的规则偏离其对应的关系或人们援用的规则超出其关系限度,要么规则失去效用,要么关系遭到破坏,当然,有意而为之的情况另当别论;反之,关系改变了,规则也随

---

① [法]皮埃尔·布迪厄:《实践感》,蒋梓骅译,译林出版社2003年版,第296页。
② [美]埃莉诺·奥斯特罗姆等:《规则、博弈与公共池塘资源》,王巧玲、任睿译,陕西人民出版社2011年版,第39页。
③ 张静:《现代公共规则与乡村社会》,上海书店出版社2006年版,第16页。
④ 费孝通:《乡土中国 生育制度》,北京大学出版社1998年版,第36页。

之调整。如在父子关系中，父支配子是这对关系中默认规则，但在其他关系中，这一规则便会失效，如果某一父亲强行支配如朋友等关系主体，那么，连同规则一同失效的还有原有关系的破裂；即使在同为父子关系中，"诸子均分"的家产继承规则也可能因父亲与某一儿子更为亲密的关系而发生程度上的伸缩与微调。从这个层面上看，规则具有关系性，即规则及其所指导的行为均处于与其他相关主体的关系之中。

其四，关系对规则的转化。关系不同，规则及其实践样态也不同，关系形塑着规则秩序，如果关系好就转化既定规则，以维持或推进现存关系；反之亦然。这一特点在关系的熟人村落社会的日常经济、社会及其治理活动中较为普遍。传统时期，按照官方规定，除独子、身体缺陷的适龄男子均要服兵役，但在征兵实践中，这一规定却因征兵权力主体——保长与征兵规则被施者的关系不同而有所流变、转换。一般情况下，保长家的儿子及至亲、与保长关系好的财主及其他农户家的儿子通常可以被免于抓壮丁；土地买卖过程中，村落通常奉行"先紧至亲等得"的规则，如果农户与至亲之间的关系不好，他们就会转化这一规则，将土地卖给至亲之外的人。在某一场域内，如果大多数人认为理应撇开关系好坏来继续遵守既有规则，而相互关系之人仍坚持转化规则时，就可能会招致他人、家族或村落权威的侧目、舆论压力、驱逐或暴力。在这种情况下，他们在转换规则之前就会进行权衡，当然，这种情况较为鲜见。

其五，实践的、动态的、包容的规则。根据马克思主义哲学观，一方面，规则源于人的实践，生产、生活及交往实践的需要是规则产生的本源性动力，由此可见，关系规则是实践着的规则。"实践是一种链接，一种粘合，是社会现象的再生产过程"[①]，关系及其规则作为一种社会现象，在实践中产生并在实践中流动与再生产，且用于指导实践的行为，只有在实践中才能准确地把握关系与规则的运转过程。正如皮埃尔·布

---

① 孙立平：《实践社会学与市场转型过程分析》，《中国社会科学》2002年第5期。

迪厄曾指出："从实践图式转到事后构建的理论图解，从实践感转到可以像解读方案、计划或方法，或者像解读一个机械性程序、一种由学者神秘地建构的神秘安排那样来解读一种理论模型或概念框架，就必然忽视了产生正在形成的实践之实践实在性的东西。"[①] 另一方面，实践并非一成不变的，随着生产力、社会、自然等实践背景的变化而不断发展变化。同时，关系规则所赖以运作及发挥效用的关系具有延展性与变动性，关系转变规则。基于此，关系规则显然也是动态的规则。

另外，关系规则又是包容的，从样态上来看，包括习俗、习惯、民间法、道德、法律法规等内生性的软规则与外生性的硬规则，并未同为数不多的几位涉及关系规则的学者一样将法律等硬规则排斥在外。在笔者看来，在乡村社会自我治理过程中，人们囿于关系选择及转化规则。对于传统乡土社会而言，"法律是政体的一部分，它始终是高高地超越农村日常生活水平的、表面上的东西"[②]，人们并不感到没有"法律"所带来的不便，甚至于避免与凤毛麟角的法律发生纠葛，力求"无讼"，时至今日，仍存在着对"无讼"的追求及对"打官司"的恐惧与鄙夷之情。然而，这并不意味着无法律可选可求。人们在解决纠纷时，是选择国法抑或选择风俗、惯行或地方意见等规则通常取决于他们所处的关系格局，拒绝或放弃援引法律或许多是出于对法律的无知，出于"衙门八字开，有礼无钱莫进来"的无奈，出于选择打官司之后在村落社会中的不良遭遇。

概言之，关系规则是对由关系衍生规则的普遍性现象之概括，它是规则的一种类型。人的行为受关系左右，关系即规则，规则在关系中运行并发生效用；反过来，人的行为维持、破坏或创设各种关系。作为一个解释性的概念框架，可以被用于对乡村治理依何而治或如何而治的分析过程中，强调规则在关系中运行并发生效用，生动地展现关系、规则、

---

① [法]皮埃尔·布迪厄：《实践感》，蒋梓骅译，译林出版社2003年版，第125页。
② [美]费正清：《美国与中国》（第四版），张理京译，世界知识出版社1999年版，第113页。

自我调节行为之间互动、互构的过程及其对治理秩序的影响。

四 研究的基本说明

(一) 研究方法

"对于历史学家来说，原始资料绝对不会自己解释自己。对于社会科学家来说，也不存在这样的数据。数据需要解释。因为基于自身的经历，存在着不同的社会真理，所以理论和方法论的任务不是创造真理，而是达到解释的真实。"[①] 为了实现阿特斯兰德所说的解释的真实，本书采取实证研究方法，通过对一个长江区域村落地方世界的实地调查，从关系—规则的视角来分析乡村治理机制。在研究中，强调立足实际，在调查中发现、把握和分析问题，将实际与理论相勾连，并进行学理化的解释与提升。概言之，本书选择的是一种注重"吃透事实"与"吃透经典"相结合，自下而上的研究方法。

从实证研究的具体类型来看，本书属于个案型实证研究，即毛泽东称之为"解剖麻雀"的分析方法。在《寻乌调查》中，毛泽东曾指出，无论研究城市问题，抑或研究农村问题，均要"拼着力把一个地方研究透彻，然后于研究别个地方，于明了一般情况，便都很容易了"[②]。无独有偶，费孝通在《江村经济：中国农村的生活》一书中也曾提到："为了对人们的生活进行深入细致的研究，研究人员有必要把自己的调查限定在一个小的社会单位内来进行。"[③] 个案研究成为中国社会科学研究的重要路径，《江村经济：中国农村的生活》《金翼》《一个中国的村庄》《华南的乡村生活》等均是中国早期的个案研究典范。20世纪80年代以

---

① [德] 彼得·阿特斯兰德：《经验性社会研究方法》，李路路、林克雷译，中央文献出版社1995年版，第1页。
② 中共中央文献研究室编：《毛泽东农村调查文集》，人民出版社1982年版，第6页。
③ 费孝通：《江村经济：中国农民的生活》，商务印书馆2001年版，第17页。

来，一些学者转向中国乡村，广袤幅员下数以几十万计的村庄让他们越来越深刻地意识到深入而广泛的个案研究的积累与对比对于全面判断与掌握全国农村社会、经济、文化、政治等总体状况的重要意义，在此基础上，他们不断通过"个案式思考"来进行乡村研究，并形成《当代浙北乡村的社会文化变迁》《银翅》《内发的村庄》《罪过与惩罚》《岳村政治》《湖村经济》等一大批成果。

然而，个案研究并没有因为其自身的发展与流行而免受诟病，从初露头角之日起，争议从未停歇，无外乎两个方面：一方面是质疑个案的代表性，即特殊性与普遍性的问题；另一方面是微观与宏观的问题，即个案往往会更多关注微观情境而忽视宏观景观。为此，有些学者开始寻求解决之道，如卢晖临、李雪等人在考察了"超越个案概括""个案中的概括""分析性概括""扩展个案法"等四种较为普遍的处理方式之后，认为"扩展个案方法"是走出个案的最佳方法。[①] 值得注意的是，走出个案的方式均要以个案为基础，如扩展个案的方法"试图立足宏观分析微观，通过微观反观宏观，并在实践中处处凸现理论的功能"，同时"经由理论重构产生的一般性法则使其较好地处理了特殊性与普遍性的关系问题"。[②]

本书以塔湾村为个案，研究缘起于实证调查，从调查中发现关系如此重要以至于与规则互动互构，形塑乡村治理主体的行为及乡村治理样态。于是，便以此为研究问题，并以经典理论为依托，寻找对话理论及理论关怀，最终进行一般性的理论提升，跳出个案本身，以期理论概括能适用于其他相同或相似类型的村庄，进而寻求普遍性意义价值，即通过深剖个案，力求普适性的理论创新或推动，追求个案的理论化。同时，

[①] 卢晖临、李雪：《如何走出个案——从个案研究到扩展个案研究》，《中国社会科学》2007年第1期。

[②] 卢晖临、李雪：《如何走出个案——从个案研究到扩展个案研究》，《中国社会科学》2007年第1期。

在进行个案分析时,将国家政权、社会、政治、经济局势等宏观背景考虑在内,并非孤立地分析个案,这不就是"扩展个案方法"的意图所在吗?此外,本书所坚持的个案实证研究方法,强调在实际调查中发现问题,而非过早地让理论介入其中,"在实际调查中坚决摒弃先入为主、以个人价值偏好取代客观事实的做法"①,这正好是对"扩展个案方法"的修正与补充。一言以蔽之,个案分析法仍然是乡村研究的重要方法,是一条认识超越个案的宏观社会可接近的道路。通过对塔湾村"小地方"的"深描式"分析,在与经典理论对话的基础上,把个案研究上升到抽象的整体认识,在"小地方"与"大社会"之间找到结合点,试图建立起具有普遍解释力的分析框架,进而实现研究与揭示"大社会"的目的。这是本书的重要旨趣之所在,也是个案研究的重点与努力方向。

(二)研究单位

1. 自然村落

个案研究首先要涉及研究单位的选择。关于中国乡村的个案研究通常以具体村庄为研究单元。中国早期乡村研究者一般将村庄界定为"村落",如费孝通在《江村经济:中国农村的生活》一书中指出"村庄是一个社区,其特征是,农户聚集在一个紧凑的居住区内,与其他相似的单位隔开相当一段距离(在中国有些地区,农户散居,情况并非如此),它是一个由各种形式的社会活动组成的群体,具有其特定的名称,而且是一个为人们所公认的事实上的社会单位"。② 随着中国基层政治制度的变迁及社会科学研究的发展,乡村研究虽然仍以村庄为主要研究单位,但村庄的内涵范围逐渐多样化,或为行政村,或为自然村,或是现代意义上的农村社区,每个研究者根据具体的研究内容、分析范式,甚至是

---

① 徐勇:《中国农村村民自治》,华中师范大学出版社1997年版,第4页。
② 费孝通:《江村经济:中国农民的生活》,商务印书馆2001年版,第25页。

价值偏好来决定村庄的范围。然而，随着村庄社区范围大小的不同，即使是同一主题的研究结论也会有所不同。相比较而言，自然村落作为农业社会的聚落形态，在时空上具有一定的恒久性与闭合性，人们生于斯长于斯，相互熟知、联系与依赖。本研究侧重于对乡村治理形态的剖析，即试图通过对传统乡村治理研究来进行现实观照，寻求理论创新，鉴于此，选择自然村落——长江中下游的塔湾村作为研究单位。

塔湾村是江西东北部余干县一个普通的自然村，水网较发达，以稻作农耕为主，既非老少边远村，在传统时期又非经济、政治活动中心，也非历史名村、宗族村、超级村庄或某一类的典型村落。村落结构较为稳定，长期的、永久性的流动较少，村民以家户为基本的生产、生活及交往单元，对周遭的一切习以为常。即使是现在，塔湾村还保留着村落传统底色与社会特点。对于一个从历史到现代均平淡无奇的村落，也许有人会质疑研究它的意义。本研究之所以选择塔湾村作为研究个案，主要出于以下几点考虑：

一是一方面，无可置否的事实是在中国，至少在长江区域或长江中下游区域的大多数村落均属于此类常态村；另一方面，长江区域历来就是中国政治经济社会发展的重要组成部分和国内外学者研究中国的典型区域，如黄宗智的《长江三角洲小农家庭与乡村的发展》、费孝通的《江村经济：中国农村的生活》等均是对该区域的经典研究，但纵观学界，与华北、华南等区域研究相比较，长江区域研究及调查成果较为不足。由此，选择塔湾村作为深度解剖个案，具有一定的代表性与补充性；二是华中师范大学中国农村研究院开展的村庄深度调查项目为本研究个案村的选择提供了方向与契机；三是塔湾村并非经济、政治活动中心，以之为场域可以减少国家政权建设过程中刻意而为之的影响，更充分地展现在"皇权不下县"的大背景下，乡村如何能够通过关系—规则的互动互构来进行社会自我调节，实现有序运转的。当然，这并不意味着要完全摒弃国家，据不同版本的《余干县志》及《余干地名志》等文献资料可知，塔湾村早在康熙年间就已被纳入国家行政建制体系之内，国家的因子以背景的形式一直存在着。同时，"关系"是本研究的重要变量，关系本身又具有延展性，塔湾村离经济、政治中心的距离适中，这样一来，沿着关系的脉络，可以将外在于村落但又以村落为中心的因素考虑在内，在一定程度上，既考虑到村落社区封闭的相对性，又可顾及村落社会自治的一面；既方便开展深入细致的调查，又能提供较为完整的村落社会生活切片，避免陷入"就村论村"的困境。正如雷蒙德·弗思所认为的那样，"以一个村子作研究中心来考察村民们互相间的关系，如亲属的词汇、权力的分配、经济的组织、宗教的皈依以及其他种种社会联系，并进而观察这种种社会关系如何相互影响，如何综合以决定这社区的合作生活。从这研究中心循着亲属系统、经济往来、社会合作等路线，推广我们的研究范围到邻近村落及市镇。"① 这也是本研究的努力方向。

2. 时段

本研究从关系—规则的视角来剖析"国家不在场"背景下乡村社会依何而治及如何治理的问题，并在此基础上紧扣关系与规则的流变阐释乡村治理的变迁及实态，即试图通过对乡村治理形态的探讨来寻求制度变迁的历史基底，进而为当前乡村实现善治谋得出路。马克思曾指出："人们自己创造自己的历史，但是他们并不是随心所欲地创造，并不是在他们自己选定的条件下创造，而是在直接碰到的、既定的、从过去承继下来的条件下创造。"② 爱德华·希尔斯将之称为"传统"，他认为"没有传统，人们便不能生存，即使他们司空见惯地不满于他们的传统"③，传统的"重要性不仅在于我们可以从历史中获得知识，还在于种种社会制度的连续性把现在、未来与过去联结在一起。现在和未来的选择是由

---

① 参见费孝通《江村经济：中国农民的生活》，商务印书馆2001年版，第24、25页。
② 《马克思恩格斯选集》第一卷，人民出版社2012年版，第669页。
③ ［美］爱德华·希尔斯：《论传统》，傅铿、吕乐译，上海人民出版社2014年版，第276页。

过去所形塑的"①。由此可见，对村庄社会治理传统及其底色的追溯研究是深刻认识、评判、变革与完善其现下治理及深挖国家基层治理之谜的基础与窗口。基于此，本研究侧重于对清末至中华人民共和国成立前夕这一历史阶段传统乡村形态的考究。目前，学界对"传统乡村"的认定还较为模糊，尚未形成统一的见解。一般来讲，人们以"传统乡村"来指代中华人民共和国成立以前的乡村社会，本书亦沿用这一泛指。当然，侧重于传统村庄社会治理形态的追溯并不意味着割裂村落社会的历史发展脉络，放弃对变迁中的社会运行轨迹、秩序的考察。研究传统，探寻底色，目的在于启示当下，关于乡村治理格局的变迁与现状的内容也同样十分必要。

对于变迁与实态阶段的划分，此处选取与村落居民最重要的生产资料——土地相关的改革时间为节点。中国农村改革之父杜润生先生曾指出："土地改革：奠定今日农村基础"②，徐勇教授也认为："传统农业社会是以土地为中心的社会，土地资源及其产权制度决定着传统社会的基本格局。在通往现代化的进程中，对传统社会土地制度的改革便成为进入现代社会的起点，也是关节点。"③ 可见，土地产权的变动势必会使得村落社会内部及其与国家等外在因素的关系格局发生巨大的变化，人与人关系，村落与国家、村落与村落之间关系的变化又会形塑与之相对应的关系规则框架，左右各主体行为，影响治理样态；反之，各主体通过各种行为又可创设关系，从而实现对既有规则的转换。中华人民共和国成立之后，大致可分为土地改革运动时期、集体化时期、家庭联产承包责任制施行之后三个大的阶段。

---

① [美]道格拉斯·C.诺斯：《制度、制度变迁与经济绩效》，杭行译，格致出版社2014年版，第1页。
② 杜润生：《杜润生自述：中国农村体制变革重大决策纪实》，人民出版社2005年版，第17页。
③ 徐勇：《历史制度底色下世界土地改革进程与成效比较》，《社会科学研究》2016年第4期。

（三）资料来源

本书研究的是村落社会"依何"及"如何"治理的问题，要回答这一问题离不开研究资料的充分收集与运用，正如张静所言："无论从哪里出发，研究问题的人都必须重视证据，因为他要用事实证明问题的存在"[①]。具体而言，相关资料来源如下：

首先是文献资料，主要包括以下几大部分：一是国内外相关论文、著作、报告等研究成果；二是国家及省市相关规定、县志、地名志、村落所在县乡政府机关相关政策文件、会议记录、工作报告及其他档案资料、媒体网站的有关宣传报道等，如有清康熙二十三年、清道光三年、清同治十一年、1949 年（民国三十八年）、1991 年、2000 年等 6 个版本的《余干县志》，另有临时乡民代表大会会议记录及土改基本总结等历史手抄资料；三是村落各姓氏族谱、村规民约、碑文、契约、工作记录等村落内部收集的资料。

其次是口述资料。主要来源于笔者在 2016 年 7—9 月、2017 年 4 月、2017 年 7 月、2023 年 1 月到余干县塔湾村调研期间，与村落内 83 岁以上明白老人、普通村民、村干部、乡镇干部等进行深度访谈的资料。在调查过程中，尤其是中华人民共和国成立之前的形态调查，为确保口述资料的真实性，剔除人为建构或价值偏好因素，笔者会通过反复循环访谈、多人联合访谈、文献资料查阅等方式进行求证，试图全景式地、真实地展示之。与此同时，为更好地还原塔湾村的人文风貌、自然环境、村落格局等，村民提供的宝贵影像资料也成为不可或缺的资料来源。另，为保护受访者，本书对文中出现的姓名做了部分处理，并非真实姓名。

[①] 张静：《基层政权：乡村制度诸问题》（增订本），上海人民出版社 2007 年版，第 9 页。

第二章

地域社会关系底色

无论哪种形式的治理实践都要以一定的地域社会为基础舞台,正如徐勇教授曾指出,"根据历史唯物主义原理,任何政治现象都是在有着一定的自然—社会—历史条件的地域空间里生成的"①,全景式地展现地域社会的底色概况是研究深入开展的前提。换句话说,很显然,对个案村——塔湾村的基本情况进行概括与描述,于研究本身,抑或于读者都是十分必要的。因此,在从关系—规则视角分析与研究村庄治理样态之前,本章将着重围绕塔湾村的自然地理环境、村落由来、经济特征与社会结构等几个方面来明晰地域社会底色。

一 历史沿革与自然地理

塔湾村是赣东北余干县梅港乡黄芽行政村的一个自然村,与信江隔田相望,上距大溪乡约8公里,下距全县水路交通枢纽的黄金埠镇约4.5公里,距南昌90余公里,到上饶120余公里,离景德镇100余公里,至鹰潭30余公里,距东乡县、万年县、余干县城、余江县约45公里。202乡道穿过村庄,直通黄金埠镇和大溪渡,交通较为便利。中华人民共和

---

① 徐勇:《城市与乡村二元政治结构分析》,《华中师范大学学报》(哲学社会科学版)1990年第1期。

国成立之前，村落的交通有水路与陆路之分，其中，陆路交通较为落后，仅靠小泥巴路或圩堤小路对外联通，普通村民赶墟、上街等日常出行多步行；水路交通较为发达，但一般用于运输原材料或货物。无论水路或陆路，一旦到达黄金埠，便四通八达。

(一) 历史沿革

"塔湾"地处江西省东北部，鄱阳湖东南岸，信江下游的余干县，最初为信江故道西岸河湾，常有船舶搭靠在湾内避风，故人称之为"搭湾"，后因余干方言中"搭"与"塔"发音相似，当地人误之为"塔湾"，自中华民国时期一直沿用至今。据《余干县地名志》记载，明朝初年开始，就有陈、琚、程、毛等姓氏村民陆续迁入，在此繁衍生息，聚居成一个自然村落。据各姓氏族谱及《余干县志（民国三十八年手抄稿）》等资料记载，其中，陈姓于元末明初，从古饶州府安仁县的王源，即如今的鹰潭市余江县王源村迁入塔湾，明中期，有一支后裔迁往邻近的村落——赵家厂，自成一脉；琚姓村民于清同治之前，沿着信江放竹排做树竹生意经由塔湾，遂定居，与陈姓共居于此；而后，程姓村民在信江打鱼，夜晚时常歇脚或短暂寄居于此，与陈姓村民相交甚好，为便于打鱼耕作，在陈姓村民的邀请下便定居下来；至于毛氏的迁入原因主要有两种说法：一是毛氏为躲避仇人的诛杀，由南昌逃至塔湾；二是明朝初年，为填补湖广地区因战乱引起的荒败，朱元璋强令江西人移民湖广等地，官府用木船沿水路押送移民，鄱阳毛氏在此之列，部分移民在途中逃脱，漂流至余干县，在塔湾、邹坊等地安顿下来。至此，塔湾村基本稳定，村落内共陈、琚、毛、程四大主姓，卢、李等其他小姓氏均"浅住即出"，这一现象一直延续至今。

塔湾村所属的余干县早在新石器时代，就有人类繁衍生息的痕迹，曾属于楚。秦始皇二十六年（公元前221年），统一中国，分天下为三十六郡，实行郡县制，余干始置县，隶属于九江郡。之后，余干行政建制随着王朝更替发生变动,直至中华人民共和国成立之后,才逐渐稳定下来,隶属江西省上饶市(2000年前为上饶地区)。塔湾,古称"搭湾",为信江西岸故道河湾。建制前,该地最早属于余干县习善乡的管辖区划内,唐武德九年(626年)之后,塔湾属于安乐乡,并一直沿袭至清统治分崩离析之前。明末清初,陈姓最早迁入塔湾,并于清康熙二十三年至道光三年之间正式被纳入国家行政建制体系。清沿明制,实行乡都制,乡村共设10乡,下设27都,塔湾村隶属于安乐乡二十二都。

民国初年,全县设7区,区设区公所。民国二十一年,改区公所为区署,下设保联、保甲,全面推行保甲制。民国二十三年,全县划分为7个区,下辖35个保联,491个保。塔湾村隶属于第二区,第二联保(黄金埠联保)。民国三十二年,余干县推行新县制,撤区设乡,撤保联设保甲。民国三十三年,全县共设3个镇,22个乡,下辖保、甲。此时的塔湾村隶属于大溪乡,与金埠、赵家堂等村同为第三保,共5个甲。如表2-1所示。

表2-1　　　　　　中华人民共和国成立前塔湾村的建制沿革①

年代	行政建制
清道光三年(1823年)	饶州府余干县安乐乡二十二都塔湾村
清同治十一年(1872年)	饶州府余干县安乐乡二十二都塔湾村
民国二十三年(1934年)	江西省第四行政区余干第二区第二联保第三保塔湾村(1—5甲)
民国三十三年至三十八年(1944年—1949年)	江西省第六行政区余干县大溪乡塔湾村(1—5甲)

中华人民共和国成立后,由于农村政策和农村区划的变动,及塔湾自然村所属地理位置的特殊性,村落行政建制频繁调整和变更。1949年

---

① 此表在参考(清)康熙二十三年、(清)道光三年、(清)同治十一年、《余干县志》1991年版、《余干地名志》以及村落老人口述的基础上绘制而成。

9月，全县农村分设5个区，但保留原乡镇及保甲，塔湾村归属第四区永发乡；1950年，余干农村设10个区，下辖18个乡，塔湾村划属九区永发乡管辖；1956年，区乡合并，塔湾村成为黄埠区金埠乡下辖的一个自然村；1958年，全县范围内实行人民公社的建制，公社下设大队、生产队，塔湾有6个生产队，隶属于上游公社黄芽大队，黄芽大队先后属于金埠公社、梅港公社；1968年，扩社并队，黄芽大队并入金埠大队，1978年，黄芽大队从金埠大队中分离出来。1984年，余干县推行行政体制改革，改公社为乡，改乡属村民委员会和村民小组，塔湾村成为梅港乡黄芽村委会下辖的一个自然村落。如表2-2所示。

表2-2　　　　中华人民共和国成立之后塔湾村的建制沿革①

年代	行政建制
1949年	余干县第四区永发乡塔湾村
1950年	余干县第九区永发乡塔湾村
1956年	余干县黄埠区金埠乡塔湾村
1958年	余干县上游公社黄芽大队塔湾
1959年	余干县金埠公社黄芽大队塔湾
1962年	余干县黄埠区金埠公社黄芽大队塔湾
1963年	余干县梅港公社黄芽大队塔湾
1968年	余干县梅港公社金埠大队塔湾
1978年	余干县梅港公社黄芽大队塔湾
1984年至1999年	余干县梅港乡黄芽村委会塔湾自然村
2000年至今	余干县梅港乡黄芽村委会琚家村、毛家新村

1998年洪灾之后，塔湾村被列入移民建镇规划中，由信江西岸向后迁移至桥背岭，傍山而居，以山为界，一分为二成琚家新村与毛家新村，

---

① 此表在参考《余干县志》1991年版、《余干地名志》以及村落老人口述的基础上绘制而成。

前者是黄芽村委会所在地。当前，黄芽行政村村域面积约为 3 平方公里，下辖 6 个自然村，13 个村民小组，共有 558 户，2089 人。塔湾村（毛家新村+塔湾琚家村）共 6 个村民小组，242 户，969 人，其中，毛家村 92 户，396 人，包括毛、程、潘等姓氏；琚家村 150 户，573 人，包括琚、陈、卢等姓氏村民。如表 2-3 所示。

表 2-3　　　　　　　　2017 年黄芽村村小组概况①

自然村	村民小组	户数	人数	姓氏
塔湾琚家村	琚一、二、三、四组	150 户	573 人	琚、陈、卢
塔湾毛家村	毛一、二组	92 户	396 人	毛、程、潘
黄芽洲	黄一、二、三组	157 户	622 人	陈、卢、黄、徐
赵家厂	赵一、二组	83 户	258 人	赵、陈、刘
流水垱	流水垱组	29 户	132 人	陈、李
金家畈	金家畈组	22 户	108 人	金、陈、叶、李、琚

（二）自然地理

曹锦清、张乐天等在《当代浙北乡村的社会文化变迁》一书中感叹道："越往前追溯历史，我们就越发现，自然村落的生产方式、内部的制度与组织及观念习俗，更多地受制于它们各自所处的自然生态环境。正是自然生态环境的稳定性制约并决定着村落内部生存方式的持存性，以至于数百万的自然村'上面'的政治风景和朝代更迭都不足严重影响它们原有的生存方式。"② 因此，在进入正式研究之前，细致考察个案村的自然地理十分必要。

从地形地貌上来看，塔湾村位于余干县的东南方向（上余干），梅

---

① 此表数据来源于村庄调研。
② 曹锦清、张乐天、陈中亚：《当代浙北乡村的社会文化变迁》，上海远东出版社 1995 年版，第 1 页。

关系、规则与乡村治理：赣东北塔湾村的秩序表达

港乡北部偏西9公里处的信江下游西岸平畈区，地势较为平坦，西南高，为低山浅丘地带，东北低，为平畈地带，偶有小土坡和沙洲相间。总体上以平原为主，约占总面积的85%以上，低山浅丘为辅，海拔最高的山为桥背岭，其最高处点——龙嘴顶的海拔不足200米，其他如桂花山、沙洲等土坡旱地高度不过在20—30米左右；村内的河流、堰塘地势更低，主要包括信江、龙溪及7口水塘，与田地间大大小小的"圳沟"共同构成了村落的水网格局。

在塔湾村，除少量的旱地分布在地势较高的沙洲、桂花山、桥背岭山脚等低山浅丘地带之外，水田均分布在平畈区，便于耕作的同时，也造就了其特有的生产与生活方式。就农业生产方式而言，由于村落整体地势较低，河流与池塘的地势多低于田地，未形成水—田的梯度分布，这样一来，仅有极少量山脚边或居住聚落的农田可引山泉水灌溉，95%以上的田地均要依靠人工踏水来灌溉，灌溉水源主要来自7口大大小小的池塘，雨水则成为塘水的主要储备来源，上半年多暴雨，正常年份，塘水基本可以满足农户生产需求；就生活方式而言，以平畈区为主的地形特征使得村落的屋场与水田基本分离，仅有少量的旱地零星分布在屋场内部，屋场沿信江圩堤而建，稍高于田地，田地紧紧地围绕在屋场一侧，是逐水而居与沿田而落的结合，可谓是生活、生产两相宜。

与此同时，多平原、少丘陵山地的地形条件也使低山浅丘、河流、池塘及田间小道等突出的地形地貌成为塔湾村与邻近村落、村落不同聚落之间的边界标志物。塔湾村可分为上湾与下湾，中间以饶埠塘为界；塔湾村与邻近的黄芽洲自然村则以凸出的桂花山旱地为界；与金家畈自然村以塔背岭为界；与赵家厂以龙溪拐角处为边界来区分，与流水垱则以信江对岸黄金埠张家的祖宗山为界。

从气候条件来看，塔湾村位于余干县东南片，即"上余干"，地处亚热带，属亚热带湿润性季风气候，主要特征可概括为：春秋短，冬

夏长，春长于秋，夏长于冬，四季分明，季风明显；气候温和湿润，光照充足，雨水充沛，无霜期长。村落田地主要分布在信江沿岸的河谷平原上，以水稻土、潮土及红壤为主，适合水稻（一年两熟）、油菜、冬小麦、棉花、红薯、小菜等多种作物生长，为村民们自给自足的生活提供了一定的可能。一般正月过完之后，村民就要进入春耕时间，当地素有"谷雨前后，撒谷种豆"，"懵里懵懂，嵌社浸种"之说；晚稻收割完毕之后，村民会在旱地种上点冬小麦、油菜等作物，11月农闲期到来。由于四季分明，在温度最高的7月中旬到8月中旬期间，人们会适当调整作息，由"日出而作，日落而归"转变为"日出而归，日落而作"。

据《余干县志》记载，余干县雨水较为充沛，时间与空间分布不均衡，极易引发旱涝灾害，中华人民共和国成立之前，村落抗洪防汛抗旱设施差，农民抵御灾害的能力十分薄弱，农业十年九歉收。如表2-4所示。

一般而言，内涝多发生在一年中的5月、6月，小涝很少危及房屋、生命及其他财产安全，农户一般采取不作为的态度或是以家户为基本单元组织排水。大涝来临之时，居住在隔壁或相对封闭屋场内的农户偶尔会进行简单的联合抗水，"大难临头各自（家户）飞"是常态。一旦发秋水，早稻已所剩无几，晚稻颗粒无收，村民生活异常困难。梅雨过后，久晴不雨或"久晴无透雨"的现象时常发生，引发伏旱或秋旱。与水灾相比，旱灾对塔湾村的影响较小，一方面，塔湾村内共有7口塘，其中2个是30亩左右的大塘，另有龙溪和信江流过，水网较为发达；另一方面，村落遭遇的小旱不断，但大旱较少，即使大旱，村民也可通过借水或自发联合踏水来暂时缓解。当然，遇上大涝大旱导致减产严重之时，无法自足的村民则要借粮度日或申请减免租税。中华人民共和国成立之后，随着水利设施的大量修建及农业技术的进步，旱涝灾害对农民生产生活的影响不断减小。

表2-4　　　　　　　民国时期水灾与旱灾概况①

发生时间	灾情概况
民国十一年（1922年）六月	信河大水，圩堤漫决，早稻无收
民国十五年（1926年）五月	信江大水，早稻无收
民国二十年（1931年）夏	早晚稻无收
民国二十三年（1934年）夏秋	大旱，数月久晴无雨，田土龟裂，禾苗枯萎，井水干涸，为历史上少有的大旱年，仅下余干灾情较轻，塔湾村所在的上余干受灾十分异常严重，早稻减产，晚稻几乎无收。
民国二十四年（1935年）	信河大水，夏至秋积水，低洼处早晚稻无收，丘陵处晚稻减产
民国三十一年（1942年）秋	信河，鄱阳同时大水，晚稻无收
民国三十七年（1948年）六月	早稻歉收
民国三十八年（1949年）夏秋	本年信江、鄱阳湖大水，全县水灾严重，同时又遭遇旱灾，水旱灾害相间，早稻歉收，晚稻几乎无收。

概言之，随着人的迁入，塔湾从信江的故道河湾演变成一个自然村，一个以国家为背景且具有"塔湾"底色的村落共同体；而自然地理环境如多平原、少山地丘陵的地形，较为发达的水网资源，肥沃的土壤，适宜作物生长的气候条件等共同决定了塔湾村是一个以稻作为主的农业生产社会，并呈现出"大散居、小聚居""傍水而居""望田而居"的居住格局。这种种都影响着人们以村落为中心场域的生产生活交往的范围、方式、结果及限度。

二 经济特征

（一）土地占有与经营

塔湾村为平畈区，以水田为主，旱地、坡地及其他类型的土地较少，

---

① 参见江西省余干县县志编撰委员会《余干县志》，新华出版社1991年版，第100—105页。

且同一类型土地并无明显的好坏之分。中华人民共和国成立之前，村落共有土地930余亩，其中水田600亩左右，占土地总面积的64.52%，旱地约130亩，占总面积的13.98%，山地约200亩，所占比例为21.50%。

从土地占有情况来看，水田中有10亩左右归黄金埠镇的章姓地主所有，分别租给3户农户耕种，水稻收割之后，农户上门缴纳租金；余下的590亩水田为本村人所有，其中25亩为琚、毛、陈、程四姓的"会田"①，用于出租，琚姓约8亩，毛姓约6亩，陈和程两姓各4亩左右，其他水田归各户所有。村落内的山地基本上是河对岸黄金埠张家和王家的祖宗山，约150亩，占山地总面积的75%，只有50亩左右的山地归本村部分农户共同所有，其中程、陈及其他小姓氏无祖宗山，琚姓中约5户共有山10亩，7户共有山约20亩，毛姓中11户共有山20亩。村内外土地占有情况，如表2-5所示。

表2-5　　　　　　　　村落土地分布表②

土地类型	总面积（亩）	本村所有		外村所有	
		面积（亩）	占比（%）	面积（亩）	占比（%）
水田	600	590	98.33	10	1.67
旱地	130	130	100	0	0
山地	200	50	25	150	75
总计	930	770	82.80	160	17.20

由于山地面积十分有限，且为小家族共有产权，在村民看来，土地通常指的是水田和旱地。中华人民共和国成立之前，塔湾村共67户，约380人，以4—6人的小规模家庭为主，本村村民占有的水田和旱地总面积约720亩，应然层面上讲，户均田地面积10.75亩，人均1.89亩。然

---

① "会田"即各姓氏家族的公共田产，在塔湾村，习惯于将家族或宗族称为"会"，如琚氏家族则为"琚家会"。
② 此表数据来源于村庄调研资料。

而，从家户土地占有与经营的实际情况来看，主要呈现以下特点：

一是人多地少，占有不均。少数人占了多数田地，户均与人均占有相差悬殊。村落内有4户地主，共38人，占有田地约240亩，户均60亩，人均6.32亩。也就是说，全村5.97%的户数，10%的人口拥有着全村三分之一的田地；有富农3户，约26人，田地面积约70亩，户均23.33亩，人均2.69亩，即6.84%的人口占有了全村约10%的田地。剩下的385亩田地由10户中农和50户贫雇农分别所有，户均6.41亩，人均约1.22亩；贫农田地家户占有量大概在4—6亩之间，中农略胜。

二是"自耕+租种"是大多数家户的生存之道。村落内几乎每家每户都有或多或少的土地，并不存在着单纯靠租种土地的佃户，但在产量低及家户人多地少的条件下，仅依靠私有土地即可自给自足的农户又是少之又少。据村落有经验的老人估算，一个六口之家，如自耕，需要9.5亩田地（水田8亩，旱地1.5亩），如租种，需要17.5亩田地（水田16亩，旱地1.5亩）才能满足最基本的生存需求。除少数自耕的地主与家户私有土地较大的农户不用租种土地之外，至少74.63%的农户单靠自耕都不能维持正常的生存，需要在自耕的基础上进行少量的租种。甚至，有些农户即使租种田地，在上半年青黄不接的时候仍需要到地主家借粮才能度过生存危机。如图2-1所示。

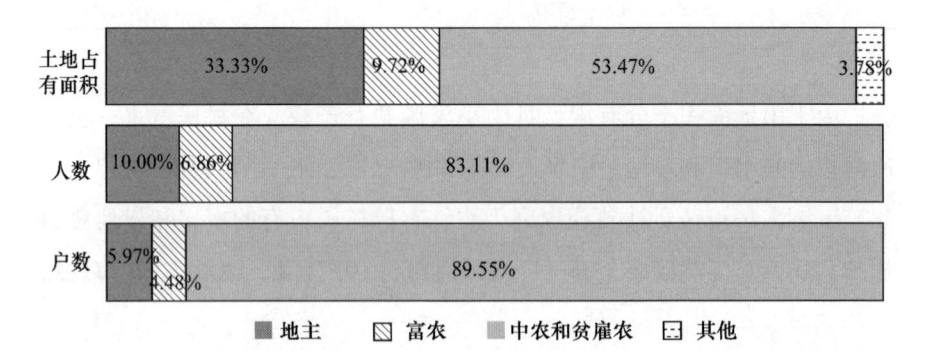

图2-1 人口与土地占有（所有）规模对比情况

三是小规模生产经营为主。在劳力、生产工具及土地总规模有限时，除个别自耕的老板之外，小规模经营为普遍现象。村内生产经营最大规模为70亩，共两户地主，请长工帮忙自耕，最小的为2亩，以常年给本村或邻村打零工来维持生活。

四是家户经营为主，生产合作为辅。一家一户独立生产经营是村落小农经济的普遍模式，但由于生产工具、劳动力等方面的不足，家户之间会通过换工、借用生产工具、帮工、请工等合作的方式来完成单家独户无法完成的生产环节，这些合作多发生在同村的亲兄弟、关系好的叔伯兄弟、邻相、亲戚朋友之间，相互之间遵循着对等、互惠的原则。普通农户与老板之间更多的是因土地租种与钱粮借贷而产生的经济关系，生产工具的借用、换工等合作很少发生。

据《余干县志（1991）》记载，余干县于1950年10月开始土地改革。在土地改革中，工作组进驻塔湾村，将地主、富农的多余土地、生产工具及其他财产分给广大的贫雇农，将各姓氏会上的会田、祖宗山、琚姓的小祠堂、祖屋分给私人所有。村落内的共同产权消解，家户私有产权得到进一步巩固，家家户户都分到了土地，农户的生产积极性大大提高；集体化时期，村落内共有5个小队，以小队为生产经营、分配和消费的基本单元，村民每天同时出工、收工，实行工分制，以工分作为最后生产成果分配的依据。劳动力成为农民增加收入的主要途径。在集体化后期，浮夸风、"共产风"盛行，挫败了农民的生产积极性，农业生产效率低，农民生活水平急剧下降，稍有旱涝灾害，村民就会陷入饥荒局面。

家庭联产承包责任制推行之后，塔湾村内土地归其所在行政村的村集体共同所有，村民承包到户。随着祖宗山等共同产权的消解，灌溉、收割等农业生产技术的提高及水稻种植的规模化与职业化，农户间零散的、小范围的换工、灌溉合作减少，而机械化、职业化及市场化的雇佣行为增多，家户作为农民生产经营单元的独立性和个体性进一步显现，农业生产经营也呈现规模化的趋势。在村从事农业生产的多数农户生产规模在10亩以上，收割的粮食以卖为主，如琚行林共耕种了20亩田，总产量约22000斤稻谷，至少要卖掉2万斤。同时，村内还有4户种植大户，其中3户联合，总规模在330亩左右；塔湾毛家村的程浩耕种110亩左右的农田①；另1户是余干县城人，在塔湾村的经营面积约40亩。

（二）村落产业与农民生计

塔湾村是一个以水稻种植为主，兼种少许冬小麦、棉花、芝麻、黄豆、红薯及其他小菜的农耕村落。中华人民共和国成立之前，总体上以农业生产为主，由于生产力水平低下，1亩水田的产量约为3担谷，顶好也不超过5担，人们生活普遍紧张。普通农户虽然谨慎消费，量入为出，但除去租金、赋税摊派或父母养老"公粮"之外，已所剩无几，入不敷出的情况时常发生，更别提进行积累性分配。青黄不接之时，向地主老板等有钱人家或亲戚朋友借粮或借钱维持生产生活最低需求的情况也时常发生。大多数的自耕土财主在吃穿用度上与普通农户相差不大。

除农业生产之外，村落内最常见的生计手段包括以下几种：一是生产与售卖榨包②，这是塔湾村部分琚姓村民的传统手艺，在整个余干县，甚至江西省内都是独一无二的，榨包销往余干本县及上饶、鄱阳、贵溪、南昌、鹰潭、万年等周边县市。榨包生产者通常也是售卖者，零售、批发、订单或叫卖皆可。由于榨包的制作相对简单，男女老少均可参加且效率相当，产量较大，自产自销型农户需要勤跑销路，但同行之间通常不合作，即使亲兄弟、叔伯堂兄弟等亦是如此，各凭本事吃饭，相互竞争。还有部分农户是纯销售，在农闲时，批发上几条榨包到附近的集市上去零售，以补贴家用，如琚桦齐家便是如此。相比较于普通农户来讲，

---

① 此数据来源于种植大户。
② 榨包是用小竹子编造，用于榨糖、榨酒的器具。

榨包自产自销型农户的生活会稍微富足一些,手头上的现钱也充足些,如琚树齐家很少借钱或借粮。

二是打鱼,这是程姓村民的特权生计。按照惯例,上至黄金埠,下至楼埠的信江河段内的渔业资源由他们管理,外姓人不得使用专业及大型工具到信江捕鱼,但用笪箕、捞网等工具在江边网点鱼打打牙祭是被默许的。打上来的鱼通常会被拿到黄金埠市场、大溪、社庚等墟市或下村叫卖,但到民国末年,渔业资源过剩,并且售卖较困难,很多程姓农户放弃了打鱼这一主业。

三是做手艺,如木匠、剃头匠、裁缝等手艺师傅家拥有少量土地,以做手艺为主要收入来源,这类农户所占比例非常小。他们是村民口中属于"比种田人强的人家",吃饭基本不用愁。如琚银冬是位剃头师傅,家里3亩田,同时靠剃头挣家用,塔湾村及赵家厂、金家畈、黄芽洲、流水垱等周边村落村民的头发均包由其打理,一般10天打一次转身,1天能剃10来个头,打一次转身要连续在村里吃7—8顿饭,剃1个头1年4斗谷,剃"过年头",1人额外加1升谷。即使是尚未出师的徒弟,也可为家里节省口粮,还能分得少量工资补贴家用,如木工与石匠学徒在学徒第1年,师傅会支付其3担谷作为报酬,第2年4—5担谷,第3年之后5—6担谷,逐年递增,直至出师。

四是打零工、散工、长工或担担(挑夫),主要依靠出卖"气力"来获得报酬,如陈择雨老人在完成自家生产之余,会在本村或周边村落打散工,主家管饭并支付1天1升米的酬劳;打长工1年可得15—20担谷的工资,但打长工意味着要放弃自家的生产,故只有那些家中无田地或有剩余劳动力的人才会去外村打长工。

五是依靠收取租金、利息或赌博、做生意来获得收入。这类农户多为土地等生产资料富足的老板,在村落内的生活水平相对较高,但户数非常少,仅5户左右。如表2-6所示。

表2-6　中华人民共和国成立之前塔湾村农户基本情况（列举）①

农户	土地改革运动成分	收入来源	田地占有（亩）	田地租佃情况 租出（亩）	田地租佃情况 佃进（亩）	家庭人口数（人）
琚仁列	地主	务农、租金、借谷利息	70	15	0	10
陈谱林	地主	赌博、租金、放水钱	35	35	0	—
陈友道	地主	务农、放水钱、借谷利息	60	0	0	15
毛思学	地主	租金、放水钱	45	45	0	—
陈谱光	富农	赌博、租金、放水钱	10	10	0	—
程文武	富农	务农、打鱼（主）	20	0	0	13
琚桦齐	贫农	务农、卖榨包	4.7	0	3	5
琚树齐	贫农	做榨包（主）、务农	4	0	0	6
琚友齐	贫农	务农、打长工	5.5	0	4	8
陈择雨	雇农	务农、打散工	1.5	0	0	3

中华人民共和国成立之后，农业仍为塔湾村的主业。到集体化时期，"榨包"生产与销售成为村落产业，集中生产，统一销售，村集体创办综合厂，每个家庭出一男一女两个劳动力到综合厂去做榨包，不管产量高低或是否加班，一人一个月60元钱。后因生产方式和销路问题，改由各户承包，按生产队下达的榨包任务数交齐，剩下的归各家各户自行处理。改革开放后，重新回归"各做各的，各卖各的"局面，之后又由集体统一销售，一时间，人人做起了榨包，仅一年的时间，榨包产业又归于萧条。现如今，塔湾村内，只有1户农户在有人预定的时候做上几个榨包。随着市场经济的发展与渗透，约70%的劳动力选择外出"挣生活"，农业生产的地位逐步下降。与此同时，副业开始兴起，如琚行林经营着麻将室兼小商店，2010年前后还养了100多头猪，后因瘟疫及村民投诉，家庭养殖就此歇业；陈竞农开了一间村卫生室；琚行焱的老婆经营棋牌室和小商品买卖。如表2-7所示。

---

① 表中数据来源于村落老人的口述。

表 2-7 琚行林家庭经济情况①

家庭基本情况	户主	琚行林	家庭人口	4	家庭类型	核心家庭
	家庭劳动人口及就业情况	家中有2个劳动力，夫妻二人在家种了20亩田，承包了10亩鱼塘，经营了4桌麻将，同时也卖点日常生活小商品；女儿上财会类的大专，儿子在黄金埠中学读高三				
家庭年收入	打工	0元	个体经营	35000元		
	零工	0元	农业收入	27000元（田+鱼塘）		
	合计	62000元				
家庭住房	一套200平方的三层楼房					

三 村落社会关系结构

（一）家族关系

自毛姓村民迁入之后，琚、毛、陈、程"四姓鼎力"的格局基本形成，之后虽有邹、章、吴等姓氏迁入，但户数极少，且"浅住即出"，对村落整体社会结构几乎没有影响。村落内四大主姓，"一姓一家族"，分别构成了四家族。

其中，琚姓、毛姓的人口规模及势力相当，陈、程两姓也势均力敌。至中华民国中晚期，村落内共67户，约380人，户均人口5.67人。琚姓24户，占村落总户数的35.82%，约130人，占村落人口总数的34.21%；毛姓19户，占总户数的28.36%，约110人，占总人数的28.95%；陈姓13户，占总户数的19.40%，约70人，占总人口的18.42%；程11户，占总户数的16.42%，70人，占总人数的18.42%。全村落内共有地主4户，占总户数的5.97%，其中，琚姓1户，陈姓2户，毛姓1户，程姓0户；富农3户，占总户数的4.48%，琚姓1户，毛姓1户，程姓1户，陈姓0户；中农10户，占总户数的14.93%。如

---

① 此表数据来源于村庄调查。

表2-8所示。

从整体上来看，四家族之间的差距不太悬殊，关系也较为融洽和睦。自建村起，琚姓与多数陈姓村民共居上湾，毛氏家族与多数程姓村民杂居于下湾，还有几户陈、程两姓农户零散地分布在中湾，毛氏与琚氏村民则始终处于分居状态，中间相隔着30亩左右的水塘，田地也相互分离，再加上双方势力相当，这使得毛氏家族与琚氏家族之间存在及表现出一定的竞争关系。举例说明，在塔湾村，甚至整个余干县，有端午节举行龙舟比赛的传统，其间一次，两姓村民斗船，为分出胜负，赢得面子，各自互不相让，最终在琚姓村民赢得比赛的情况下，毛姓村民撞坏对方龙船，引发冲突，自此，双方竞争关系逐步显化。琚、毛两姓的居住及其关系格局一直延续至今。纵使在1999年整村搬迁之时，毛姓村民有意与琚姓村民合居，最终因琚姓反对而不了了之。

表2-8　　　　　　　　　　村落家族情况统计①

家族	户数（户）		人数（人）		家庭类型			
	数量	占比(%)	数量	占比(%)	地主	富农	中农	贫农
琚氏	24	35.82	130	34.21	1	1	—	—
毛氏	19	28.36	110	28.95	1	0	—	—
陈氏	13	19.40	70	18.42	2	1	—	—
程氏	11	16.42	70	18.42	0	1	—	—
总数	67	100	380	100	4	3	10	50
占比：家庭类型户数/村落总户数（%）					5.97	4.48	14.93	74.63

虽然，塔湾村内呈现"一姓一家族"的格局，但各家族内部的联系相对松散与简单，主要以同姓"会"的形式存在，并没有形成很强的宗族纽带与组织。除各自有几亩会田（琚氏家族有一间100平方米左右的

---

① 此表数据来源于村庄调查。

小祠堂）和不定期举行打划龙船、吃冬至酒、修谱、招待华宗、赢灯、团拜、拜年、安葬乞丐等家族共同的仪式性活动之外，他们的家族意识更多地体现在观念上。事实上，很多家族活动的周期很长，每十年一次甚至更久，到中华民国中后期，除了拜年之外的家族共同活动几乎消失殆尽，如琚氏家族在冬至节祭拜祖先的"祭冬"活动，陈氏家族的集体祭祖早已淡出人们的生活。同时，家族成员和会首对于那些不愿参加家族共同活动的村民并无法施行实质性的惩罚，多以舆论压之，活动组织的无序化特征较为明显。人们在日常生产生活及交往中通常以家户为基本单元，不会因为身处同一家族而保持行动的一致性，当然，如果本家族的村民受到其他家族的欺负时，大家可能团结起来一致对外，但这并不具有强制性和排他性，即使处于同一地缘共同体内的人们也可以给予相同的回应。

相较于家族，"一大家"即"小家族"的内聚力更强，联系也更为紧密，一般包括同一太公名下（四代以内）的农户。"一大家"内通常会有一个主事人，即"家首"，村落或家族内公共事务的分派通常以"一大家"为单位，后由"家首"具体落实至每家每户。红白喜事的礼宾也在"一大家"范围内产生，对于某一户农户而言，小家族是仅次于三代以内至亲的血缘关系群体，当地人将之称为"屋里人"。于人丁稀薄者，"一大家"是仅次于家户的集合体。如今，"一姓一家族"及"四姓鼎力"的格局依旧存在，毛姓与琚姓村民之间的竞争与攀比关系也一如从前，但村民的家族观念越发淡化，家户性更加凸显，亲缘关系的作用在日常生活中若隐若现，并转移至更为广泛的关系网络上。

（二）亲属结构

塔湾村社会的基本单元是家户，家户普遍规模为4—6人，其评价意义上的大小与"人势"和"家势"直接相关，"人势"并非简单的人口数量，而是强调男性（儿子或兄弟）的多寡，"家势"则指家户势力的大小，且受制于"人势"。如A有4个女儿但无儿子，B有3个儿子1个女儿，那么B会被称作大家。在此基础上，根据生育与婚姻事实又会发生一系列的社会关系，即亲属结构。

在塔湾村，以父系亲戚关系为主线，"父'亲'三五代，母'亲'两代清"是家户"理亲戚"的流行标准，亲属结构主要由至亲、远亲与干亲构成，其中，干亲有一定的偶然性、非稳定性与非延续性。

村民通常将三代以内的亲戚称为至亲，人丁不旺者以五代以内为至亲，主要包括三个层次：一是本家至亲，即与父亲有血缘关系的兄弟、叔伯、堂兄弟等人；二是姻亲范围内的至亲，包括母舅、姑丈、姨夫、侄女婿、姐妹夫等人。由于村落通婚距离的限制，这类亲戚多分布村落周边的大溪渡、黄金埠等地及余干县的其他乡镇，距离多在十公里以内，当然，本村本聚落较少。如琚桦齐家，与陈家联姻的有3家，与琚姓联姻的1家，与毛家联姻的1家，共5家姻亲在本家；三是嫡亲，指"亲的很"的亲，包括岳父母、女婿等。相比较于其他人而言，至亲之间的各类往来较为频繁，其中，本家至亲在日常的生产生活合作与交往、人情互动往来都比较多，而姻亲至亲与嫡亲之间的联系更多地囿于人情往来。也有人会在农忙或建新房时，请来女婿或姐妹夫等人来帮工，尤其是女婿，塔湾村将女婿称为"郎"，有儿子之寓意，虽然女婿不属于家户成员，但女婿与岳父母之间"半儿—父母"的特殊关系使得女婿通常无法拒绝岳父母的帮工请求，甚至要主动请缨。母舅、姑丈等非本家至亲，尤其是有话分，有地位之人，也时常会被请来参与见证或协调分家、养老纠纷等事宜。

远亲则是对至亲之外所有亲戚的总称。虽为亲戚，但除居住在本村的远亲在生产生活或礼节仪式上会有往来碰撞之外，如关系好的远亲之间换工、帮工，在市场雇佣关系中，村民会先请远亲，再请与自己关系一般的本村人。其他远亲除素有人情往来关系的要"赶人情"之外，基本无联系，与陌生人无异，"一代亲、两代表，三代无人晓"的俗语便是恰当的诠释。

一般来讲，干亲并非亲属体系的必然构成，虽然之前向干亲并非罕见之事，但并非每家每户都如此。为保证孩子健康顺利成长，维系和加强双方家庭原有关系是向干亲的主要理由，一般由父母代为挑选与其关系好的亲戚朋友、熟人，对于那些有一定经济实力的家庭成员，私下向干亲也不会遭到父母的反对。向干亲是家户或个人之间的私事，其关系范围仅局限于向干亲的农户或个人双方，一般不与农户的其他亲属发生联系，干亲之间的关系主要通过人情往来维系，关系好的干亲与至亲无异，有的甚至更亲近。然而，无论哪种形式的干亲关系，其延续性都较差，特别是在大家生活普遍紧张的年代，多数干亲关系名存实亡，称呼还在，礼俗人情往来却逐渐断了。

村落亲属结构还表现在祭祖方面。无论是在家祭祖，还是七月半鬼节在屋外"烧中元"，抑或上坟，无论是单独祭祀，还是家户联合祭拜，3—5代以内的祖宗都是单个农户最为常见的祭拜范围。相比之下，在家祭祖或"烧中元"时，祖先界限稍许模糊，墓祭则更为明朗，多限于3代以内的父系直系祖先，如爷爷奶奶、父母。当然，那些已逝且无子嗣的叔伯、兄弟也在村民祭拜范围之内。例如，琚桦齐的父母去世之前，琚桦齐两兄弟、父亲及来往较为密切的二爸爸每年清明节都会一起去自家爷爷奶奶坟上祭拜，但父母去世之后，兄弟俩就与二爸爸家分开上坟，理由是二爸爸不需要给有子嗣后代的兄弟上坟。

中华人民共和国成立之后，随着土地改革运动的开展，通过打倒地主，分得其财产的方式来追求家户利益最大化成为普遍现象，家户利益已然成为影响农户交往决策最重要的依据，传统亲属结构及在此基础上进行的互动格局受到冲击，农户行为更加谨慎，因为稍不留神便可能让自己身处风口浪尖。家庭联产承包责任制的推行，作为人们生产、生活、交往基本单元的家户得以回归。当前，"一代亲，两代表，三代无人晓"这一俗语已无法完整地描述塔湾村村民之间的血缘关系范围，保持人情往来关系的亲戚代数增多,尤其是父亲这边的亲戚,3—5代以外,甚至更远的关系,人情往来呈现扩大化的趋势。

(三) 社会流动、分化与变迁

传统时期,"安土重迁"的观念深入人心,塔湾村社会相对稳定,多数人生于斯长于斯,即使出现流动,也呈现出规模小、频率低、流动原因简单、单向流动为主等特征。

在塔湾村,长期的或永久性的流动较为鲜见,"挣生活"是主要原因,凡是在本村能够维持最低限度生活的村民都不会主动外迁,只有那些在本村或周边村落无法维持生计的农户才会被迫流动。如在1941年左右,塔湾村3户农户先后迁移至景德镇种田,其中1户以租种地主土地为生,另外2户以在农场种田为生。流动前,3户农户家里生活非常困难,各有一亩左右薄田和2坪低矮的茅草房,兄弟至亲也无力援助。如今,3户农户已发展为十多户,至今未回迁,生活水平普遍高于塔湾村村民。

因商流动较为常见,但多为短暂性迁出,待生意完成之后便立即回迁。榨包制作与销售是部分琚姓农户的谋生之道,由于榨包的原料与销路多在周边县市,出于距离、成本、市场等因素的考虑,自产自销型农户会选择短暂性流动,正所谓"人随钱走"。如琚树齐小时候每年都会跟着父母到贵溪住几个月做榨包生意,他自己结婚后,每年也会带着"老马子"(妻子)去贵溪租房子做几个月的榨包;琚树齐的大爸爸以贵溪为定点,在外头做了十来年的榨包生意,直到1945年前后才回村。

除此之外,还有因外出打长工而流动,如琚友齐在下余干打长工,过年过节才会回家,另有陈姓村民因与父亲发生冲突而被迫带着妻儿举家离村,到下余干佃种大老板的土地,直至其父亲去世前两年才回到塔湾村生活。

村落社会的稳定性使社会分化也趋于稳定和固化。在塔湾村村民看来，家庭财富的多寡与农户在村落中的社会地位息息相关，财富分化是社会分化的主要形式与表现，"人穷威光浅""腰鼓仓满的人占赢面"都是村民们常念叨的"人之常情"。家户私有土地数量多寡、是否参加劳动及现金存量大小是衡量农户财富高低的主要标准，根据上述三大指标，可将塔湾村农户分化成以下几个不同的阶层或群体：

一是半自耕农。在塔湾村，半自耕农，即自耕家户私有土地的同时租种老板土地的农户。同上文分析，村落内大多数农户的家户私有土地在4—6亩，家户人口约4—6人，如全部自耕，一个六口之家需要9.5亩（人均1.58亩）左右的田地才能满足最基本的生存需求。实际上，塔湾村内至少74.63%的农户单靠自耕都不能正常生存，需要在自耕的基础上租种一定数量土地，或给人打散工或长工来补贴家用。半自耕农占村落农户的大多数，是村民口中的"穷人家"，这一类人社会地位最低，几乎无权威可言，也无力于生计之外的其他事宜，即使全力以赴，大多数农户在青黄不接时，仍要向老板或关系好的亲戚朋友借钱粮才勉强度过生存危机。正如陈择雨老人所言："在旧社会，能让屋里人吃饱饭就算是有些本事的人，挣碗饭吃不是那么容易的，要看天吃饭，光景不好的时间，好多种田人家，辛辛苦苦搞了一年，交交租，上上税，还要跑到老板家去借粮食吃，苦啊。再话，一户人家全家人空着肚子，生活都搞不好，社会上还有谁能看重到你，你也没得哪个资格去在社会上充老大。吃饱饭的人怎么可能服帖你饿着肚子的人。人穷威光浅，要话社会地位，得吃饱了饭才有气力话。"[①] 村落内有不成文的规矩，即穷人不做中人、保人等。

二是老板，即拥有一定数量土地和现金存量的农户，包括自己参加劳动的土财主和不参加劳动，以出租土地、放"水钱"、赌博或打鱼为生的人家。这类农户占村落农户的少数，民国中晚期，村落内共大小7

---

① 村庄调查期间，陈择雨老人原话。

位老板，是村民口中的"老板"和"有钱人家"。这类人社会地位普遍较高，大头首、会首等人一般由有学识和威望的老板担任，如在"一大家"中有人是老板，那么"家首"一般由他出任，当然，那些做人歪歪斜斜，欺凌村民的老板除外。由于村落内多为小老板，在日常生产生活中，与村民处于极端敌对关系的情况十分少见，村民对老板也比较客气，就算有不满也很少直接闹矛盾。

三是做手艺的农户，即拥有少量土地，且以做手艺为主要收入来源的农户，主要包括做榨包的农户及木匠、剃头匠、裁缝等手艺师傅所在的家庭。这类农户占村落农户的比例也不大，但略高于"老板"，是村民口中的"比种田人强的人家"，基本不用愁饭吃，这类人中有些做人正直，言出必行的村民也有较高的社会地位，也会成为"话公""中人""保人""写字人"等。

财富分化与社会地位的高低会对村民日常交往产生一定的影响，总体上看，多数人生活相当，尤其是做手艺的人家与穷人家在财富上的区别较小，不同阶层的人之间不存在交往真空。虽然村民更倾向于同经济、社会地位相当的人交往，老板与普通村民之间的来往通常具有经济性、事务性、血缘性的特点，但偶尔也会凑在一起闲聊或"搭角"打牌。大年初一同姓人不论财富多寡、身份贵贱均要按辈分拜年，家族内公共活动及事务要一同参加。当然，对于那些为人处事过硬、正派的穷人，有钱人也会敬之三分，而对于为人不正气，做事歪歪斜斜，欺善怕恶的有钱人，无论有钱人，还是穷人均会避之不及，侧目相对。

土地改革运动中，村落农户被划分为地主、富农、中农、贫农、雇农等不同成分，土地改革运动积极分子、中农、贫雇农翻身成为村落社会的代表，地主、富农等的土地、生产工具、房屋及其他财产分配给广大贫雇农，处于社会顶层的有钱老板跌落至社会最底层，也出现了一些被迫的流动，如被划成地主的陈友道被迫从平畈区的塔湾村迁至靠山边的金家畈居住；琚仁列则被迫搬至流水垱自然村。

随着"三级所有,队为基础"的人民公社体制确立,意味着国家对农村、农户控制达到了前所未有的力度。这一时期,农户只要按照生产队安排进行劳动,均可获得相应的工分,家庭工分收入多少与劳动力数量紧密相关,但总体而言,同一村落内各家户之间的贫富差距较小,阶级与权力分化成为社会分化的主要表现。一方面,贫下中农家庭有着较高的社会地位,在各个方面享受着优待,而富农、地主等成分的农户则只能低头做人,如陈银和老人满腹经纶却无用武之地,时至今日,老人仍谨慎地谈及自己的出身;另一方面,村落权力主要集中在大队书记,副书记,大队会计、民兵连长、大队保管员,生产队长,会计,保管员等干部的手中,其中,大队书记的权力最大、最全面。

1979年之后,余干县开始包干到户,家户恢复自由生产,国家权力也逐渐退出,村落社会开始出现新的流动与分化。当前,就塔湾村所在的黄芽行政村而言,约70%以上的劳动力外出务工,每年正月十五之后或更早出门,临近年关才回村过年,在村的时间远少于在外的日子。同时,流动范围也不断扩大,由周边乡镇县市向全国各地扩散,或经商,或办厂,或纯务工,越来越多的农户迁居村外,购置房产。如琚桦齐的三个儿子分别居住在余干县城和黄金埠,琚树齐的小儿子定居景德镇,经营多家金银首饰店。随着外出务工的流行,农户收入日益多元化,村落社会贫富差距日益凸显,社会地位高低的评判更多地与农户各自的心理标准密切相关。然而,多数人对于那些为富不仁或"头看天"的有钱人、因懒惰致贫之人并不会抱以友善的态度。与中华人民共和国成立之前相比较,家庭财富与社会地位对农户交往对象选择的影响越来越小,双方关系则越发重要。

第三章

等级差序：家庭关系下的伦理性治理

巴林顿·摩尔在描述中国村庄时也曾说过："中国的村庄与其说是生活和功能性的共同体，还不如说是许多农家的聚居地"①，《礼记·大学》中也有言："国之本在家。"在中国，一个个自成一体的微小邦国——家庭筑成了村落社会，乃至整个国家的根基，"家不只是一生殖的单元，并且还是一社会的、经济的、教育的、政治的，乃至宗教、娱乐的单元。它是维系整个社会凝结的基本力量"②。简言之，每个家庭"既是社会单元，又是经济单元"，还是"当地政治生活中负责的成分"③，"家户作为融社会、经济和政治为一体的单位，具有强大的自组织和自治功能"④。家庭治理是构成传统国家统治与乡村治理的关键环节，恰如梁漱溟老先生曾说："从人人之孝弟于其家庭，就使天下自然得其治理"⑤，"家齐而后国治"亦有此意。

同时，以血缘关系和农业文明为最基本底色的传统中国又是一个伦理本位（关系本位）的社会，尤其是在生于斯长于斯的熟人村落社会，

---

① ［美］巴林顿·摩尔：《专制与民主的社会起源：现代世界形成过程中的地主和农民》，王茁、顾洁译，上海译文出版社2012年版，第166页。

② 金耀基：《从传统到现代》，中国人民大学出版社1999年版，第24页。

③ ［美］费正清：《美国与中国》（第四版），张理京译，世界知识出版社1999年版，第22、25页。

④ 徐勇：《中国家户制传统与农村发展道路——以俄国、印度的村社传统为参照》，《中国社会科学》2013年第8期。

⑤ 梁漱溟：《中国文化要义》，安徽师范大学出版社2014年版，第76页。

"血缘关系、地缘关系、生产关系三位一体,共同存续于村落"①,关系无处不在地充满了日常生活。然而,这些关系又始于家庭,孟子所列的儒家五伦(君臣、父子、夫妇、兄弟、朋友)中的三伦(父子、夫妇、兄弟)均属于家庭内部关系,其他关系在此基础上扩展与延伸。"人一生下来,便有与他相关系之人(父母、兄弟等),人生且将始终在与人相关系中而生活(不能离开社会),如此则知,人生实存于各种关系之上。此种种关系,即是种种伦理。伦者,伦偶,正指人们彼此之相与。相与之间,关系逐生。家人父子,是其天然基本关系,故伦理首重家庭。父母总是最先有的,再则有兄弟姊妹。既长,则有夫妇,有子女,而宗族戚党亦即由此而生……随一个人年龄和生活之开展,而渐有其四面八方若近若远数不尽的关系。是关系,皆伦理;伦理始于家庭,而不止于家庭。"② 由此可见,家庭不仅是村落社会自治的基本单位,更是从关系—规则视角研究乡村治理的起点场域。本章重点在于回答家庭内部关系与规则是如何互动互构以最终实现家庭治理的问题,即在家庭关系范畴之下,人们如何选择相应的规则来指导自我行为,调节各主体关系,进而维系家庭的有序运转的。

一 内外差序:家庭边界与身份关系

在中国,血缘关系与农业文明构成了传统社会最基本的底色,也成就了"大国小农""家国同构"及重视家庭伦理的文化特征,尤其是在农业村落,人生于家庭、死于家庭,家庭是人类个体最原始、直接、深沉的依靠与牵绊。基于血缘关系的家庭内部身份关系是推己及人之差序格局的内核圈层,是人们在生产生活中最经常处理的对象性关系。

---

① 徐勇:《关系权:关系与权力的双重视角——基于实证调查的政治社会学分析》,《探索与争鸣》2017年第7期。
② 梁漱溟:《中国文化要义》,安徽师范大学出版社2014年版,第72页。

(一) 本土的家庭

与西方家庭概念相比,中国村落社会中的家庭是个边界模糊,有一定伸缩性的社会实体概念,可小至夫妻两性的组合,又可扩展至多代人同财共居的大家庭,甚至可大至整个家族。如马克斯·韦伯在概括中国社会特质时所提出的家庭主义即等于家族主义;徐勇、何兹全等人则侧重于从户的意义上来规定家庭边界,一家即一户。从历史角度加以审视,家庭之家户主义特征正式形成于秦统一之后推行的"编户齐民"政策,在此之前,宗族与宗法制度的盛行使得家族成为人们经济、社会、政治生活的基本单元,家庭的家族主义取向明显。在此之后,"国家政权直接同个体小家庭打交道,把家族组织这层关系甩掉了"①,小农家庭成为独立生产、生活及交往的单位,并延续下来,"以强大的习俗为支撑的完整的家庭制度和以强大的国家行政为支撑的完整的户籍制度共同构成了家户制,是中国农村社会的基础性制度或本源型传统"②。瞿同祖更是直接将家庭界定为"同居的营共同生活的亲属团体,范围较小,通常只包括两个或三个世代的人口,一般人家,尤其是耕作人家,因农地亩数的限制,大概一个家庭只包括祖父母,及其已婚的儿子和未婚的孙儿女,祖父母逝世则同辈兄弟分居,家庭只包括父母及其子女,在子女未婚嫁以前很少超过五六口以上的"③,"同居共财"成为判断家庭范围的核心标识。

在塔湾村的实地调查过程中发现,从家庭人口数量上看,以小规模人口家庭为主。费孝通曾总结:"大家庭并不是中国社会结构中的普遍方式,各地方每户人数的平均,据已有的农村调查说,是从 4 个人到 6 个

---

① 徐扬杰:《中国家族制度史》,武汉大学出版社 2012 年版,第 138 页。
② 徐勇:《中国家户制传统与农村发展道路——以俄国、印度的村社传统为参照》,《中国社会科学》2013 年第 8 期。
③ 瞿同祖:《中国法律与中国社会》,中华书局 1981 年版,第 3 页。

第三章 等级差序：家庭关系下的伦理性治理

人。4个人到6个人所组成的地域团体绝不能形成大家庭。"① 据《余干县志（1991）》记载的相关资料推算可知，自明初至民国时期，余干县户均人口约为4—6人。据村落老人讲述，同时期，塔湾村户均人口基本与县域水平相当，如以1940年前后的数据为例，全村家庭总数为67户，家庭人口超过6人的约16户，其中6户土改时被划为地主与富农，人口介于4—6人约43户，少于4人的约8户。从家庭结构上看，以父母及子女构成的核心家庭为主，以父母、已婚儿子及孙子女构成的扩大化家庭较少。在多子家庭，一旦两个及以上儿子结婚之后，由于有限的财力无法再满足超级家庭的生产生活需要，或扩大家庭与其内部私房、私房之间发生的"公—私"矛盾日益激烈等原因，扩大化家庭裂变成若干个核心家庭，非独子家庭中，只有那些财力稍强的家庭为了延续其财产优势，分家会晚些。"中国的家是一个事业组织，家的大小是依着事业的大小而决定的。如果事业小，夫妇两人的合作已够应付，这个家也可以小得等于家庭；如果事业大，超过了夫妇两人所能担负时，兄弟叔伯全可以结合在一个大家庭里。"② 塔湾村多小土财主，家庭事业也不大，多在三代以内会分家，维持四代或五代同财共居的情况几乎不存在。总体上而言，村民对家庭的理解与家户基本重合，并非渺无边界的，在评判上也有着本土化色彩。主要表现在以下几个方面：

一是对大小家庭的判别。在村民看来，人口数量与家庭结构是判定大小家庭的两大重要指标，但并非唯一的。如由多个未分家的私房（一个或以上已婚儿子）组成的家户属于家庭，村民程文武家是个典型的大家庭，其父亲及叔伯三兄弟结完婚之后仍生活在一起，未分家。再如有6口及以上人吃饭的家庭就不算是小家庭，超过8口人吃饭的可谓是实实在在的大家庭，共有15口人的琚仁列家是村落内规模最大的家庭，4

---

① 费孝通：《乡土中国 生育制度》，北京大学出版社1998年版，第178页。
② 费孝通：《乡土中国 生育制度》，北京大学出版社1998年版，第40页。

口人以下的核心家庭，或孤寡和单身汉家庭都属于小家庭。与此同时，"人势"与"家势"也直接影响到人们对一个家庭是否属于大家庭的评定。简言之，"人势"主要指儿子的数量，而"家势"主要指一个家庭的财力或其家庭成员所掌握的权力，即其财权实力。由此，儿子多的家庭为大家庭；反之，则为小家庭，只有女儿没有儿子的家庭在当地往往会被瞧不起，处于弱势地位，当地人常说的"好多个女婿（女儿）敌不过半个崽伢（儿子）"充分体现了这一点。当然，如果一个家庭财力权力雄厚，那么，即使儿子少，在日常经济、社会交往及政治活动中也常被人看作是大户人家。

二是对家庭成员的认定。儿子是否分家、女儿是否出嫁、经济是否独立是村民审核家庭成员资格的主要依据。传统时期，在广大农村并未施行严格的户口登记制度，家庭成员的增减并不需要官方的登记或注册，也无须保长等国家政权代理人的认可。在熟人社会，分家生育、婚丧嫁娶或任何一点风吹草动，很快就会传遍每个角落，谁属于哪个家庭，大家心知肚明。自古以来，分家是各未分家的私房从大家庭中分离出来，独立成为家庭的标志性手段。在没有分家的情况下，父母、子女、因家庭男性成员之婚姻或生育活动增添的人口均归属同一家庭。如儿子结婚后，儿媳妇到家庭里来生活，通过儿子与家庭产生了生产、生活等经济或其他方面的连带关系，也算是一个家庭不可或缺的成员。同理，家庭男性成员娶的妾或续的弦、家庭抱养子女、过继的儿子、更名改姓后的继子或在父亲家里生活的私生子也都属于一个家庭的成员。

已婚儿子分家之后，私房独立成立作为村落内最小经济、社会及政治单位的家庭，相互之间不再以同一家庭的身份进行生产、生活及社会交往活动。即使居住在同一屋檐下，抑或公有共用某些生产工具或联合经营无法分配的祖宗山等时，兄弟之间也不再是同一个家庭的成员。

受中国长久以来形成的父系偏重继替传统与男尊女卑思想的影响，女儿只有在未出嫁之前才算是家庭成员。招婿上门的家庭，女儿虽成婚了，但无须出嫁，且在仪式中女儿已经拟化成了儿子的角色。一般情况下，与儿子以分家与否来判定是否是家庭成员不同，女儿一旦出嫁，就不再是家庭成员，只能算作家里的女儿，女儿、女婿及外甥等是客人，回娘家即是做客。对此，村落老人是这样解释的，外嫁女儿所在的经济组合体独立于原先的生养家庭，与父母或兄弟之间已经没有了经济或其他方面的连带关系，父亲或兄弟不能做女儿的主，女儿也不再像出嫁前那样共享家庭的生产经营成果。女儿回娘家带来的东西算是送给父母或兄弟姐妹的礼物，问父母要钱则为借。在对外话语上也有所变化，由"我家"转变为"我娘家"或"我兄弟家"。

在塔湾村，村民用"家"来表示"一大家子""家庭"或者加上姓氏来表示"家族"，如"琚家""陈家"等，但却不会以"家庭"来描述之，在他们看来，家庭不仅仅是生物学意义上或感情层面的"家"，更重要的是经济层面上的"户"，在传统时期，同灶吃饭是一个家庭的仪式化表现，分家之前最后的晚餐——分灶饭便是很好的说明。

（二）家庭内部关系层次

家庭是建立在婚姻与血缘的基础之上的团体。费孝通先生曾用"三角理论"[①]来描述中国传统家庭的结构与关系，父母子是家庭基本主体，夫妇构成了家庭三角的两点，子女出生之后方才形成三角的第三点，父母子两两相连便完成了三角。随着子女结婚生育，子女与新生的两点又结合成新的三角，原有三角结构便不再完整。构成家庭的三角结构是暂时的，"在一定的时间，子女不能安定在这三角形里，他不能永远成为只和父母联系的一点"[②]。基于父母子三点而成三角的家庭正是在生成、分散、瓦解、再生成的循环继替中实现家庭的功能及其延续。由此可见，

---

① 费孝通：《乡土中国　生育制度》，北京大学出版社1998年版，第159—170页。
② 费孝通：《乡土中国　生育制度》，北京大学出版社1998年版，第215—216页。

关系、规则与乡村治理：赣东北塔湾村的秩序表达

夫妻关系与亲子关系是家庭内部基本关系，但由于父系传统的影响和出于稳定性的考虑，传统时期纵向的父子关系之重要程度远远大于横向的夫妻关系，且其他关系均要套用在父子关系之中，正如许烺光曾言："家庭团体中的其他所有关系都可看作是父子关系的拓展、从属或补充。"①无论何种关系为主，何种关系为辅，一个家庭内到底包含哪些关系层次，与其对应的家庭结构密切相关。具体而言，这里将从两种不同架构的家庭类型入手来探讨各自内部的关系。

一是核心家庭内部关系格局。在核心家庭中，以父子关系为主轴，夫妻关系为辅，相对简单明了。父母与子女之间存在着明显的长幼等级，父亲作为一家之主，掌握着家内外诸如生产、生活、分配、消费、交往等事务的最终决策权，具有较为绝对的权威，子女要服从安排，成年儿子可以保留一定的表达或建议的权利，未成年儿子（未成年儿子尚未成为能够独当一面的劳动力）和女儿（成年和未成年均如此）无参与家庭事务协商和提出建议的权利，适龄子女对家主的婚事安排有权表达异议；在夫妻关系中，从社会地位上来看，男尊女卑，妻子服从丈夫，女主内男主外为常态，但在塔湾村，丈夫当家，妻子管钱并自主铺摆家务琐事，即"抓大放小""顾外不全内"的现象并不少见，如村民琚桦齐、琚友齐等老人未成家之前父母关系均为这般格局，母亲对家庭内部生活及交往等一般性事务有建议权，且家主采纳的可能性很大。当然，也有极少数的妻子会当家，如家中丈夫去世或长期在外无法回家，或丈夫软弱无能，无力当家做主，而妻子强势过人，善于管家，或在分家时，由扩大家庭中的老家主指定由妻子当家。正常情况下，如由妻子当家，就会被众人嘲笑家里无人，丈夫在家族或村落内威信全无，丧失话语权。然而，妻子当家，她对子女拥有绝对的权威，但在夫妻关系中，在如请工、借

---

① ［美］许烺光：《祖荫下：传统中国的亲属关系、人格和社会流动》，王燕彬译，九州出版社2023年版，第47页。

贷、祭祀、土地生产经营及对外事务上，妻子要与丈夫商议，并请他出面为代表，妻子只能藏在丈夫的背后操作，丈夫仍有余威。

二是扩大化家庭内部关系层次。在扩大化家庭中，父子、夫妻关系之外，还存在着兄弟、妯娌、婆媳等关系，尤其是在由多个未分家的私房组成的家庭中，关系更为复杂与多元化。与核心家庭相类似，父亲通常当家，其他家庭成员要服从安排，但他对私房的权威是相对的，如父亲对儿媳妇的嫁妆和私房钱没有支配权，包括家主在内的所有其他成员要享用之，必须征得儿媳妇的同意；对于小家庭是否或如何与娘家亲戚交往，家主一般不会干涉，儿子与儿媳妇也有向娘家人借贷的自由；同样，已婚儿子有提议分家的权利，家主也要对此进行回应，在大多数情况下，分家就此正式开始。当然，村落内也存在着极个别"厉害"的角色，不仅能支配儿媳妇的私房财物，干涉私房与娘家亲戚的交往，甚至能决定儿子的生死命运。总体上来看，在扩大家庭中，私房有一定自主权，父子关系中的已婚儿子的话语权较婚前有所增强。如果父母健在但由儿子当家，儿子在管家时，特别是重大决策时，通常要将父母的意见考虑在内，且其父母的身份与地位是不可逆的，儿子即使是家主，也并不意味着他可以完全不顾及长幼尊卑的等级秩序及孝道。

从处理家事来说，家主的权威最大，但权大归大，你做崽（儿子）的就算当了老板（家主）也要孝顺爷（爹）和娘，你爷和娘是长辈，崽应当孝顺你，但也不等于你就可以当崽的家了，孝道与权威不是一回事。一般来话，不管谁做老板，只要崽与爷和娘在一起生活，吃饭或者舞（做）个啥东西，爷仍都要上座，崽要让他优先……以前，家家户户生活都很紧张，做崽的对老人家没有做到面面俱到的情况也是有的。要话完全不尊敬，也不孝顺爷和娘的人毕竟是少数，一个村一两个顶多。[①]

兄弟关系在核心家庭中也存在，但十分孱弱，甚至可以忽略不计，

---

① 来源于塔湾村琚桦齐老人的访谈资料。

然而，在扩大化家庭中，已婚儿子与自己的妻子及其子女构成了新的三角，即私房，相对于同财共居的家庭来说，私房是以其为中心的小团体，是"私的"、"自己的"象征，而统领私房的家庭则是"公的"，为家庭服务即为"大家"服务，其劳动成果并不一定可以百分之百为自己及其所在的私房享有。这样一来，他们在服务家庭时，也萌生了为自己小私房积累财富的私利，兄弟关系由此凸显，随之而来的还有妯娌关系、婆媳关系等。这些关系实质上也是私房与私房、私房与家庭关系的具体表现。总的来讲，兄弟关系在长幼秩序的基础上呈现出平等性，当然，如长子当家主，那么，兄长在长幼秩序基础上又享有家主的权威，其余兄弟在以家户为基本单元的事务上要服从家主，与家户无牵连的私房内部事务则由各自掌管；如长子身体、心智不适合当家，或不谙治家之道，则由其他儿子当家，如此，家主在享有权威的同时也要受制于长幼秩序。

同时，上述两类家庭中的关系存在着共性。黄光国在探究权力背后文化制约机制时将中国社会人际关系总结为情感性关系、工具性关系和混合性关系三种类型，其中，情感性关系是一种长久而稳定的关系，可以满足安全感、归属感等情感需求。[1] 家庭内部关系正是一种情感性关系，尤其是父子、兄弟等关系是基于血缘的关系，在同一个单位内生产、生活和交往，联系性很强且带有很强的血缘底色。费正清也曾指出，与西方相比，中国的亲属关系"名义明确，区分明确，而且还附有按其地位而定的不容争辩的权利和义务"[2]。基于此，在塔湾村内，针对不同血缘关系的人，村民们的心理关系距离及与之相对应的行为规则会有所不同，具有层级差序性。例如，无论是否是一个家庭的成员，对于父母来说，儿子、孙子与自己永远是一家人，儿媳妇虽然是一家人，但远比不

---

[1] 黄光国：《人情与面子：中国人的权力游戏》，杨国枢《中国人的心理》，台湾桂冠图书公司1988年版，第289—318页。

[2] ［美］费正清：《美国与中国》（第四版），张理京译，世界知识出版社1999年版，第24页。

了儿孙，也亲不过外嫁为客的女儿；在扩大化家庭中，对于已婚儿子来讲，父母是自己的爹和娘，自己的妻子和儿女才是最亲密的关系，兄弟、侄子等人只能算是至亲，因为兄弟私房的"私"与"私"之间相对独立，各为其家，侄子已经转辈，便隔开了关系；在同一家庭中，父亲娶的妾、续的弦或继子，对于父亲来讲，他们与自己关系亲近，但对于其他成员来讲，心理关系距离则可能较远。总之，村落家庭内部的关系呈现出情感性、血缘性、等级性、差序性特点，形塑村落家庭内部的治理格局。

二 伦理为基：家庭内部秩序的构建

"中国是家庭制度的堡垒"①，整个国家以家庭为基本根基，"长期居于主导地位，是整个社会的基本组织单位，是中国传统社会的'细胞'"②，在"家天下"为政治底色的传统中国，家庭是国家秩序得以维持的基石。正如梁漱溟先生从政治方面论述伦理本位之社会时所概括的那样："举国家政治而亦家庭情谊化之。"③

（一）家庭财产治理

尼柯尔斯曾指出，"财产的共有最终消除了人作为个体独立存在的最重要的基础"④，基于血缘关系与婚姻关系形成的家庭因财产的共有而利害与共，休戚相关。家庭靠一个钱袋子来生活，"共财"是区分家庭成员的重要标志，每一个家庭都是一个共有、经营处置财产的单元，家庭

---

① 费正清：《美国与中国》（第四版），张理京译，世界知识出版社1999年版，第21页。
② 徐勇：《中国家户制传统与农村发展道路——以俄国、印度的村社传统为参照》，《中国社会科学》2013年第8期。
③ 梁漱溟：《乡村建设理论》，上海人民出版社2006年版，第26页。
④ ［美］尼柯尔斯：《苏格拉底与政治共同体——〈王制〉义疏：一场古老的论争》，王双洪译，华夏出版社2007年版，第73页。

成员根据自己在家庭关系中的身份或地位来与家庭财产发生联系，在一定程度上可以说，家庭关系的调节与家庭秩序的建构是围绕家庭财产的治理展开的。

1. 家主的治权

韦伯认为权力意味着"在一种社会关系中，哪怕是遇到反对也能贯彻自己意志的任何机会，不管这种机会是建立在何种基础之上"。[①] 此处的治权，即在特定的家庭关系中，一家之主治理家庭财产的权力。在塔湾村，家主对家庭共有财产的经营、分配、消费、继承、买卖等有终极决策的权力，其他家庭成员服从家主的安排。一般而言，家主的治权根据家庭关系身份而呈现出一定差异性和不均衡性，当然，无论家主治权多大，也始终无法避免国家以赋税摊派或地主以地租形式强行参与家庭财产的分配。

通常来讲，家庭中的父亲即是家主，极少数情况由儿子当家，女性当家的又少之又少。如果家中的父亲当家，他凭借着血缘的等级性与家主的身份在家庭财产管理及处置上享有绝对的权威，父亲可以在不告知任何家庭成员的情况下安排农事、出租或典卖土地，即使遭到妻子或子女的反对，亦可我行我素。例如，分家之后，作为一家之主的毛愣子沉溺于赌博，不顾妻儿，将家中的2亩水田卖掉以偿还赌债和作为扳本的赌资，尔后越陷越深，甚至找人借高利贷，利滚利，最终落得"摊家"的下场；

如果家中母亲当家，虽然她同样对家庭财产享有相关的支配权，但财产的具体经营等环节仍要受制于父亲或成年儿子，且往往不被外界承认。妻从夫，男尊女卑的等级秩序已然通过日常生产生活及教化内化成为一种风俗、文化现象及心理情感，在夫妻关系中，妻子对自己的丈夫

---

① ［德］马克斯·韦伯：《经济与社会》（上卷），林荣远译，商务印书馆2004年版，第81页。

第三章 等级差序：家庭关系下的伦理性治理

有着服从的伦理义务，母亲当家，显然已超出伦理秩序的规范。对内而言，父亲基于血缘及财产产权人身份而天然享有的治家权力让渡给母亲，子女在家庭财产管理上服从母亲，这种服从逐渐蔓延至其他方面，甚至影响子女对父亲的服膺，进而导致父亲权威的流失及家庭社会地位的下降。在塔湾村，母亲当家的同时，父亲掌握形式治权，如陈择雨为独子，父亲早逝，母亲当家，为人本分，不失男性的魄力，村民对之较为敬重，即便如此，在陈择雨长大10岁左右，母亲退居幕后，让家中唯一的男人充当明面上的家主。

往日不如今日，女的当家不成体统，家里男的死罢了，儿子又小，那没得法。一般来讲，女的当家当不了全家，屋里的事情，关起门来，女的说了算，屋外的事情，可能要女的点头，但明面上还是男的做主。不管晓得、晓不得，外头人有事情还是先找男的问，做不做的了主，这不是我们要管的事情，但是道理是这样的，坏了规矩不好，说你瞧不起他。家里女的通道理，就算你外头人去找她，她也会让你去找家里老板，自己不出面的，女的出头，他们家人在社会上也做不起人。琚家的琚仁列老马子（老婆）当家，男的性格软绵，说话没有威性，家里子女有事情都找母亲商量，不跟他通气，自己分了家的兄弟姐妹也看不大起他，外头人也不作兴（瞧不起）他，说起来是有钱老板，但做不起自己、老马子、子女的主，一点权、一点威都没有，跌（丢）面子的很。①

在扩大化家庭中，儿子可能当家。与作为家主的父亲相比，作为一家之主的儿子对家庭财产的权力是相对的，并非完全、绝对的。尤其是在土地买卖、典当等关乎家庭财产产权变动事宜的决策上，要征求父母、兄弟等家庭成员的意见，如果在多数人不同意的情况下，家主仍坚持己见，就会引发家庭矛盾纠纷，甚至导致分家析产。父亲将治权传给儿子，但子女对父亲的服膺却无法让渡，儿子与其他儿子构成相对平等的兄弟

---

① 来源于塔湾村陈择雨老人的访谈。

关系，兄弟对新家主的服从主要源自其治家的能力、方式及贡献等，血缘伦理基础较为薄弱。"兄友弟恭"并不意味着绝对的服从，家主在处理家庭财产时，稍有差池或不公平，就会引起不顺从。当然，治家得力，且为人处事公平、公正的，则另当别论。如程文武家在其爷爷去世之后，由其大伯当家，大伯管家能力强，深得其他兄弟的拥护，直到新中国成立前夕才陆续分家。

2. 各司其职

"家庭是一个事业组织"，"以血缘关系形成的家庭小群体，团结一致，利害与共，能够自觉地全心全意地对生产负责，以适应农业生产复杂、多变的情况"①，家庭成员依据家主安排，各司其职，共同经营家庭共有财产。

在塔湾村，上至老人，下至孩童都要参加力所能及的生产劳动，"男主外女主内""老人孩子打边边"是村落家庭分工的普遍模式。一个家庭经营什么、如何经营、谁参与经营等事宜归一家之主决策。一般由家主独立完成或带领其他成年或未成年的男性成员一起完成户外农事，当儿子已成长为好手时，经家主安排，也可单独完成耕作的部分环节。

村落内每家每户以农业生产为主业，如何妥善安排剩余劳力以保证家庭经营的顺利完成，或最大限度地增进家庭财产积累亦是家主进行财产治理的重要方面。一般来讲，对于土地经营规模有限且劳动力剩余的家庭，安排劳力打长工、散工或其他副业就十分必要，但由谁去，去哪里，以及从事何种劳动均由家主决定。如琚友齐到下余干打长工是父亲的一手安排，事实上，当时他本人并不愿意离家，但迫于父亲的权威及囿于父子关系束缚，不得不服从，务工所得充公，如果拒绝安排，则会被认为忤逆，随时有失去对家庭财产的共有权的可能。同样地，对于以制作榨包或打鱼为主业的家庭，也遵循分工合作、各司其职的原则。

---

① 徐勇：《包产到户沉浮录》，珠海出版社1998年版，第11页。

第三章 等级差序：家庭关系下的伦理性治理

有些家庭琐事的打理也属于家庭财产经营的范畴，比如家禽饲养，这是家庭女性的主战场。当然，如果家里缺少劳动力，请工或换工无路时，女性也会参加一些辅助性的农事，裹了小脚的女性一般只参加拔草、浇菜、种菜等劳动强度小的旱地劳作；未裹小脚的女性也会参加踏水、扯秧、割稻子、割油菜等田间劳务。在核心家庭中，母亲往往承担大部分活计，女儿则多为辅助；在扩大化家庭中，母亲仍然是家务琐事的主角，儿媳妇听从婆婆安排，并承担主要家务量。此时，母亲成为统筹与管理的角色，如何妥善安排、指导、监督儿媳妇完成任务，如何公平、公正地对待不同儿媳妇及协调她们之间的关系成为她的主要职责。然而，在实际生活中，本应一视同仁的婆婆往往会因为各种各样的原因而有所偏颇，最终引发妯娌或婆媳之间的矛盾。比如，陈择雨大伯在儿子结婚之后未分家，大儿媳为人老实勤恳，小儿媳妇脾气乖巧，擅长讨人欢喜，与婆婆关系较好。婆婆在安排家务时，偏心小儿媳妇，粗活累活多让大儿媳干，久而久之，大儿媳心生埋怨，消极对待婆婆的家务安排，事事与小儿媳妇比较，经过一段时间的积累，矛盾终究爆发。

所谓"家丑不可外扬"，此事以家主介入调解告终。在婆媳关系中，婆婆作为长辈，在尊卑等级秩序中，因特殊关系获得了安排与监督儿媳妇参与家务的权力，儿媳妇以顺从安排为伦理本分，从这一角度上来看，儿媳妇的消极抵抗为不孝，同时，作为家庭一员，在享受家庭财产时，也忽视了相应义务的履行；反之，婆婆应以维护家庭团结为己任，但在实践中却往往以与儿媳妇关系的好坏来转化规则，亦不符合家庭伦理之规范。

此外，无论是否是家主，多数家庭老人并未有"退休"观念和待遇，只要身体条件允许，他们都会同年轻劳动力一样参与田地耕作，直至家中财产全为已婚儿子分得，有些人甚至劳作至死。身体欠佳或劳动能力较差的老人，也会力所能及地干一些"边角活"，包括种豆子、种菜、种红薯、砍柴、晒稻子等。

家庭财产，尤其是土地往往只掌握在年长者的手中，与财产持有者的关系使得其他家庭成员能够共享家庭财产的同时也束缚着他们。可以说，每个成员对家庭都负有义务，在一定程度上，他们是否履行自己的义务也直接关系到其家庭角色地位。在同一家庭伦理关系中，每个个体均处于父母—子女，夫—妻关系网结点处，在纵横交错、错落有致的关系中，各行其是，各司其职，各得其所，父有父职，子有子职，妻有妻职，共同致力于家庭财产的经营管理。

3. 家庭财产处置与借贷风波

财产处置与家庭财产产权归属形态有关。在农业村落，土地是人们赖以生存和发展的最为基本的物质资料，是家庭身份与财富的象征，也是家庭财产核心所在，家庭财产处置主要是指对土地的处置。在塔湾村，买卖、抵押、典当是土地处置的主要方式，家庭共有财产由家主谨慎处置，其他家庭成员经过家主才能享受这一待遇。除非家庭遭遇重大灾难、已无活路或无法偿还高利贷被迫"摊家"，通常情况下，视土地为宝的村民并不会轻易售卖、抵押或典当土地。确要处置，也必须由家主出面，非家主身份的家庭成员私下买卖、抵押或典当土地，势必会引起巨大风波。

以卖地为例。村民毛愣子终日沉溺于赌博，早在分家之前就已染上这一坏习气，农闲或农忙得空，就四处吆喝牌局，平日里赌得不大，有输有赢，靠着妻子积攒的私房钱和瞒着父亲去码头帮人挑担挣下的钱也能基本维持收支平衡。有一次，到黄芽洲赌大博，输红了眼，为筹集赌资，遂与黄芽洲一位老板口头约定，私下将家中1亩水田出售给他。在双方立契之前，毛愣子的父亲带着黄芽洲内一位有威望的老人及时赶到，阻止了卖地契的签署。在老人的调解下，对方老板为保全声誉答应放弃立契。这场交易得以终止的主要原因有二：一则塔湾村及周边村落素有"不立契、不买卖"的规矩，双方在立契之前仅有单纯的口头约定，仍有回旋余地；二则卖地为家庭大事，应由家主来决策，在扩大化家庭中，

第三章　等级差序：家庭关系下的伦理性治理

如未经父亲或其他兄弟的同意，作为家主的儿子亦无法擅自决定卖地。毛愣子在未告知父亲及其他家庭成员的情况就私下卖地，实乃大逆不道之行为。按照规矩，此次交易无效。在家庭关系中，具有一定等级秩序的在血缘赋予了父亲以父亲、家主及财产实际所有者三重身份，这些身份让他对家庭共有财产具有相对独立且绝对的处置权，但毛愣子既非父亲又非家主，无法享受这般特权。相反，特定家庭关系却为其规定了行事准则。此次卖地风波之后，毛愣子的父亲直接与之分了家。

同样，家庭借贷也呈现出伦理为基的特点。在靠天吃饭的年代，稍有不测风云，以农业生产为主的村民就将陷入借粮或借钱度日的局面。一般由家主出面借贷，其他家庭成员借钱或借粮要征得家主的同意；在扩大化家庭中，已婚儿子可以个人的名义借贷，但要承诺日后自行偿还，如向妻子的娘家人借钱，可不经过家主的同意。儿子当家，父亲也可以私自借贷，无论家主是否同意，都要承认并负责偿还，但这一现象较为少见。如果以整个家庭的名义借钱粮，则必须经过家主的允许，或需要用钱时直接向家主申请，由家主出面借贷。如果未征得同意，私自借贷，则谁借谁还，债主向直接债务人追债。当然，如果有人私自将钱粮借给家主之外的其他家庭成员，那么，债主要承担家主拒不承认债务的风险。比如，村民陈金水的弟弟十六七岁时，想让父亲到琚家批发几条榨包去黄金埠市场上去卖，父亲以其年纪太小，且手头紧为理由拒绝了他的请求。弟弟不甘心，私下以赊账的形式搞到一条榨包，双方约定货物卖掉再付款。但正好赶上黄金埠市场整治，榨包被没收，分文未得。到约定付款日期，村民因未见陈金水的弟弟前来还款，便直接上门讨要。陈金水的父亲以此次赊账为儿子与对方的私自约定，事先未收到任何一方的通知为由，拒绝还款，双方发生语言冲突，琚姓村民自知理亏而未再讨要货款。虽然弟弟最终还上了货款，但两家就此成了冤家。对此，可以借用琚桦齐老人的口述来解释：

赊账，相当于借钱，一家之主不出面或不同意，儿子，特别是未成年的儿子私自借钱，一般人不会私下把钱借给他们，即使要借，也会事先征求他们父亲的同意。如果不管不问，直接往外借钱，在村民看来，借的人不占理，好心也不一定办好事。按照老祖宗遗留下来的规矩，父母在就有人做主，私下把钱借给尚未成家的儿子，相当于帮助他们忤逆父母的意思，会被看作做人不地道。即使对方父母不还钱，其他人也不会同情之。在父亲权力与权威很大的年代，一般儿子没有私下借钱的胆量，也懒得担责任，儿子开口向父亲申请用钱，如果必要的话，父亲就有责任为儿子筹钱。当然，如果分家前，儿子当家，父亲出去借钱，儿子要承认，也必须要还。儿子当家也很难当到老子的家，父亲把当整个家的权力给了儿子，但作为父亲、长辈，权威还在，生养儿子，替儿子娶媳妇，还让儿子当家，儿子孝顺父亲理所应当。当然，这样的父亲私自出去借钱的少，多数情况是凭着自己的脸面去帮整个家庭借钱。[1]

（二）家庭教化与保护

家庭教化与保护是以血缘关系为基础的家庭伦理责任的重要内容。教化是"在个体与社会交往互动的基础上，使一定的价值理念、道德规范和政治要求，有效传递给社会中的个体并内化为自我的内在品质，在普遍性认同的基础上最终通过外在的行为表现出来的一项社会实践活动"[2]。家庭是对个体进行教化最常见、最有效的单元，"在家庭生活中灌输的孝道和顺从，是培养一个人以后忠于统治者并顺从国家政权的训练基地"[3]。同样，它也是家庭内部秩序建构的重要手段与目的，人们通过各种方式将习俗、传统、伦理规范等转化为家庭成员的思想观念和行为方式。当然，家庭教化过程也充满伦理色彩。

---

[1] 来源于塔湾村琚桦齐老人的访谈。
[2] 陈宗章、尉天骄：《"教化"：一个需要澄清的概念》，《河海大学学报》（哲学社会科学版）2011年第4期。
[3] [美]费正清：《美国与中国》（第四版），张理京译，世界知识出版社1999年版，第22页。

第三章　等级差序：家庭关系下的伦理性治理

在塔湾村，家庭教化常常隐藏于长辈日常生产生活中的言传身教，如传授一些生产生活的惯行和为人处事之道。父亲、爷爷等男性长辈在田间地头劳作时，在饭桌上吃饭时，或在院落闲聊时，逐渐教会后辈种田人应该遵守的基本习惯及规矩，为人处事的基本传统及惯习，传授给他们"长幼有序""尊卑""孝顺""尊老爱幼""兄友弟恭""兄弟和睦团结""勤劳踏实"等家庭基本伦理规则；母亲、奶奶等女性长辈则以身作则，以亲身经历向女儿或孙女教授料理和管理家务的基本技能和技巧，孝敬公婆长辈、相夫教子、夫唱妇随、勤俭持家、恪守妇道的为妇之道。上上辈通过各种方式的言传身教使得上辈人相信传统的惯习、伦理规则是正确的，值得遵守的，上一辈人也一脉相传确保下辈人的有效传承。

除长辈的言传身教之外，在塔湾村，依家规或家训来教化在民国中后期虽已逐渐式微，但仍不失为一种有效途径。家规，即"世人治家之道"，是家庭教育的依据和准则，对可为或不可为的行为做出了明确的规定。据老人介绍及相应文字记载，"惟以身教为先"，"子孙当恂恂孝友"，"行必以序"，"以恭敬为常"，"卑幼不敢抗尊长"，"孝义勤俭"，"教养之道不可偏废"，即孝义勤俭、长幼有序、教养礼仪、言行举止得体之意，是家规的主要内容。家庭成员触犯了家规，由家主全权裁定，以口头上的训斥为主，屡教不改或情节严重时，仗打、罚跪、不给饭食等惩罚措施必不可少。在核心家庭中，子女犯错，父母责教之，但在小孩犯错过程中，父母不在，而爷爷或亲叔伯长辈在场，他们可替代家主责罚之，这种责罚多为轻微的打骂，但仗罚、不让吃饭等较重的惩罚仍由家主亲自执行，其他人不可私下代罚。

在扩大化家庭中，父亲作为家主，对家规有着较为绝对的解释权和执行权，不受他人干涉。子女、孙辈做出目无尊长等有悖家规的行为时，父亲根据情节轻重来进行处理，但儿媳一般由婆婆来训导，或父母向儿子说明情况并施加压力，由儿子间接规劝或惩罚儿媳妇。父母在执行家规或家法时，通常让其他家庭成员集中围观，以起到杀一儆百之效。对于屡教不改的，父亲甚至有权通过剥夺子女生命的手段来实现教化。

据琚桦齐老人讲述，陈帝光的大伯终日沉迷于赌博，经常被赌友追债，大伯的父亲以棍棒仗罚之，效果甚微，为了让儿子收心，还给他娶了媳妇，想着有了媳妇，生养后代之后，身上的担子重了就会戒赌。结果不遂人意，情况没有改观，甚至愈演愈烈，还经常以媳妇的名义向家里申请用钱当赌资。父亲为了避免儿子把为数不多的家业败光，一气之下，用棍棒直接将其活活打死。陈帝光的爷爷并没有因为把自己赌博的儿子打死而受到非议和惩罚，没有人报官，官府便未介入，村落其他人也不曾干涉。此事不了了之，只是在日后常常被长辈用来教化后辈。正如苏力先生所描述的那样，生活在乡土社会中的人们并不感到没有"法律"指导生活的不便。相反，秩序和规范弥漫在社会生活之中的，通过耳濡目染、言传身教、世代相继而为当地人所熟知；而一旦当规范已成为众所周知，并通过社会的权力网络（包括每个个体的行为本身）不断得到强化，形成文字的规定也成为多余。只有当陌生人来到这样的社会之中时，才会得出此地没有"法律"的判断，才会有"画眉深浅入时无"的惶惑，才会有无所适从之感。在乡土社会为基础的"国内"，正式的法律往往很少；即使有，也往往集中关注上层的政治权力的分配、调度，只有那些对乡土社会的秩序有重大危害的案件（例如杀人）或社区冲突，才会引起政治权力的关心。①

在同一家庭内，父母等长辈教化子女或后辈属于家庭内部事务，外人一般不会，也没有资格插手。在传统父系制情境下，双重父子关系使得父亲肩负着以血缘为底色的家庭伦理责任，下负教化、抚育的责任，"养不教，父之过"；同时，在家—国一体的大背景下，父权具有拟君权的属性，父亲属于家庭权力的顶端，父家主的教化权威是至高无上的，

---

① 苏力：《二十世纪中国的现代化和法治》，《法学研究》1998年第1期。

这是被其他家庭成员、村落成员,甚至国家所承认与默许的。正如徐勇教授指出,"长幼有序"是人们与生俱来的自然法则,"幼者为长者所生、所养,从一出生开始就要遵循长者的意志。这一法则因血缘情感而获得不言自明、不教自会的'默认一致'。家长权威是因出生次序及其对后人的养育自然形成"①。在此基础上,尊卑长幼的等级秩序不再是一种礼仪形式,而是通过家庭教化潜移默化成一种风俗、文化现象、自然法则和心理情感,这也使家庭教化得以合理化、合法化、合情化。

与教化相承,家庭作为"生活堡垒",是其成员赖以生存与发展的基础,是获取生活上的安慰与保护的中心。父子、夫妻、兄弟等关系中的个体在同一个家庭中进行经济、政治及社会交往活动,相互之间以血缘、情感为基础形成对彼此的连带性责任,并以关系为限度来实行对家庭成员的保护。

在塔湾村,家庭成员的基本生活、病痛、教育、婚丧嫁娶、人情往来等开支均由其所在家庭承担。儿子到了服兵役的年龄,家庭经济条件尚可的,可通过买兵的方式保护其免受兵役之苦;家庭成员与外人发生冲突时,首先会回家告知家人,并商量对策,家主等人会第一时间出面调解,如果家人受到较为严重的伤害时,其他家庭成员会亲自或请村落的权威之人为其讨回公道;借贷或赌博遭遇追债,只有家庭能给予其保护,外人一般不会插手此事,对于好吃懒做或沉溺于赌博的村民,只有家庭能为其提供一定的生活补贴,其他亲朋好友则以言语上的劝告为主,关系一般或不好的村民除了讥讽并不会给予任何实质性的帮助;家庭成员在外犯了错,如偷盗等,父母等长辈会带上礼物给被盗方赔礼道歉,并赔偿他们一定的损失。诸如此类。

家庭保护存在于一个人生产生活的方方面面。家庭成员做了有违道德之事,对方找不到当事人,自然而然就会找到家里来,其他家庭成员

---

① 徐勇:《祖赋人权:源于血缘理性的本体建构原则》,《中国社会科学》2018年第1期。

囿于连带关系无法回避。如果尚未分家，已婚儿子好吃懒做，管教的同时，父母仍会负责儿媳妇及其子女的基本生活。家庭的保护是无须任何报酬的，更多是基于血缘亲情的责任，属于义务型伦理保护。在扩大化家庭中，长子或已婚儿子在父母能力有限时，也肩负着为未婚幼子提供婚姻保护的责任，但在分家之后，长子和其他兄弟之间基于血缘关系的伦理责任逐渐被不同家户间平等的、竞争的关系挤压，长子是否会承担起这一保护责任，更多地要看他们自己的意愿和父母的权威大小。如果家庭成员需要保护时，家庭不及时给予力所能及的帮助或保护，其他家庭成员就会受到其他村民的贬低、责难或嘲讽，直接关乎面子。

恩格斯认为："根据唯物主义观点，历史中的决定性因素，归根结底是直接生活的生产和再生产。但是，生产本身又有两种。一方面是生活资料即食物、衣服、住房以及为此所必需的工具的生产；另一方面是人自身的生产，即种的繁衍。一定历史时代和一定地区内的人们生活于其下的社会制度，受着两种生产的制约：一方面受劳动的发展阶段的制约，另一方面受家庭发展阶段的制约。劳动越不发展，劳动产品的数量，从而社会的财富越受限制，社会制度就越在较大程度上受血族关系的支配。"[①] "亲属关系在一切蒙昧民族和野蛮民族的社会制度中起着决定作用。"[②] 随着生产力的发展，新的社会成分与社会关系得以萌芽与生长，"以血族团体为基础的旧社会，由于新形成的各社会阶级的冲突而被炸毁；代之而起的是组成为国家的新社会，而国家的基层单位已经不是血族团体，而是地区团体了"[③]。然而，在以农耕为主的中国，氏族社会瓦解之后，实现从公天下到家天下的过渡，"国家统治尽可能地利用社会内在的力量加以治理"，"血缘关系与农业文明相互结合，物质生产和人口

---

① 《马克思恩格斯选集》第四卷，人民出版社2012年版，第13页。
② 《马克思恩格斯选集》第四卷，人民出版社2012年版，第36页。
③ 《马克思恩格斯选集》第四卷，人民出版社2012年版，第13页。

生产都以血缘家庭的方式进行"①，这使得以血缘为底色的亲属关系并未因此瓦解、割裂，以血缘为根基的亲属关系、长幼尊卑的等级制度及其对应的家庭伦理关系随着社会历史车轮的滚动而普遍、长久性地发挥着作用。几千年来，中国家庭主义的文化将父慈子孝、兄友弟恭等个体对他人的责任与义务转化为对彼此的爱与情感，进而内化成生活情理与心理依靠。正如李泽厚认为的那样："从外在的规范约束解说成人心的内在要求，把原来的僵硬的强制规定，提升为生活的自觉理念，把一种宗教性神秘性的东西变而为人情日用之常，从而使伦理规范与心理欲求溶为一体。"②

（三）长子的权与责

长子作为家庭横向兄弟关系与纵向父子关系的交叉结点，是维系家庭秩序不可或缺的角色，长子基于身份关系的权与责主要表现在以下两个方面：

1. 过继特权

孟子有曰："不孝有三，无后为大。""中国农民最关心的事情是家庭延续"，传宗接代，延续血缘"脉路"是家庭的重要功能，也是整个社会分工系统得以维系的保障。"对继承人的需要在任何传统社会中都是一个迫切的问题，尤其在传统中国社会农民家庭是无条件的。没有继嗣就意味着祖先祭祀无法维系下去，同时祖先的财产就会流入别人的手中，因此无后不仅是一个宗族和社会问题，而且还是一个道德伦理问题。"③在传统时期的塔湾村，除夫妻生育之外，对于无儿无女、有女无儿或儿子心智异常等情况，为避免"断脉"，家业后继无人或老来无人终养的

---

① 徐勇：《祖赋人权：源于血缘理性的本体建构原则》，《中国社会科学》2018年第1期。
② 李泽厚：《中国古代思想史论》，人民出版社1985年版，第20页。
③ ［美］安·沃特纳：《烟火接续：明清的收继与亲族关系》，曹南来译，浙江人民出版社1999年版，第12—13页。

发生，可以通过过继这一积极办法来弥补缺憾。

一般情况下，村落内的过继要遵循如下规则：一是"亲疏远近"之序，即按照血缘的亲疏远近依次进行过继选择，优先过继亲兄弟的儿子，次之堂兄弟等至亲之子，再在五服之内进行过继。当在上述序列内未寻到合适的过继子时，才可从远房同姓亲戚之子中挑选适当的人选立继为子；二是长子不过继，即家中长子一般不过继给他人；三是独子不过继，即家中只有一个儿子的一般不过继给他人；四是"同辈"原则，即过继农户之间的辈分相同，绝对不可乱了辈分。正如《陈氏族谱》有载："继嗣所以继祀也，自有昭穆伦序。先察同父，次察同亲，大功小功缌麻已上，俱无应继之人，方许择立远房同姓者。"五是过继往往要经过双方父母一致同意方可成功，尤以过继子亲生父母一方的意见为重。

然而，倘若过继双方为兄弟关系，且其中一人为家庭长子时，上述规则便不再完全适用了。在塔湾村，家庭中的长子享有一定的过继优惠与特权，"弟有子哥不孤独，哥有子弟望到"与"独子双祧"两句广为流传关于过继的俗语完美地诠释了这一特权。具体而言，当家中长子无子嗣，其他有子嗣的弟弟有责任和义务将自己的儿子过继给长兄，即使弟弟只有一个儿子也要过继，带有一定的强制性与义务性，即使弟弟不情愿，亦要照办，否则会因违背兄弟道义而被孤立，甚至是失去家庭关系网络的庇护，被冠以自私或不仁不义罪名，以关系的破坏为代价；而当弟弟无子嗣时，只能苦苦等望，经过哥哥同意之后方可立继子；当弟弟只有一个儿子，而仍要过继时，独子则为兄弟共同所有，即"独子双祧"，在家谱中也必须采用不同的名字将"独子"登记兄弟双方的名下，独子在享受双份权利的同时也承担着双份责任。

塔湾村老人们将长子拥有过继特权称为"历朝的习惯"，但这看似习以为常的理所应当背后又隐藏着什么逻辑呢？兄弟关系是家庭中重要的横向关系，虽然从关系形态上来看，这是一种较为平等且有一定竞争性的关系，但血缘的联系使他们之间背负着对彼此的责任与义务，尤其是在奉行"长兄如父"的文化情境中，在一定程度上又赋予了长兄特殊的身份位置，处于长兄与其他兄弟的关系中，相关主体行为受这一特殊关系的左右。具体而言，村落内一般性的过继规则的适用范围为一般化的兄弟关系，包括亲兄弟、堂兄弟甚至扩展至家族内的兄弟关系，但是随着长子的介入，上述一般化的（堂）兄弟关系特殊化为长子与家庭中其他平辈男性成员的关系，即长子与弟弟的关系。基于村落道德伦理，弟弟对无子嗣的长兄肩负着过继的责任，一般性规则随着关系的变动而失去了赖以生存的关系基础，新的特殊规则应运而生，指导着特殊关系中各主体的行为，进而促进家庭关系的有效调节及秩序的生成。

徐勇教授基于大量的实证调查提出"关系权"这一概念，即因"关系"而获得的权力。他认为，"关系作为某种性质的联系，在一定意义上可视为一种权力，是一种因为某种特殊关系而获得的影响力和支配力，有了这种力量，便可以占有居于他们之上的地位和影响。"[①] 在血缘关系中，长兄与其他兄弟是两个行为主体，结成兄弟关系，长子与其他兄弟是兄弟关系的相关者。从这个角度上来，长子的过继特权是一种基于血缘关系而产生的"关系权"，是凭借其在兄弟中的地位而获得的特殊权力，即家庭中其他兄弟有子嗣，无子嗣的长子因与兄弟的血缘关系而通过过继仪式获得子嗣，"弟有子哥不孤独"与"独子双祧"便是体现。同样，过继之后，由于过继子与亲生父母及过继父母之间的关系发生了较大变化，人为地将"伯侄"旁系关系转化成家庭内部的主轴父子关系。这样一来，新的关系赋予了关系主体新身份的同时也赋予了其行为规则，他们倚仗新关系各自获得关系权，比如，除"双祧"的独子要终养两边父母之外，过继子通常只要终养过继父母，至于是否赡养亲生父母则以其在分家时，能否继承亲生父母的家产为依据，分到财产，则要

[①] 徐勇：《"关系权"：关系与权力的双重视角——源于实证调查的政治社会学分析》，《探索与争鸣》2017年第7期。

终养，未分得财产，不终养也无可厚非。

2. 持家责任

徐勇教授在论述"关系权"时还强调与权力相对应且同样是基于特定关系的义务与责任，他明确指出："特殊的'关系'不仅意味着权力和利益的连带性，而且意味着责任的连带性，实行权责对等原则。即借助和凭借特殊关系获得权力，同时也会因为特殊关系承担责任。"[①] 在长子兄弟关系中，关系给予长子以继承的特权及规则；反之，"长兄如父""兄爱弟恭"的伦理规则也使得长子与其他家庭成员之间存在伦理连带性，肩负着不可推卸的持家责任。

在塔湾村，无论在扩大化家庭还是在核心家庭，长子（心智异常、沉溺于赌博或性格软懦的除外）对家庭的维系和家庭成员的发展负有的责任要远多于其他成员。如果家庭中父亲去世，或年事已高，或丧失劳动力，或无心再理家事，长子就要接替父亲的位置，全权负责家内外事务，对内要组织生产，维持生活及交往秩序，对外要代表家户处理家族、村落等各类事宜。在父亲去世或失去生产能力时，无论长子是否成年、成家，都要成为家庭的顶梁柱，抚育未成年兄弟姐妹，帮助他们成家立业，直至他们有能力脱离原先家庭，独立生活。例如，琚树齐作为家中长子，在父亲去世之后，自然而然地当了家，辛苦做榨包挣钱养家，直至2个妹妹出嫁，1个弟弟毕业谋得一份好的差事，娶妻生子。后因弟媳与母亲久闹不合，才分开单过。其间，琚树齐曾被一个姓万的老板相中，要带他出去谋求更好的发展。但因自己身负当家的重任，被迫放弃了自身的发展。后来同村的一个村民跟着去了，当上了大老板。再次谈及这一往事时，琚树齐的话语中充满遗憾，但他并不后悔。在他看来，长子身份是自然生成的、先赋性的、不可推脱的，不管能力如何，只要

---

① 徐勇：《"关系权"：关系与权力的双重视角——源于实证调查的政治社会学分析》，《探索与争鸣》2017年第7期。

尚且有力，家里的老大理应站出来"扛家"，别无选择，这是老祖宗的规矩，也是家庭伦理的要求与重要体现，长子不站出来，一个家庭就很难维继。

家里的老大在这方面要吃亏些，如果没有分家，父亲不在了，母亲一个女的很多事情出不了面，大家都看到你个老大，长兄如父，长子扛家，这都是有规定的，你在家里生的大，你老大不出来抗事情，让比你小的崽出来，外头人不作兴的，也会讲你老大没有本事，没有担当，软绵，不成体统，以后老大在社会上也抬不起头，你这一脉子的人没"人气"，没法子这么舞（做），坏了顺序。谁让你作老大，老大不是很容易的。如果有的选的话，没有人愿意当大崽子。[1]

与此同时，未分家之前，已婚儿子尤其是长子在父母能力有限时，担负着为未婚幼子提供婚姻保护的责任，但在分家之后，长子是否承担这一保护责任，更多地取决于他们自己的意愿与父母的权威大小。家庭其他同辈或小辈成员有好吃懒做、沉溺于赌博或挑拨离间的，长兄也要替代父亲承担起教化的角色。如若家庭成员在外惹是生非或拖欠债务，长子成为被找寻责任对象的可能性也仅次于父母。

基于上述分析可知，正是长子所处的关系域，使得他不得不在固有的身份关系中找寻行动的依据，位于家庭内部关系网结中的长子，受长幼有序的血缘关系规则的左右，因特殊关系获得某些关系特权；反之也受制于基于这些关系的责任连带。同一关系中的其他主体在遵循伦理性规则的同时也享受着伦理性保护。当然，基于血缘关系的伦理规则具有一定的强制性。美国学者小波斯纳（埃里克·A. 波斯纳）曾指出："在一个不存在法律和最低限度政府的世界中，某种秩序仍然会存在。人类学研究已经明示了这一点。这种秩序大约会表现为对社会规范的日常遵守和对违规者施加的集体性惩罚，包括使违规者蒙受耻辱以及对顽固不

---

[1] 来源于塔湾村琚树齐老人的访谈资料。

化者的驱逐。"① 家庭秩序的建构与维护与之相类似。在需要过继时，如果长子之外的关系主体拒绝遵从将自己的儿子过继给长兄或将唯一的儿子与之共享的规则，那么，就会被指责为不义、自私，并可能就此失去其作为家庭成员的某些资格，如无法再享受到来自长兄的爱护或救济；换位之，长子在道义上理应承担"扛家"或保护家庭时而拒绝、不作为，他的遭遇与上述论及无异。这一代价无疑是沉重的，为规避代价，人们通常都会尽力而为。

三 伦理失序与家庭分化

"卑幼不敢抗尊长""长幼有序、尊卑有别""兄爱弟恭""父慈子孝"、父权等均为传统时期塔湾村家庭内部关系的伦理性规范，在家庭内，特定关系中的主体在接受关系身份的同时，也要遵守一系列的关系规则。根据上文提及，家庭关系具有等级性、差序性、伦理性、情感性及血缘性特征，人们行为所要遵循的规则亦然如此。然而，在日常生产生活中，家庭也并非一直处于有序的状态，当血缘的、情感的因素被理性、利益或自由等占了上风，就会出现突破固有关系束缚的反抗行为。

费正清在对中国式的个人主义进行探讨时，曾指出：与美国人以"个人为中心"不同，中国人以"环境为中心"，"根据与别人的关系，根据那种使所有的人通过'彼此互负义务的一套关系'而互相依赖的'道'，来明确表示他的'自我'"②，这在家庭关系中表现得尤为明显。家庭成员通过父子、兄弟等关系得到相应的地位与权利，同样也因互为义务关系而被要求遵守相对应的约束规则。如果他们感觉到自己所承担

---

① [美] 埃里克·A. 波斯纳：《法律与社会规范》，沈明译，中国政法大学出版社2004年版，第3页。
② [美] 费正清：《美国与中国》（第四版），张理京译，世界知识出版社1999年版，第68页。

的义务或责任大大地超出了其在某一特定关系环境中的收获,也会尝试着反抗。总体上而言,在村落家庭内部,主要存在着两种形式的反抗,即隐匿的反抗,剧烈的直接反抗,前者较为频发,后者较为少见,但无论何种反抗,均会对原有的家庭伦理秩序造成破坏,最终导致家庭分化。

(一) 弱者的抗争

在塔湾村,从家庭生产经营到家务琐事,从家庭内部事务到外部参与,作为一家之主的父亲享有决策权,其他成员基于各自的关系身份享有一定建议或请求的权利。按照当地的习惯与伦理要求,一旦家主做出决定之后,其他家庭成员以遵守与执行为本分,违背者常会被冠以不孝、不顺、自私、大逆不道等罪名。当然,家主的决策常常具有较为浓厚的家庭主义及个人权威主义的色彩,并非每时每刻或每件事情上都能公平、公正、有效地满足所有人的需要,这就为家庭内部成员提供了抗争的土壤。然而,在尊卑有别、长幼有序的伦理性秩序的传统村落里,特别是在以血缘关系为联结基础的家庭内部,处于伦理秩序底端的人们迫于舆论压力或对家长式权威的忌惮,往往倾向于选择隐蔽的、温和的抗争来表达和实现诉求,这也许比公开的、激烈的对抗更为有效,且风险更低,与斯科特对马来西亚农民日常反抗的总结——"弱者的武器"[1] 有异曲同工之处。

1. 隐蔽的截留

"在中国家族伦理与家业观念交织在一起,在家族共财制度框架下,家产的支配主体是模糊的'家',而非个人"[2],"家庭是一个各尽所能、各取所需的共产主义单元,但兄弟结婚后形成的复合家庭,就容易出现

---

[1] [美] 詹姆斯·C. 斯科特:《弱者的武器》,郑广怀、张敏、何江穗译,凤凰出版传媒集团译林出版社 2011 年版,第 35 页。

[2] 张佩国:《私产的发育和共有的习惯——改革开放以来长江三角洲农民家庭财产关系的实践形态》,《东方论坛》(青岛大学学报) 2004 年第 1 期。

偷懒和藏私财的问题"①。无论是扩大化家庭，还是核心家庭，未婚子女、已婚儿子及其子女共同参与家庭生产经营，所得收入应如数上交家里，由家主统一管理与支配。家中的农产品、副业产品及现金等成果如何使用、分派给谁使用、是否使用都由家主说了算。在扩大化家庭中，一般来讲，除一些十分强势的家主，他们对儿媳妇（新妇）的嫁妆和婚后挣得的私房钱并不享有支配权。儿子成家之后需要用钱，可向家主申请现金，或变卖家中的农产品等实物，但必须经过家主的同意，其他家庭成员亦然。然而，在资源匮乏，糊口不易的年代，家主对其他成员的财产分配申请会酌情处理，多数会被驳回或采取"缩水式"的给付。

在家庭分配中，未成年子女，尤其是那些无法独立挣得收入的，通常不会向父母申请用钱；而对于那些成年的、未婚的且可独立挣得收入的子女，家主在分配时会适当地给予奖励或以娶媳妇或攒嫁妆的名义安抚人心，进而使得他们对家庭财产的回馈形式有一定的预期；儿子结婚之后有了自己的小家，即使未分家，相对于整个家庭而言，小家属于私房，存在着"公—私"的差别，私的东西由私房独享并可作为分家后的积累，公的东西则由所有家庭成员共享，无论贡献与否、贡献多少，所有人均可参与分配；分家时，诸子均分为常态，即使父母有意偏颇，也只有极少一部分可转化为小家的私有财产。兄弟"对家产的继承权是平等的，他们对自己独立的权利加以非常细心的注意，时刻估算着自己能从大家族中得到多少财产"②。投入与产出，贡献与分配的不均衡及"私"的凸显使得已婚儿子更愿意为自己的小家庭打拼，但由于未分家，劳动所得收入又必须以公共财产的形式交由家主支配，为增进私房的支配财产，公开的截留势必会引起家主及其他成员的不满，因此，隐蔽的截留成为家庭内已婚儿子的权宜之计。

---

① 林语堂：《中国人》，学林出版社1972年版，第185页。
② 麻国庆：《家与中国社会结构》，文物出版社1999年版，第71页。

第三章 等级差序：家庭关系下的伦理性治理

　　隐蔽的截留主要包括以下几种具体的方式：一是私下匿藏收入。在外打长工、在黄金埠码头担担子、在村落及周边打散工、外出做榨包等生意的已婚儿子通常会私下截留一部分所得供私房支配，家主对具体收入情况了解不全面，无充足的证据很难定论是否截留，即使发现，家主会在权衡利弊之后决定是否揭发，多以私下教育为主，理由在于截留的部分收入本是已婚儿子个人劳动所得，适当的截留亦无可厚非，儿子结婚之后有点私心也情有可原。当然，在仍需倚仗家庭才能更好地生产生活时，他们私下截留的数额是有限的。如果家主过于强势地制止这种隐性的截留，就可能导致家庭的分化。根据村落老人自述，琚友齐与哥哥在结婚后仍在一起生活了好几年，哥哥在家跟随父亲种田，而琚友齐则到下余干地主家打长工，一年到头总工资的90%均上交给父亲用于整个家庭的日常生产生活开支，剩余的10%留给自己的私房自由支配，连续好几年均是如此，父母对此持默许态度，哥嫂看着弟弟私房钱宽裕，私下虽有怨言，但也不会公然向父母表示不满，在他们看来，琚友齐一年到头离开家在外工作更为辛苦，隐蔽的小额截留是可理解的。

　　二是以申请消费的方式将家庭财产转化为私房财产。打长工、担担子或外出做生意的已婚儿子可在上交收入之前，有意替私房添置日常生活用品，即使被发现，最多受到谴责，而已添置的物品却不会因此被收归家庭共有共用。陈帝仁年轻时是村里的木匠，分家之前，他在上交工钱之前时常会给自己的媳妇及孩子扯上一块布或准备一些日常用品。在家种田或上交收入之前未有截留的已婚儿子也可以向家主提出消费申请，由于已婚儿子对家庭贡献较大，且私房消费也确实存在，在家庭条件尚且允许的情况下，已婚儿子的用钱申请大多会得到满足，或支付现金，或卖谷、豆等农产品。在由两个以上已婚儿子组成的扩大化家庭中，为减轻家庭的人情负担及避免私房因各自姻亲人情往来消费的频率及规模不同而引发家庭矛盾，在儿子结婚后的第二年开始，私房往往就成为部

· 99 ·

分人情消费的独立单元，主要负责各自娘家的人情往来消费，这也为已婚儿子以申请消费或私下截流等方式转化家庭共有财产提供了可能与契机。

2. 消极的孝道

"子事父""人之行莫大于孝""百善孝为先""父为子纲"等说法均强调子女要遵守孝道，如若有违逆此伦理者，均被视为大逆不道或不肖子孙。在塔湾村，人们十分重视孝道，老人生前孝顺、死后守孝是子孙后代应该遵循的最基本伦理规范，比如，村落陈氏家规中将孝义勤俭称为"四宝"，其中"孝"当先。在家庭父子关系中，儿子作为相关关系主体的行为要受这一关系及其规则的左右，儿子因特殊的血缘关系享有继承父亲财产的权力；反之，也因此要承担终养父母的责任与义务。然而，在日常家庭生活中，由于人们行为对关系规则的破坏，导致消极养老或消极守孝现象的发生。

依据塔湾村农户家庭内部财产分割与继承的惯行，血缘或拟血缘关系是家庭成员继承财产最为有效和直接的资格凭证。亲生儿子自呱呱落地之日起便因特定的血缘关系而天然地享有家庭财产的继承权，一般来讲，除招婿上门的女儿之外，女儿无继承权。未婚女儿在出嫁之时，原生家庭以陪嫁的形式赠予一定的财产，有钱人家女儿，可能还会获得一些"披嫁山"（田地）等不动产，但在有些穷人家，不仅无任何陪嫁，甚至还试图通过嫁女儿来换取儿子结婚的资本，当地流行着"好婵（女儿）不用嫁时衣"的说法。当然，对于自己的贴身物品，父母也可能依照自己的意愿分配，但通常情况下也不会分给外嫁女儿，在村民看来，外嫁女儿为客，是别人家的人，给了女儿就相当于给了别人，即肥水流了外人田了。同时，村落内养老通常与财产继承相关联，如果老人不顾儿子们的同意，执意将财产分给外嫁女，便会引发儿子或儿媳妇等发出的"弱者的抗争"。

据陈任山老人讲述，在他们家便发生过因财产继承而引发消极孝道的事件,具体原委如下:陈任山的奶奶一直以来比较疼爱小女儿,在自己病入膏肓时,便把贴身携带的一枚银戒指私下里传给了小女儿。但按照村落历代以来的规矩,奶奶应当将戒指留给儿子的妻子或其后代。儿媳妇们知道这件事情之后,对婆婆不合常规的行为心生不满,在婆婆生前最后阶段,她们照顾婆婆的态度及行为较为消极,且在老人去世之后,刻意让继承戒指的小女儿独自为老人洗澡和穿寿衣。在儿媳妇看来,老人私自将戒指赠予小女儿的行为已经破坏了基于血缘关系产生的继承规则,进而也就破坏了儿子与父母之间存在的"彼此互负义务的一套关系"[①]。从这一层面上来看,囿于义务关系的行为也可随之发生变化。然而,作为家庭主轴的父子关系属于血缘关系,是一种先赋的、最为坚固的关系,在家庭伦理秩序之内,子孙对老人的"孝"并不单纯以互为义务关系为参照,更多的是以不可逆的血缘为根基。因此,在一个极其重视父母权威及孝道的情境中,如果一个人不孝顺老人,在村落内会被人称作"没人气"(不配做人)之人。为了不让自己成为众矢之的,他们便以此隐晦的方式来抗争及宣泄内心的不满。

(二) 激烈的分化

通过以上分析可知,无论是何种形式的隐蔽截留,还是消极的孝道都是对基于特定血缘关系之下家庭伦理秩序的试探性挑战。分家前,儿子结婚,尤其是生育后代之后,以其为起点与核心的新三角已形成,只是尚未脱离原来以父亲为核心的原三角,在经济、社会及政治等领域的活动仍以原生家庭为整体单元。即便如此,在新三角内,形成了以已婚儿子为内核的关系格局,已婚儿子与其子女形成的亲子关系成为主轴关系,新夫妻、新兄弟关系成为新的横向关系,原来的"子"成为新的"父",子职与父职在同一个主体身上交融。由于子职与父职面向的关系

---

① 费正清:《美国与中国》(第四版),张理京译,世界知识出版社1999年版,第68页。

关系、规则与乡村治理：赣东北塔湾村的秩序表达

范围有一定的区别，作为家户意义上家庭的子，应当听从家主的安排，如劳动收入归公等，而作为私房中的父，则要对妻子及子女负责，"私"性质的父职与"公"性质的子职两者之间并非任何时候都能契合一体，整体家庭与私房之间必然存在着矛盾与冲突。这样一来，当矛盾与冲突激烈到一定程度时，就会突破原有家庭伦理关系束缚，新三角从原生家庭中分化出来，独立成经济、政治及社会交往活动的新单元便成为趋势。当然，分化并不是"原有三角形的意外结局，而是构成这三角形的最终目的。这个三角形的破裂是它功能的完成"①，如此循环反复，最终实现社会的继替。

通常而言，家庭分化以分家为标志，即扩大化家庭分裂成不同的核心家庭。对此，麻国庆持不同意见，他指出，分家并不是家的彻底分裂，作为家的实体分裂了，但作为家的象征并没有被肢解；而且经过一段时间之后，这些分出去的家和原来的家又以特有的形式，体现出一定的"合"的状态，以"轮吃"为例②。然而，事实上，通过对塔湾村的实地调查发现，分家既是"分形"，亦是"分心"。分家析产之后，新家庭的生存与发展已然成为人们生产生活的重心，兄弟之间关系的好坏直接决定相互之间的往来多少，关系越好，平日里换工、互借工具等互通有无及互帮互助的交往就越频繁，关系好、条件好的兄弟也乐意帮衬条件差的；反之，则过年过节或对方家中有重要事情时，大家相互之间适当帮忙或交往；更有甚者，分家之后，兄弟之间大打出手，断绝关系，只在父母办寿、生病或丧葬等事情上联系合作，"自己兄弟都不如别人""分家分心，各顾各"是村民常发出的感慨。由此可见，分家之后，兄弟之间的往来多为家庭之间的往来，纯粹的血缘或情感性的往来较少，即使是父母"轮吃"也更多地属于家户之

---

① 费孝通：《乡土中国　生育制度》，北京大学出版社1998年版，第216页。
② 麻国庆：《分家·分中有继也有合——中国分家制度研究》，《中国社会科学》1999年第1期。

第三章 等级差序：家庭关系下的伦理性治理

间的联合与协作。

从分家的契机来看，多数都在家主的掌控之内，在扩大化家庭中，两个或两个以上儿子结婚后，分家便水到渠成地被提上日程，或父母，或已婚儿子提议，当然也有某些强势的家主希望已婚儿子继续为家庭做贡献而拒绝分家的。比如，毛火仂的大伯自觉自己已有妻儿且有能力独立门户，不愿意再受父母束缚，提出分家，但被父亲拒绝了，理由是他父亲认为小儿子尚未结婚，做哥哥的应帮衬弟弟娶媳妇。晚分家或不分家的情况也时常发生在实力较为雄厚的家庭中。一般情况下，一旦有人提议分家，便可顺利进行，主要原因包括三点：一是有限的家庭财产及财富收入无法满足持续扩大的家庭的庞大花销，分家是分散压力的有效途径；二是扩大化家庭与私房之间、私房与私房之间的"公—私"矛盾导致分家势在必行；三是家庭内部成员的不和睦关系加速分家进程。在塔湾村，分家多是自然而然的、温和的分化过程，也有少数分家是激烈的、彻底的、突发的分化，此种分化常常伴随着对家主权威的反抗及对家庭关系下伦理秩序的挑战。对此，陈金水和琚树齐两位老人分别讲述了这样两个事例：

事例一：在塔湾村，家庭田地是否经营及如何经营由家主说了算，但在现实的生产经营过程中，新家主的经营权会受到老家主的干涉，即是种田老手与新手的较量。在大部分村民看来，种田靠的是经验，而非胆量。在面对老家主的异议时，出于对因自己经验不足影响田地收成的担心，对老家主余威的恐惧和对孝道的遵守，大多数新家主都会服从老家主的指导和安排。当然，也有少数人会固执己见，拒绝妥协。民国初年，村落有户陈姓人家，儿子成为新家主之后，父亲还老是插手儿子家的田地经营，时间久了，儿子觉得不自由，就不愿服从父亲的安排。此后，父亲以儿子不服从自己而天天破口大骂，甚至在公共场合数落其为不肖子孙，偶尔还对儿子进行人身攻击，扬言要与其断绝父子关系，将儿子推上村落舆论的风口浪尖和伦理道德的边缘。最后，儿子无法容忍强势父亲的压迫，直接离家出走，到下余干给地主家种了好几年的田，直到父亲去世的前两年才回到家中。

事例二：陈金水哥哥在农闲时时常会到琚树齐家批榨包到九龙集市上去卖，卖得了钱就给妻子买了件新衣服，被发现之后，父母扬言要让他们滚出家门。他哥哥认为父母无视自己对家庭的贡献，毫不留情面地执意把事情严重化。于是，一气之下与父母大吵一架，请来舅舅，当天就完成了分家。

以上两个事例均是直接、激烈分化的表现。扩大化家庭是一个"公"与"私"并存的载体，"公"与"私"关系紧张会加速家庭的分化。父亲倚仗着基于父子血缘关系而产生的权威来试图迫使儿子服从，成为新三角核心的儿子与父亲，冲破了子事父、从父的家庭伦理秩序，父与子的显性冲突直接导致分家。正如威廉·J. 古德所言，在农业村落中，父亲凭借着先赋性的血缘关系、社会规范、社会压力以及在法律和经济上对多数资源的控制，对家庭内事务，甚至是家庭成员的行为有支配的权力，但随着子女独立能力增强，对家庭贡献增多时，他们与父亲之间依赖关系减弱，在履行义务的同时也要求更多的权利。当关系与诉求发生变化之后，父亲却未做出相应的调整，让渡一定的权力时，他们预料自己再待到这个家庭已经无法再受益匪浅了，对家庭所做的贡献并没有提高他们在家庭中的角色地位，子女对父亲的情感受到削弱，一些紧张关系便会产生，进而影响子女对父亲权威与控制的服从[1]，甚至产生激烈的分化。家庭分化之后，此家非彼户，此家主也非彼家主，家庭关系层次也发生了明显的变化，作为原先扩大化家庭家主的父亲的治家权威无法延伸至分化之后的核心家庭，不再当得了小家庭的家，儿子成为新立门户的一家之主，他们成为各自家庭的治理主体。以分家为主要标志的家庭分化，"不仅重新界定财产所有权，也重新建立起一个特定家

---

[1] [美] 威廉·J. 古德：《家庭》，魏章玲译，社会科学文献出版社1986年版，第118页。

庭内部权力结构"①，一个家户的成员对另一个家户的成员就不再具有经济上及其他方面的当然权利。村落老人的一段话恰好生动地展现了家庭分化之后的景象：

> 崽（儿子）长大，结了婚，有自己的心思了，你做父母的管得他太死，就容易发生矛盾，厉害的话就要分家了。分了家，你做父母的任务就完成了，崽舞（做）得怎么样，你也管不到，也没有能力管。人就是这样，一代一代的。分家了你还管，崽仂（儿子）、新妇（儿媳妇）不作兴你，他们在外头也难哇事（难抬头），说他们没有本事，还要靠到老子壳（父亲）。崽仂孝敬你是另外一件事情，你带他大，帮他娶新妇，这是天经地义的，但孝敬归孝敬，独立成户了，两家的经济、人情往来等都分开了，你想管也管不了了，你老了只有求他养你的份儿，做父母的没啥本事，崽也求不大到你，话的有道理，人听听，作权作威风，行不通的，也说不过去。②

四 小结：家庭关系与差序治理

威廉·J. 古德曾指出："在世界上大多数地区，传统家庭或许已经动摇不定，但家庭机构却可能比现有的任何一个国家都会历时更长。家庭机构不像军队、教会或国家那样强大，但它却是最难征服的，也是最难改造的。任何一个具体的家庭可能是脆弱而不稳定的，但家庭制度就其整体而论，却是坚不可摧、富有活力的。"③ 徐勇教授将家庭制度明确为家户制。在中国传统时期，家庭制度构成了农村社会基础性制度或本源性传统，它是乡村治理，乃至国家治理的根基。同时，在农村社会，

---

① 阎云翔：《私人生活的变革：一个中国村庄里的爱情、家庭与亲密关系：1949—1999》，龚小夏译，上海书店出版社 2009 年版，第 176 页。
② 来源于塔湾村陈帝光老人的访谈资料。
③ [美] 威廉·J. 古德：《家庭》，魏章玲译，社会科学文献出版社 1986 年版，第 1—2 页。

每个作为整体的家庭及每个作为个体的家庭成员都处于错综复杂的关系网结上。家庭本身亦是一个有亲子、夫妻、兄弟等纵横交错的关系编织而成的网,其成员的行为受家庭内部关系的影响,在同一个家庭里,人们在各自的网结中扮演着不同的角色,囿于形色的关系选择及受缚于对应的规则。家庭不仅是一个生产、生活及社会交往单元,也是一个伦理单元,每个人"从一降生就不是独立的、自由的以及有着天赋权利的"①,而是"被来自四面八方由近及远的伦理关系所包围,在农民日常生活中,人人要处理好父子、兄弟和夫妻等基本家庭伦理关系。"②

在此基础上,本章主要探讨了在特定家庭关系情境下家庭内部的治理形态,认为以血缘为基础的家庭内部关系呈现出情感性、等级差序性的特点,在这一关系左右下,家庭内部治理伦理化,是一种等级差序关系下的伦理性治理,体现着特有的"血缘理性"。传统家庭伦理为处于父子、夫妻、兄弟等长幼、尊卑的家庭关系网结中的个体生产或提供纲领性的规则,并以此为他们日常生产、生活及交往活动的行为进行指导。反过来,人们生产、生活及交往行为又维系、破坏、创设或调节着家庭关系的具体形态,并在这一过程中实现家庭治理与家庭内部秩序的维护与再生产。

张东荪在《理性与民主》一书中曾经指出:"中国的社会组织是一个大家庭而套着多层的无数小家庭。可以说是一个家庭的层系。所谓君就是一国之父,臣就是国君之子。在这样层系组织之社会中,没有个人观念。所有的人,不是父、即是子。不是君,就是臣。不是夫,就是妇,不是兄,就是弟。中国的五伦就是中国社会组织,离了五伦别无组织,把个人编入这样层系组织中,使其居于一定之地位,而课以那个地位所应尽的责任,如为父则有父职,为子则有子职,为臣则应尽臣职,为君

---

① 李东:《经济责任:个人理性与家族理性的不同理解》,《自然辩证法研究》2006年第2期。
② 梁漱溟:《乡村建设理论》,上海人民出版社2006年版,第31页。

亦然。"① 在核心家庭中，以父子关系为主轴，夫妻关系为辅，在扩大化家庭中，父子关系仍然是主轴，为辅关系中的兄弟关系日益凸显，在特定关系中，关系相关主体之间因具体血缘形态而各行其是，各司其职，各守规则。父亲作为父权制的代表主体，在亲子关系中，因血缘关系获得了支配家庭内外事务的关系权力，同时也肩负着抚养后代，维系家族延绵的责任与义务；而子则要遵守长幼尊卑的等级伦理，在享受家庭财产、保护及父母抚育的同时，也要顺从与服膺父家主的权威。当儿子长大成家生子，新的三角形成，当血缘的、情感的因素被理性、利益或自由等占了上风，就会出现突破固有关系束缚的反抗行为，造成家庭伦理的失序，最终导致家庭的分化，分化之后的家庭内部构成了新的关系及权力框架，并在此基础上进行着伦理性治理。其他关系亦是如此。当然，基于血缘关系的伦理规则具有一定的强制性。"在中国的伦理意识中，家庭或家庭成员之间存在着责任和情感，属于义不容辞的行为，不存在着谁帮了谁，谁感谢谁的概念。"②

美国学者贝克尔试图"用人类物质行为的工具和理论框架去分析婚姻、生育、离婚、家庭内的分工、威望和其他非物质行为"③。不可否认的是，家庭治理过程包含着某些经济的因素或行为，但这并不意味着可以用经济理性去分析家庭内部治理过程，至少在中国家庭治理中，贝克尔的经济理性分析框架并不能统领中国的现实，解释力较为有限。与西方个人本位不同，中国是一个关系社会，"人类的情感中皆以对方为主（在欲望中则以自己为主），故伦理关系彼此互以对方为重，以个人似不为自己而存在，乃仿佛互为他人而存在者"④，在家庭内部关系下，更是如此，人们无时无刻受到伦理的牵绊，是否合乎伦理已然成为评判家庭

---

① 张东荪：《民主与理性》，岳麓书社2010年版，第8页。
② 李全生：《农村中社会互助现象初探》，《山东农业大学学报》（社会科学版）2003年第6期。
③ [美] 贝克尔：《家庭论》，王献生、王宇译，商务印书馆2007年版，第1页。
④ 梁漱溟：《乡村建设理论》，上海人民出版社2011年版，第27页。

成员行为的标准。正如马克斯·韦伯强调的那样,"在中国,伦理的作用是非常重要的……中国所有的共同行为都受纯粹个人的关系尤其是亲缘关系的包围与制约。"① 在特定关系中,上对下或下对上的权力及责任均为各自的"分内"之事,"尊卑制(与我们那种由契约关系决定的个人独立制相反)的一个好处是,一个人自动认识到他在他的家庭或社会中所处的地位。他有一种安全感,因为他知道,如果履行了指定给他的那部分职责,他可指望这个体系内的其他成员反过来也对他履行应尽的职责"。② 总而言之,在中国农业村落,家庭内部治理是一种基于血缘型情感关系的伦理性治理,具有一定的等级差序性。

---

① [德]马克斯·韦伯:《儒教与道教》,洪天富译,江苏人民出版社2010年版,第247页。
② [美]费正清:《美国与中国》(第四版),张理京译,世界知识出版社1999年版,第24页。

第四章

轻重相权：亲族关系下的混合性治理

作为经济、政治及社会交往基本单元的家庭通过逐步扩展、分化、再扩展、再分化的机制实现家庭再生产与种族绵延，在这一过程中形成的不同家庭因父系血缘联合为一个家族。在中国农村研究中，已形成以"家族为本、家族至上"为基本原则和价值标准的家族主义理论体系。如黑格尔、魏特夫等论述了中国国家治理中的家族主义，韦伯直接用"家族国家"来概括之；莫里斯·弗里德曼专门对中国宗族组织的结构与功能进行研究，为后续研究提供了基础范式①。其中，孙中山认为，"中国人最崇拜的是家族主义和宗族主义，没有国族主义。中国人对于家族和宗族的团结力非常大，往往因为保护宗族起见，宁肯牺牲身家性命"②；毛泽东也充分认识到家族系统作为中国社会的一种权力支配体系的强大力量③；林耀华提出"宗族乡村"④，许烺光、冯友兰等则认为在中国，王朝之外即家族，几乎不存在非地域性或非职业性的其他社会组织⑤。随着研究不断深入及多元化视角的切入，关于诸如家族政治、家

---

① [英] 莫里斯·弗里德曼：《中国东南的宗族组织》，刘晓春译，世纪出版集团、上海人民出版社2000年版。
② 孙中山：《三民主义》，九州出版社2012年版，第3页。
③ 《毛泽东选集》第一卷，人民出版社1991年版，第74页。
④ 林耀华：《义序的宗族生活（附：拜祖）》，生活·读书·新知三联书店2000年版，第1页。
⑤ [美] 许烺光：《宗族·种姓·俱乐部》，薛刚译，华夏出版社1990年版，第235页；冯友兰：《冯友兰全集》第四卷，河南人民出版社1988年版，第253页。

族共同体、泛家族主义等的研究不断涌现，甚至就传统乡村社会治理形态达成普遍认识，即"皇权不下县，县下惟宗族，宗族皆自治"。在家族主义看来，家族是中国村落社会经济、政治及社会交往的集体性单元，农民个体及其家庭以家族利益为导向和动力性支配力量。那么，在传统时期的塔湾村，是否形成了超越家庭之外的笼罩性家族力量呢？

在驻村调研中发现，个案村落确实存在着特定的家族组织，从家族结构上来看，这种家族组织包括宗族意义上的大家族与"小亲族"①，当地村民称前者为"会"，村落内同一姓氏的村民同属于一个家族（会）；后者为"一大家"，即同一太公名下（通常4代左右）的农户又属于"一大家"，家族（会）由若干个小亲族（"一大家"）联合而成。这两种形式的家族均以血缘为联结基础，区别在于血缘的亲疏远近。总体上而言，由前文地域社会介绍可知，塔湾村为"大散居、小聚居"的"杂姓"村，宗族主义色彩较弱，各个姓氏家族组织较为松散，超越家庭之外并未形成强大的、笼罩性的家族力量，家庭仍是人们开展日常生产、生活、政治、文化活动的基本单元，超越家庭的组织对家庭内部及其所在村落社会治理的影响较小，并未凝聚成家族主义的集体性规范。然而，这并不意味着家族力量及其影响的消除，在流动性弱的塔湾村，人们生于斯、长于斯、逝于斯，这为基于血缘关系的家族合作提供了空间。基于此，本章的主要任务在于探究家族内部关系格局及其在此特定关系下，人们如何通过关系与规则的互动与互构来实现家族内部治理的。

一　小亲族关系形态与治理

行动始终是由规范来确定方向的。根据前文论述可知，关系具有身份

---

① 吴春梅、刘晓杰：《小亲族行为与农村矛盾演进的内在逻辑——基于豫西北L村群体性事件的启示》，《科学·经济·社会》2010年第2期。

赋予与规则供给的双重性特点，在一定意义上，关系即规则，规定着人们的行动。在小亲族关系网络中，网结处的个体或家户要遵循一定的规则。

（一）弱化的先赋关系

小亲族是基于血缘联系的群体组合，具有先赋性特征。在塔湾村，小亲族范围与当地人口中的"一大家"大致重合，一般由4代左右的农户联合构成，但对于人丁特别兴旺或不旺者来讲，小亲族有可能缩小为3代或扩大至5代以内。分家后的兄弟、父子、叔伯、堂兄弟等同属于同一层次的血缘集团，在一定程度上可以说，小亲族是"同财共居"的家庭的组合，小亲族内部的人们依然要无时无刻地被父子、兄弟关系及其由父子及兄弟关系衍生出来的叔伯、堂兄弟等关系包围着。与家庭内部关系相比较，村落内部的小亲族并未聚合成为一个可以直接控制人们生产、生活及交往的血缘性单元，亲族成员之间的关系更多地表现为同样作为村落社会、经济、政治基本单元的家庭与家庭之间的联系，血缘这一先赋性因素对小亲族内部成员的强制性规则约束逐渐减弱。

与一家一户相似，在塔湾村，"一大家"亦有一家之长，即"家首"，也称分会首或小头首。"家首"的产生既非保长、大头首、会首等直接任命，亦非大家成员公开选举，而是来自"一大家"中各位家主一致默认，如曾为"家首"的琚春水，家里五兄弟，有"人势"，且在其所在的"一大家"中说话办事比较公道，有较高的认可度，于是大家默认他为"家首"。马克斯·韦伯在对资本主义精神进行阐释时指："人们履行天职的责任"恰恰是资本主义文化的社会伦理中最为典型的特质，而且在一定意义上说是资本主义文化的根基所在，这种职责观念是一种义务。[1] 同样，身为小亲族对内及对外代表的"家首"在享受其他成员认可的同时，也要承

---

[1] ［德］马克斯·韦伯：《新教伦理与资本主义精神》，马奇炎、陈婧译，北京大学出版社2012年版，第49页。

担一定的治理责任,对外,"家首"协助会首处理族内事务,如组织公共活动筹款、动员和安排农户;对内,治理"一大家"的事务。

具体而言,包括以下几方面的内容:一是调解"一大家"内部成员及其与其他村民之间的较大冲突,如双方因产权边界或不符合规矩的产权变更引发的矛盾,或小亲族内部成员之间发生的难以调和的、较为激烈的冲突,或两个及以上小亲族之间的集体性冲突等;二是代表"一大家"负责参与诸如推选会首,商议会内公共事务等;三是主持"一大家"内部重大事宜,如主持家户之间的土地、房屋等财产交易,担任小亲族内家户红白喜事的"礼宾"。

在履行治理职责时,"家首"通常采取"大事不用请,小事请不动"的态度与方式,如对于不同小亲族之间的团体性冲突,小亲族内部成员之间的产权纠纷及涉外事务,"家首"会主动介入;对于各家各户内部婆媳妯娌之间的小吵小闹,即使有人请,"家首"也会尽量避免卷入纷争。当然,与"家首"关系不好的村民,遇事时很少请"家首";反之,"家首"对与之相关的事务也不予理睬。对此,陈择雨老人如是解释:

家首,理"一大家",还要理会首派下来的任务,管一大家不是那么容易的,大事小事都要理,没那么多时间去理,分家后,各顾各的家,多半都是家务事,夫妻、妯娌小吵小闹,家首也要理的话,理不过来,有些事情也理不清楚,也没有这么大的权力去理,各家家主理得了的事情,家首一般不会去理。①

前文在论述家庭治理时已提及,在家庭情境下,"一家之主"因与子代的血缘等级及其对子代所承担的血缘性义务而享有较为绝对的治家权威及对子女行为的控制权,子女出于对父母天然的依赖及感情而表现出对父亲的服从。同时,无论何事或与家庭内其他成员关系如何,家主通常要主动介入,且效果十分明显。相比较而言,"家首"对小亲族的

---

① 来源于塔湾村陈择雨老人访谈资料。

治权更多地表现为一种职责，即身处"家首"之位的责任。虽然，"家首"产生于血缘联合的认同，形式上是家主的延伸，但他与自己家庭之外成员之间血缘关系因分家析产不断弱化，弱血缘关系衍生出来的伦理责任关系也相对松散，其职责范围和效力与"家首"个人魅力、家庭势力密切相关，魅力及家庭势力越大，人们对他的认同就越强，其威望就越高。与此同时，"家首"的治理内容有一定的选择性，以表达型、代表型及维护型的内容为主，几乎不涉及每家每户生产、生活、交往等以家户为基本单元的具体事宜。

不仅如此，小亲族内先赋性关系力量弱化还直接表现为家庭分化之后父子关系与兄弟关系力量的变化。分家之后，父亲对子代家庭的治权十分有限，其中，以经验性指导、纠纷调解等为主，父子关系已然从分化前的支配—服从关系转变为孝道、回馈、合作等关系，父亲基于血缘等级优先性产生的权力更多地表现为子代对自己的义务型的伦理回馈，即以孝道的形式加以呈现。在塔湾村，五十五岁以上的老人通常会选择吃"公粮"，到了这个年纪，劳动能力减弱，子女几乎全部结婚，父亲的先赋性义务已基本完成，再加上村落内几乎没有留养老田或养老钱的习惯，吃"公粮"成为必然。"公粮"由各个儿子均摊，至于如何吃由老人与儿子协商共定，轮吃、独食均可。生病与丧葬费用也要均摊，采取诸子共养、家户联合的方式。如果父亲尚未达到公认的吃"公粮"年纪或条件，虽然子代因父辈的生养而无法拒绝，但父亲会受到嘲讽和指责。如村里有位父亲自年轻时就好吃懒做，等到家中两个儿子结婚之后就立马分了家，四十岁出头便坐等儿子终养。在田地里"耙"饭吃的年代，村里人对这位父亲的行为嗤之以鼻，指责他不懂得体谅儿子，年纪轻轻就等着享福。与之相对应，子代对于父辈终养义务的执行程度不仅与父代的生养有关，还与父代在分家析产时是否一碗水端平，父子关系是否融洽及子代的个人品格息息相关。如果父母在财产分配中有失公允，或与儿子关系欠好，则可能引发养老纠纷，纠纷调处往往走的是"晓之以理，动之以情"的温和路线，并不会进行暴力或惩罚性调解。在村民看来，养老属于道德伦理范畴，如果一个人不养自己的父母，那么意味着这个人是不孝的，甚至是不道德的，他在村落就会饱受舆论压力，只要他能承受住侧目，其他人也别无他法。

同样，在小亲族内，各家庭之间，甚至父子、兄弟之间在财产上并不会互通有无，儿子问父亲要钱的方式由原先的"申请"转变为"借钱"，兄弟亦然，除非借出方特别说明，否则均要偿还，且是否借得到也要视双方情感关系好坏而定。在一定程度上可以说，当家庭内父子关系转变成为小亲族内父子关系时，先赋性关系由于利益关系的切割而不断弱化。

（二）柔性的伦理连带

依血缘所产生的亲亲之情总是无法避免因世代的繁衍而导致的血缘关系淡化和距离感的扩大。[①] 在小亲族中，并未形成笼罩性的力量，通过血缘等级及其义务关系而生成和确立的父权因家庭分化而不断弱化，父子之间、兄弟之间的连带伦理责任的强制性色彩变淡。虽然如此，基于血缘秩序的伦理连带仍然是小亲族成员的约束性规范，但是一种柔性的伦理连带。

1. 孤寡养老

在塔湾村，按照村落约定俗成的规矩，村民对叔伯、兄弟等与自己有一定血缘关系的孤寡老人负有生养死终的终养责任，血缘序列之外的人不会插手。无子嗣的老人在丧失基本劳动能力之前，会请"家首"或同姓会首来主持和商定自己的终养问题，并最终确认自己的养老和丧葬方案。一般来讲，由侄亲来担负对老人的终养责任，先是亲侄子，若无亲侄子，再轮到堂侄子代办，按照血缘关系的亲疏远近依次类推。

在特定的血缘关系中，相关主体由于先赋性关系而受制于相应规则。

---

① 陈启钟：《明清闽南宗族意识的建构与强化》，厦门大学出版社 2009 年版，第 221 页。

叔侄关系是父子与兄弟关系的延长，使叔侄囿于关系获得各自的权利与责任，即身为孤寡老人的旁系血亲，侄子承担对孤寡老人的终养义务，同时谁给老人养老送终，谁就具备老人财产的继承资格。通常情况下，侄子的财产继承资格要在老人去世安葬完毕之后方可兑现。

当老人有一定的土地、房屋等家产时，如果侄子数量为2个或2个以上时，可能会出现争抢养老资格的情况，原则上由1个侄子来养老。在实际操作过程中，主要根据老人个人意愿与侄子们的协商结果来确定，或由老人直接指定1位侄子，或由几位侄子共同终养。确定终养方案之后，老人与侄子在家首或同姓会首及小亲族其他成员的见证下签订养老与财产继承协议；当老人没什么财产时，侄子们之间可能出现相互推诿责任的现象，一旦出现这种情况，"家首"或会首会直接介入调解，一般由侄子们共同终养。根据前文地域社会概括可知，村落内几乎每家每户都会有一定数量的土地和1间房屋，孤寡老人无任何遗产的情况较为少见，同时，普通人家的养老和丧葬成本较低，再加上自古以来默认的血缘伦理连带规则的束缚，侄子之间一般不会为了孤寡叔伯的养老问题发生大的冲突，如均拒不终养之，他们就会被认为是没有人气（良心或人性）的，在小亲族、家族及村落内会受到指责与嘲讽。

侄子在执行终养义务时，要遵循双方签订的养老与财产继承合约。小亲族的"家首"及其他成员会对侄子的终养行为进行监督。一旦有人做出打骂老人，不伺候老人基本饮食起居等违规行为，"家首"或其他人会主动介入要求终养人履行义务。如果屡劝不改，可另选其他侄子来继续完成终养保护。当然，虽然依照惯例，无论双方关系远近亲疏，非侄亲的其他亲戚不参与对孤寡老人的终养，但如果外甥等主动提出终养老人，在经过小亲族内协商，并征得老人同意的情况下，签订终养孤寡老人的协议，亦可由外甥等人终养。这时，小亲族的伦理连带性更多地表现为对外甥等人的终养活动进行监督。当对方未按照当初的约定完成终养任务时，小亲族内有"话分"的长辈或"家首"则牵头介入此事，并进行后续监督，直至老人终老。

2. 卖地规则（"先遵亲至等得"）

古语有云：千年田地八百主。土地是财富之母，是家庭财富与社会地位的象征，买田置地是农业村落村民世代积累的目标，如琚桦齐家在他爷爷手里只有2亩薄田，经过两代人的努力，陆续购得约4亩田地。土地买卖关系家庭财产产权变动。在塔湾村，小规模土地买卖经常性发生，同开荒、继承等方式一起促成了村落土地产权格局，几乎每家每户都有或多或少的土地，多数地主的产生得益于土地的买进。

家庭私有土地买卖相对自由，卖或买、何时买卖等由一家之主来决定，除跨村的大宗土地交易之外，无须事先获得村落或官方的许可。塔湾村的土地买卖多在本村内完成，且暗藏一定的潜规则，即要遵循"先遵亲至等得"的交易顺序。至亲是第一序列的买主，不管卖家权势如何，是地主还是普通农户均要按规则办事，否则土地买卖就会受到干涉，压力之大足以让不合规矩的交易流产。

一般情况下，卖地信息必须由内到外扩散，某一家庭有意向卖地，家主要先在至亲内部通知和询问，确定至亲范围内无人购地之后，方可对外散布消息。如果至亲有购地需求，而卖主在没有事先通知他的情况下直接将地卖给了别人，双方尚未签订契约的，至亲有权要求卖家将土地卖给自己，小亲族内的长辈或"家首"也有责任促成土地的重新交易。当卖方或至亲势力强于买方，则口头约定的交易顺其自然地失效，新的买卖双方按村落土地买卖程序完成交易。比如，琚姓有户到景德镇农场种田的人家决定永久性迁居，计划将家里的几亩田地出售，消息尚未发布时，其堂弟就开始向他打探口风，但均被其以未考虑妥当为由推脱。半个月之后，堂弟被告知该农户有意私下里将土地卖给与自己关系好的另一户非至亲人家。堂弟对此心存芥蒂，于是请上双方的至亲长辈前去讨公道，最终，迫于多方压力，该农户放弃私下交易的计划，转而将土地卖给自家堂弟。

当然，虽然"先遵亲至等得"的规定有一定的强制性，原则上至亲可要求改变交易结果,但当原买方势力非常强大,远胜于至亲或卖家,且在包括小亲族内有一定权威的长辈或"家首"在内的多方调解下仍不愿放弃交易约定时,土地买卖按原约定进行,正所谓"强者为王",小亲族的长辈、"家首"、其他村民不会为了与自己关系不大的交易而得罪强势之人,将自己陷入困境,买卖双方在面对强人时会更多地选择忍气吞声。如果已签订契约,按照村落的规矩,契约签订意味着土地交易程序已完成,买卖成为既定事实,即使至亲有买地的意愿,也无法强制性地要求对方转卖。木已成舟,交易已不可逆,但至亲与卖方之间的关系也就此遭到破坏,卖方会被认为"不守规矩"之人,在小亲族内会遭受排挤,失去了优先购买至亲田地的资格。除至亲之外,虽然村民倾向于先从同姓,再从本村,最后从外村寻找买主,但卖主可打破这一顺序,即使有遭受他人非议或指责的风险,但他人不得任意干涉。

此外,无论至亲,还是其他人,只有和卖方之间不存在明显矛盾冲突的人才能成为买家的首选。同时,对于农户来讲,有朝一日迫不得已要卖地,他们更愿意将土地卖给普通自耕农,理由在于普通农户抵御灾害的能力差一些,说不定什么时候就要转卖土地,到那时,就可能有机会将土地再买回来。如将土地卖给地主老板等有钱人家的结果则大不相同,有钱人的家庭积累较为丰厚,无须卖地换钱粮。

3. 被迫的扶持

费孝通认为,在差序格局中,"从己向外推以构成的社会范围是一根根私人联系,每根绳子被一种道德要素维系着。社会范围是从己推出去的,而推的过程里有着各种路线,最基本的是亲属:亲子和同胞,相配的道德要素是孝和悌"[①]。随着家庭不断分化,先赋性关系的约束力弱化,但在特定的情境之下,与之相匹配的纲常伦理仍然是牵绊关系主体的道德准则。

---

① 费孝通:《乡土中国 生育制度》,北京大学出版社1998年版,第33页。

在塔湾村，小亲族内的家庭依据相互之间关系好坏来决定是否交往及如何交往，处于父子、兄弟、叔侄、堂兄弟等关系中的主体所在家庭之间自由交往，关系好的在生产经营、生活及人情交往上较为频繁，关系一般的则较少来往，关系不好的则会尽量避免卷入任何形式的交往中去，甚至不同主体之间可能会因蝇头小利或琐事而发生冲突，亲兄弟等成冤家，断了亲的现象也并不少见。然而，一般来讲，当小亲族内有人，尤其是亲兄弟家中遭遇重大灾难或在外受到严重凌辱欺负时，即使平日里双方很少往来，多数人会迫于亲情伦理而撇开私人恩怨并伸出援助之手，如果置之不理，就会遭到别人的指指点点，进而影响其所在家庭的村落社会地位，这时常被村民称作"被迫的扶持"。如陈择雨家与大伯家因妯娌矛盾而暗生嫌隙，多年不和，平日里几乎不来往，各过各的生活。直到陈择雨11岁时，父亲意外去世，在他登门磕头之后，大伯抛开两家矛盾，出面帮助侄子和弟媳妇主持和操办弟弟的丧事，在力所能及的范围内接济和帮扶侄子一家；再如琚树齐因弟媳妇品行不好而尽量不与弟弟一家人来往，但弟弟在外受欺负和家里遇到重大困难时，他还是会义无反顾地去帮忙。对此，老人如是解释道：

血亲与一般关系不一样，对方家里出了大事情，你做兄弟的要像兄弟，做父母、叔伯等的要像父母、叔伯。到这个时候平时不好的关系都顾不到了，谁让你跟对方是血亲关系呢？没办法的，平常日子或者小事情，你觉得跟对方关系不好，不赶场子也没多大个关系，但某人家里出了大事情，比如家里有人去世，在外头受大欺负，生大病，或者其他大的灾难，由谁出面都是有规定的，特别是自己的父母、兄弟，该出面的人不出面，出手帮忙才是做兄弟、父母、血亲的本分，打断骨头也还连着筋脉。你不去，别人就更不愿意出面了，在背后就有人议论你这样做人不行，抬不起头做人的，也很不好看。[1]

---

[1] 来源于塔湾村陈择雨老人的访谈资料。

由此可见，血缘伦理使得小亲族内部的一些交往变得无法避免。费正清曾指出："中国人根据他与别人的关系，根据那种使所有的人通过'彼此互负义务的一套关系'而互相依赖的'道'，来明确表示他的'自我'"①，先赋性关系主体便是如此，即使这种关系的力量不断弱化，在特定场域内，伦理连带依然存在。

（三）交换性合作

美国学者莫里斯·弗里德曼曾指出，"亲属是一张庞大的网，把宗族中的所有人，从血缘关系上和社会关系上编织在一起成为有机整体"②，小亲族亦是一个这样的有机整体。然而，在塔湾村，小亲族并未聚合成为一个实体性单元，仅仅是血缘范围内家庭的松散组合。作为整体中的家庭，一方面，囿于小亲族关系而不得不让渡某些家庭利益，遵守着因特定先赋性关系衍生而来的规则及伦理性连带责任；另一方面，随着家庭的不断分化，家庭成员之间的纽带也不断分化，如此反复，相互之间的血缘伦理联结也在分化中变得脆弱，而小亲族缺乏将各家庭凝聚成超越家庭的实体性单元的基础，因此，家庭在日常生产、生活、交往中，甚至在"不得不"的伦理性责任范畴内，往往表现出一定的个体家庭理性，即交换性或功能性合作。同时，个体家庭之间关系的好坏也直接影响着交换性合作的生成与效果。

1. 生产："合力不合板"

马克思认为，人类的"第一个历史活动就是生产满足这些需要的资料，即生产物质生活本身"③。在传统农业村落，家户本身并无法独立完成所有的物质生产环节，生产合作便应运而生。生产环节需要帮忙时，

---

① [美]费正清：《美国与中国》（第四版），张理京译，世界知识出版社1999年版，第68页。
② [美]莫里斯·弗里德曼：《中国东南的宗族组织》，刘晓春译，上海人民出版社2000年版，第145页。
③ 《马克思恩格斯选集》第一卷，人民出版社2012年版，第79页。

如修建新屋或抢收抢种，村民会请小亲族来帮忙，只要邀请了，对方能抽出身来都会来，不来的话，势必会影响两家关系。一般来讲，小亲族具有优先性，父子、兄弟之间更甚，以打谷种的生产合作为例。

塔湾村是典型的稻作村落，打谷种是稻作的初始环节。在传统时期，打谷种的工序较为复杂，木板、沙土、布条等不可或缺，沙土铺在木板上，谷种均匀地撒在沙土上，在这过程中，沙土的选择、温度的掌控、"起秧"时机的把握尤为重要，温度过低出不了苗，过高谷种容易腐烂，任何一个环节的失算都有可能导致打谷种环节的失败。在一定程度上，打谷种技术的好坏直接影响谷种的出苗率及稻谷收成。

一般来讲，"一家一户"即可单独完成"打种"环节，但也存在着家庭之间因生产经验的互通有无而产生的联合，多发生在分家之初的兄弟之间或父子之间。分家之后，兄弟或父子分属于不同的家庭，各自成为经济、政治、社会活动的独立单元，在日常生产生活，尤其是家庭生产经营上，先赋性的关系不断弱化，对关系相关主体的强制性、伦理性控制逐渐减少。虽然父子依然是父子、兄弟依然是兄弟，但个体关系更多地隐匿于家庭与家庭的关系之中，父对子之生产生活的笼罩性权力逐渐地被相对平等的交换性合作所替代，兄友弟恭的伦理秩序也随着家庭分化而向家庭理性合作的方向发展。因此，即使父子或兄弟关系，相互之间的打谷种联合也更多是经验与劳力的合作，而非基于谷种或秧苗的合作，采取"合力不合板"的合作模式。

具体以琚银冬、琚火林两兄弟及其父亲三家之间的打谷联合为例。在打谷种之前，三家根据自家的水田经营面积独立准备好木板、谷种等材料，而后，琚银冬与琚火林两兄弟在父亲的指导下合力担回足够沙土，并均匀地铺于木板上，一切准备就绪，父亲在各自的木板上分别撒上三家对应的谷种，温度、湿度、出苗等环节由经验丰富的父亲照看，待到"移秧"时机成熟，各自搬走自家的秧苗，移栽到秧苗地里，至此，合作结束。"合力不合板"在村落内之所以比较流行的原因主要有两点：

一方面各家谷种好坏不一，打出来的秧苗质量也难以统一，好的谷种出苗相对均匀，折损少，谷种不好，出苗率就无法保证。同时，在糊口困难的年代，兄弟、父子、堂兄弟、叔伯等人之间借谷种要以同等数额的谷物兑换，而非赠送，人们预留的谷种与自家水田面积基本匹配，并不会无缘无故地多打谷种用作备用，这就使临时借秧苗十分困难。这样一来，混合谷种不利于区分，农户之间容易因争得好秧苗或抢到足够的秧苗而引发矛盾与纠纷；另一方面，谷种好的农户愿合力而不愿"合板"。在他们看来，担沙子、抬水等气力活谁多干或少干无关紧要。但"合板"意味着吃亏，即使兄弟之间、父子之间亦是如此，分家之后，各顾各，家庭理性主义凸显，即使合板，也不会混着撒种，会事先在板子上标好界限。

2. 生活：差序中的均衡

"以己为中心，像石子一般投入水中，和别人所联系成的社会关系，不像团体中的分子一般大家立在一个水平面上的，而是像水波纹一般，一圈圈推出去，愈推愈远"[①]，在塔湾村，村民生活合作对象的选择呈现出差序性特征。家庭生活中，尤其是人情交往、红白喜事等大事中，人们会按照血缘亲属远近来进行合作，小亲族优先，在人们生活普遍紧张的年代，大多数家庭的人情、办红白喜事等生活方面的交换性合作仅发生在小亲族内部，甚至是更小范围内。当然，村落内那些有钱或有权人家的合作范围会大些，但也无法规避小亲族优先、均衡的基本态势与原则。

在塔湾村，小亲族生活交换合作主要包括以下几个方面：一是人情往来。人情往来，在当地也称"送情客往"，是村落小亲族内部家庭之间维系彼此亲缘关系的重要方式，与一般村民之间的往来相比，小亲族内部的往来是相对固定的，是血缘关系的人情表达，只要相互之间关系

---

① 费孝通：《乡土中国　生育制度》，北京大学出版社1998年版，第27页。

关系、规则与乡村治理：赣东北塔湾村的秩序表达

未恶化至不相来往，人情合作就将继续。过年前后，小亲族要相互拜年，并轮流请吃"年酒"，一般不需要带礼物，客气的堂兄弟或叔伯会提点"便手"（小礼物），收到"便手"的人下次要悉数回礼。小亲族成员家办红白喜事时，其他成员要打礼参加，"礼"的厚薄与双方关系亲疏远近有关，关系越亲，礼越厚。同样，村民家中有人生病或遭遇不测，小亲族内的其他成员要主动探望；二是酒宴帮客。村民家中举办婚丧嫁娶、乔迁、本生、及第等酒席时，单家独户根本无法完成，这就要请人帮忙，小亲族为首选，只有当人手不够时才会另寻他人。作为小亲族的兄弟、叔伯、堂兄弟等在接到主家正式或非正式邀请之后也要在第一时间赶去帮忙，或招待宾客，或安排酒席，按照主家或酒席礼宾的安排，各司其职。小亲族帮客的责任大于其他帮客，"主请不得辞"，主家也不用额外的报酬。

无论是人情往来，还是酒宴帮客，都同时具有差序性与均衡性双重特征，在同等情境下，关系亲的优先于关系次亲的，以此类推。"有来有去，多来多去，少来少去"是村落村民人情交往的基本准则，即人情往来是对等和相互的，送礼—回礼，请—回请，送情—还情，欠情—还情。有来无去或有去无回的人情合作是不可持续的，如 A 家办酒，B 家该来的而没有来，那么，下次 B 家办酒，A 也不会去，A、B 两家就会就此"歇亲"，即断了关系及日后的往来，这也成为村民主动"歇亲"的主要途径。同样，A 家里发生了不顺心的事情，如果 B 及时去 A 家慰问，则 A 会认为 B 在自己有难时能够及时给予关照，值得继续交往；反之，A 觉得 B 不行，不讲情分，枉为亲朋的身份，以后就断绝与 B 的交往，A 不交，久而久之，B 则不会再往，双方就会自然而然地被排斥在人情合作之外。比如，陈金水的父亲生大病，大伯一家自始至终都没有来探望，他们就觉得大伯不行，自己的亲弟弟生病了，作为哥哥的都不关心一下，有悖常情，后来，大伯家孙子办满月，陈金水的父亲就没有去打礼，无来则无往，慢慢地，两家就断了"来去"（往来）。当然，村民也可以借

助人情往来这一契机恢复双方关系。帮客亦是如此，用老人的话来讲，即你家办事我来帮，我家办事你也推辞不掉。

总之，双方关系越亲近，就越看重交往的对等性。无论是生活方面的何种合作，一旦双方的付出与收获不对等时，一方便会心生埋怨，随着不对等性的增加，双方交往嫌隙逐渐增大，最终导致交往关系难以为继。

此外，小亲族内农户之间，尤其是父子或亲兄弟之间的祭祖合作偶有发生。逢年过节时，共用厅堂的父子、兄弟、叔侄等人合作祭拜祖先，每家各出几个菜，蜡烛和鞭炮共用，费用均摊，香纸钱各家准备，由屋里面辈分最高或年岁最长的人主持仪式。当然，如果共用厅堂者关系不好，合作便不会产生。建有独立房屋的小亲族成员之间即使在一起过年，也要事先在自己厅堂独自完成祭拜仪式。在村民看来，厅堂不"请祖公"意味着家门"无人"或"不兴"，同时，冷落自家厅堂的祖先，会让家户陷入无先人庇佑的处境。上坟祭拜合作的情况与之相似。由此可见，小亲族内成员之间的祭祖合作仅仅是一种血缘联结基础上的功能性合作，表现出较强的实用主义与家庭理性色彩，一旦这种合作有碍于家庭利益最大化或出现权责不均衡的现象，合作就可能崩塌。正如斐迪南·滕尼斯所言：惯例的交际中，"在实际上，人人都想着自己，而且都在努力实现他的重要性和他的好处"。①

3. 交换：竞争性排斥

在塔湾村，部分琚姓村民从事榨包②生产与销售活动，其他村民在农闲时期也会批发榨包去卖，补贴家用。在批发榨包时，买卖双方通常会尽量避开在亲族内部进行交易。买家更愿意去别家订购榨包，卖家也

---

① [德]斐迪南·滕尼斯：《共同体与社会：纯粹社会学的基本概念》，林荣远译，北京大学出版社2010年版，第89页。
② 榨包是一种用小竹子编成的可变形的筐子，用于榨米糖、酿酒等，在机器生产普及之前，是早期糖厂、酒厂及农家做米糖必不可少的器具。全上饶市，甚至江西省内仅塔湾村部分琚姓村民掌握这门手艺。除了本县，榨包还常销往上饶、鄱阳、南昌、景德镇、贵溪、鹰潭等地。

不希望他们来自家批发，原因在于血亲关系不好讲价，价格定低了，卖家划不来，定高了，买家会认为对方不顾及血缘伦理与情面而心存芥蒂，进而对双方关系造成威胁。小亲族成员要自用少数几个榨包时，制作榨包的农户会选择赠送，收钱不仁义，收了钱，相互之间的情谊就丢了，买卖双方都会尽量将与自己处于同一小亲族的村民排斥在交换圈之外。这与费孝通对血缘关系在社会活动方面之限度的阐释不谋而合，"在亲密的血缘社会中商业是不能存在的。这并不是说这种社会不会发生交易，而是说他们的交易是以人情来维持的，是相互馈赠的方式"①。

如果小亲族成员是制作或销售榨包的同行，那么相互之间的同行竞争关系凸现，血缘亲情关系则隐匿弱化。"同行不同路"，即使是兄弟、叔伯、堂兄弟等关系之人出门跑销路，除非去鹰潭一年一度的"漾会"等大型农产品展销会，平常相互之间不会互相邀约结伴而行，只会在暗地里打听或听风。知晓其他人要去的集市之后，村民就会选择去别的地方，无论路近路远，大家都会避免相互撞在一起。即使撞在一起，他们也会自觉地隔开一段距离叫卖，并私下沟通分配下次各自的去处。

据村内制作与销售榨包的琚树齐老人讲述，"各做各的，各卖各的"是塔湾村榨包人之间关系的真实写照。作为小篾手艺的一种，围榨包的手艺简单易学，男女老少都可以各自独当一面，家庭产量与家户人口数量密切相关，人头多产量高，小孩多产量高。在榨包销售上，大多靠祖宗的人脉、经验和自己的能力吃饭。各个独立生产经营的家庭在生产和销售都各自为政，互相竞争，不会共享有效信息，仅在自家榨包产量跟不上买家需求时，才会在小亲族内部依据关系亲疏远近与好坏来互通有无。如琚树齐从业经验老到，跑销售的能力较强，有一次到鹰潭谈成了大宗订单，由于工期较紧迫，自家根本无力按时完成，于是将订单分了一部分给自己不善言辞交际的弟弟，但这种互通有无的现象较为少见。

---

① 费孝通：《乡土中国　生育制度》，北京大学出版社1998年版，第74页。

在塔湾村，一次小亲族范围内的榨包统一销售尝试的失败将家庭交换关系格局展现得淋漓尽致，小亲族成员之间利益交换关系与血缘伦理关系的此消彼长直接影响着人们行为规则的选择。琚树齐的爷爷常年跑外销，认识了榨包销售的大客户德先生，在与德先生有了较长时间的固定生意往来之后，琚老先生念于亲族情谊，想统一价格和销路，带领兄弟、叔伯、堂兄弟等人共同发展。于是，他就去南昌与德先生协商约定，拿下榨包供应权，但由德先生定价。回去之后，他就把小亲族内各家喊来商量，很快便谈拢了。然而，不到一年的时间，其中一位兄弟因德先生迟迟未来收货而担心自家蒙受损失，就向德先生写信，催促德先生收货，如果不赶紧收货，日后就不往南昌装货了。德先生收到信之后，直接终止了协议，只同意与琚老先生一个人往来。这样一来，第一次销售合作以失败告终。对于失败的原因，琚树齐老人这样解释：

德先生觉得我们这一大家做榨包的没得弄，话事（说话）不值钱，就因为一个人的一句话，协议就结束了，然后就各卖各的，人心隔肚皮，再亲的人，心思也不一样，大家都怕自己吃亏。[1]

二 仪式化家族及其治理

林兰友概括了宗族的十二大要素，即共同始祖、谱系联结、同姓不婚、血缘纽带、宗族认同、宗族组织、集体活动、族规家法、亲属网络、聚族而居、公有财产、祭祀场所。[2] 如果以此为标准来衡定村落宗族发育程度，那么在传统时期的塔湾村，确实存在着某些宗族的痕迹，家族以"同姓会"的形式存在。然而，由于村落内，多姓氏共居，且以家户为基本经营单元自给自足的小农经济为主，多数财产为家户

---

[1] 来源于琚树齐老人的访谈资料。
[2] 兰林友：《宗族组织与村落政治：同姓不同宗的本土解说》，《广西民族大学学报》（哲学社会科学版）2011 年第 6 期。

私有，各家族祖业仅限于少数的"会田"和功能异化的公共空间，宗族缺乏壮大、发展及延绵的经济基础。因此，各家族内成员的家族认同感弱，血缘纽带联结较为松散，与华南庞大、复杂、联合式的宗族相比，村落的宗族不仅缺乏共产，而且缺乏强大的同族意识。总体而言，在塔湾村，家族是一个散漫的血缘型集团，并未形成笼罩性的力量，血缘联结纽带在日常生产、生活及交往中不断地被地缘关系、利益关系等分裂与切割。以家族为单元的集体行动大多是一种表达性、仪式性的活动。

（一）责任与变通：会首的治权

在塔湾村，宗族意义上的家族又称"会"，"同姓一家族"，"一姓一会"，会首相当于家族的族长。传统时期，会首由家族内各大家的"家首"公开推选产生，并非由村落大头首、保长等人任命，也无须经过他们及其他家族的同意。在家族范围内，血缘等级关系是会首资格的"敲门砖"，个人魅力与家庭背景也不可或缺，只有那些为人正直，处事公道，在家族内有较高威望和"话份"（话语权），有点学识，家境较为殷实且"人势"（家中兄弟多）较强，辈分较高的长辈方有资格胜任。作为家族之首，他是整个基于父系血缘联合而成家族社会群体的代言人，掌握着对内治理与对外代表家族的权力，在家族内部的权威与地位是一般人无法匹及的。

1. 家族共产管理：血缘优先

马克思在解密农村公社为何解体时曾指出："英国'笨蛋们'任意歪曲公社所有制的性质，造成了有害的后果。把公社土地按区分割，削弱了互相帮助和互相支持的原则，这是公社—氏族团体的生命攸关的原则。"[①] 同样，在家族团体内，共同财产亦是维系各家族内聚力与认同的

---

① 《马克思恩格斯全集》第四十五卷，人民出版社1985年版，第298页。

经济基础，也是会首治权的首要体现。

在塔湾村，各姓氏会上均有少量的共同财产，且实力相当。琚氏家族共约 8 亩会田，1 座占地约 100 平方的小祠堂，1 块晒谷场；毛氏会上约 6 亩会田，1 块晒谷场；陈、程两姓各约 4 亩会田。除琚姓有小祠堂外，其他各姓的祠堂均不在本村。各家族共产由各自会首亲自代为管理，包括会田是否出租及如何经营，小祠堂用为何用，田租及其他形式的会上经费如何支配等的决策，未另设专门的财产管理人员。

会田管理主要涉及经营与买卖，其中，经营为常态内容。莫里斯·弗里德曼总结出了中国东南宗族土地经营运作的两种模式，即向佃农出租并将地租用于群体利益的集中模式和土地在群体成员中轮值的模式。① 塔湾村各家族的会田采取第一种模式进行经营管理，即出租，由会首决定租给谁。然而，会首在选择出租对象时要遵循相应的规则，即家族成员享有租种的优先权，只有在本家族内无人承租时，方可在外族招租，否则将会遭到其他家族成员的抵抗。由于本村落内人地矛盾较为突出，会田通常由本族村民承租耕种。一般而言，谁想租田，先向会首申请，在血缘优先的原则下，再由会首根据农户生产能力高低及其与对方关系的好坏来最终敲定人选，在能力相当的情况下，他会优先将田地出租给与自己关系亲近的农户。例如，村民 A、B 同属于琚姓家族，两者生产能力所差无几，但 A 与会首为叔侄关系，B 不是，则 A 会优先租得会田；两者与会首位于同一关系圈层内，但 B 的生产能力更强，则 B 会优先租得会田。无论租给谁，收取租金与当地流行的标准一致，不可偏颇。恰逢天灾人祸之时，租户可向会首申请减免租金，是否减免及减免多少由会首自行决定，但事后要通告其他家族成员。会田租金通常用于修谱、修路、招待华宗、祭冬、安葬乞丐等族内外公共事务，几乎不用于族内救助。

---

① [美] 莫里斯·弗里德曼：《中国东南的宗族组织》，刘晓春译，上海人民出版社 2000 年版，第 94 页。

此外，由于各家族规模小，共产少，买卖人人有份的共产牵涉利益复杂，且通常被认作是冒天下之大不韪之行为，村落内会田买卖十分少见。但当有人提议土地买卖，会首支持，且通过多数家族成员同意时，可以买卖会田。买卖会田也无法规避血缘优先这一基本原则，买卖秩序与出租类似，先本族，后外族，同为本族或外族时，与会首关系亲近的农户成功购得或售出田地的可能性大于其他农户。

琚氏和毛氏各自的晒谷场，每年晒谷旺季，只准本族农户使用，不用事先跟会首打招呼，遵循"先到先得"的原则。淡季时节，在征得对方会首同意的情况下，陈、程等外姓农户也能使用晒谷场，但要在使用后及时清理归还，如不及时清理，会首会出面干涉，日后该村民也难以再借到晒谷场，当外姓与本姓村民在使用时间上发生冲突时，必须紧本姓村民先用。

琚氏小祠堂——大堂前的管理也是如此，除冬至日举行祠堂"祭冬"之外，平日很少开放，主要用于龙船、龙头、桌凳等家族公共物品的存放，钥匙由会首保管。大堂前如何使用由会首说了算，一般不会租或借给外姓人使用。本家族内有农户想借小祠堂暂时存放木料等物品时，要征得会首同意，但即使符合血缘层次要求，与会首关系不好的族人也难以借用。如1945年前后，琚树齐的大伯之所以能借住在大堂前，主要倚仗他爷爷与会首相交甚好。

2. 纠纷调处：公事先行

"族长实等于宗族的执法者及仲裁者，族长在这方面的权威是至高的，族内的纠纷往往经他一言而决，其效力不下于法官。有的权力甚至为法律所承认。"[①] 在塔湾村，会首亦充当着仲裁者的角色。然而，在规模小、会产少、组织关系松散、内聚力小的家族内，他们主动参与调解、仲裁的纠纷通常是关乎家族利益或家族共产的族内或族际纠

---

① 瞿同祖：《中国法律与中国社会》，中华书局1981年版，第23页。

纷、家族成员之间及其与外族村民之间规模化或不可控的冲突，秉持"公事先行"的调处原则。具体包括不同家族村民在斗船时发生口角，外村或外姓村民偷砍族内祖宗山，家族内村民抢占晒谷场、抢租"会田"或破坏"会田"、祠堂、晒谷场、祖坟等家族共产引发的冲突，族内"一大家"之间发生矛盾等，这些矛盾冲突均由会首主动介入仲裁。如陈择雨老人回忆，村落里有户姓陈的农户租种了会田，年底要退租，却未在规定的时间通知新租户来撒红花草，从而错过了养田的最佳时机，导致新租户退租，为此，陈氏家族会首主动出面，责令该农户继续租种会田。

会首对于其介入范畴的族内纠纷调处以族规、家训、惯习等规则为裁定参照，家族利益至上，以劝诱、训导等柔性手段为主，集众的公开教训或处置十分少见。塔湾村的多数受访老人从未见过各自家族的会首公开审理族人违背族规或祖训的场面，只有陈择雨老人在年幼时见过偷盗成性、屡教不改的一位陈姓村民到金家畈偷牛被当地村民扭送回村，在对方要求及其家人的默许下，会首集结其他村民，请族内辈分高的老人公开审理了偷牛案，责令偷盗者归还耕牛与赔礼道歉之后，会首让偷盗者的兄长施行仗罚，终了此事，以儆效尤。由此可见，事实上，在塔湾村，那些被强宗、强族奉为约束、审视、裁定族人行为之"金科律例"的族规却是柔性的，往往是空有形式的参照体系，其中充满了变通。

对于家族内部成员之间、家庭内部的日常生产、生活及交往纠纷，会首一般不会主动介入调解。比如，对于不终养老人的不孝行为，沉溺赌博或懒惰成性的不良之举，丧夫之妇改嫁或不守妇道等违背族规、家训或惯习的行为，会首不会横加管束，而是将其划归为家庭或小亲族"私事"，即使在"家主"或当事人邀请之后介入纠纷调处，也以劝导为主，重在理断是非曲直，不会强迫涉事双方接受或执行调解结果，全凭他们个人意愿。对于触犯法律之举，亦是如此，只有当村民来邀请时，会首方才出面，如陈帝光的爷爷并未因其以惩教败家子之名失手打死亲生儿子而受到会首的惩罚。同样，对于家族成员与保甲长等国家政权代理人之间因抓壮丁、赋税摊派等发生冲突，或陷入与他人的债务纠纷时，会首也多采取不管不顾的态度。

在塔湾村特定的家族关系中，会首虽为家族头领，但家族内部基于血缘关系的权力让渡并不足以让他们自愿承担起其职责范围之外或超越其自身能力的责任。当然，如果涉事族人与会首为至亲密友或攀上了关系，会首囿于关系责任也会介入纠纷之中。例如，程氏家族中有户人家遭遇邻村村民逼债，整日东躲西藏，其会首念于平日里与该户人家家主的好交情，出面为他与债主协调。按照当地的规矩，一旦会首出面，逼债人多少会卖点面子，有所收敛，于是同意再宽限一段时间，但也仅限于此，会首并不会因为双方的好交情而帮忙还债，还款最后期限到来时，如村民仍无钱可还，只能"摊家"还债，会首也只会见证和监督整个过程，最大限度地保护村民的利益。

3. 治权的限度："家""族"冲突

一般来讲，家族首领对内享有治理家族的权力，对外代表整个家族，但由于个案村落内各家族规模小，表征治权的家族共产、祠堂、族谱、族规等联合要素薄弱，尤其是作为宗族发展经济基础的共产缺失，导致了家族力量的非笼罩性特征，家族的内聚性及整合功能有限，进一步使得以此为依托的会首治权呈现仪式化、限度化倾向。

塔湾村各个会共同财产很少，会首账面上管的没什么经费，比如我们琚家8亩会田，平均一年就十来担谷的租，你会首想搞个什么集体的事情，会上钱不够，要么不办，要么上各家各户凑钱，不凑钱，事情就办不起来，会首手面上没掌握什么钱，说话办事硬不起来，争不起气。会小，会首的权威就小，会大，权威就大，这是有规定的。①

---

① 来源于塔湾村琚桦齐老人的访谈资料。

第四章 轻重相权：亲族关系下的混合性治理

在塔湾村，原则上，会首对家族公共事务享有最终的决定权，但决策过程通常也要考虑到各大家"家首"及其他家族成员的意愿。在面对会田买卖等涉及家族共产产权变更事宜时，会首要召集"家首"开会讨论，得到半数以上农户的默许之后，方可进入交易程序。也就是说，会首在家族共产买卖上的权力是有边界的，一旦僭越，就会遭到反对。对于整个家族而言，会田等共产收入主要用于集体性祭祀等以家族为单元的仪式性活动支出，这些活动是家族兴旺的重要表现，因出售共产导致会上经费的长期来源中断，意味着家族成员可能要以均摊或捐赠的形式参与活动经费的筹集。在糊口不易，甚至有钱人家也不敢铺张的年代，对于普通农户来讲，这无疑是一项额外的负担。为避免不必要的麻烦，明哲保身，会首并不会轻易提议或同意家族共产买卖，更不会因此成为众矢之的。故而，村落内以会田为主的共产买卖较为少见。

同样，针对家族内修缮祠堂、招待华宗、修谱、家族聚餐等公共活动，在决策之前，会首会事先核算会上的财务状况，如果会上经费足以支付活动开销，那么会首可自行敲定，而后通知其他家族成员即可，通常不会遭到反对，毕竟公款公用，而且在一定意义上，家族仪式性活动是村民将"公"（家族）转化为"私"（家庭）的间接途径，或精神层面，如满足集体荣誉感，或物质层面，如聚餐饱食一顿。如果会上经费短缺，需要在族内另筹款项，那么会首不能按照一己之心来独自决定是否举办公共仪式，还必须将家族成员的摊款意愿及限度考虑在内。如果家族内多数成员无意为聚餐、修缮祠堂、修族谱等活动埋单，或会首凭借一己之力无法凑够经费时，那么会首就会尽量减少或直接放弃举办公共活动，必要的集体性仪式除外。即使在多数人的支持下，决议举办活动，会首也会紧着会费先开支，最大限度地降低开销，力将超支部分控制在族人可承受的范围之内。

为更好地说明家族治权的限度，此处以修缮祠堂为例全景式地展现各家族内会首关于公共活动的决策过程。在塔湾村，仅有琚氏家族在本村内有着功能异化的小祠堂,修缮祠堂或由会首提议,征得三分之二以上家族成员的同意,或由村民提议,征得会首及多数村民的一致同意。要是琚氏家族会上经费充足,修缮祠堂的提议就容易通过;反之,不到万不得已时,包括会首在内的家族成员不会轻易提出修缮祠堂的要求。通过走访调查可知,自琚氏小祠堂落成之日起,大规模的修缮次数不多,特别是随着琚氏祠堂功能的不断弱化与去宗祠化,以时不时修瓦捡漏的低成本修补为主。对于琚氏会首而言,不得人心、不顾民意的经费摊派吃力不讨好,还可能引发不必要的矛盾纠纷,进而让自己陷入四面楚歌的境地;于家族成员而言,各家各户忙于生计,无暇、无心、无力置身祠堂修缮事宜。

各个家族公共活动经费的筹集主要采取均摊的形式,一方面,村落内的老板(财主)财力有限,他们对家中财产的看重程度不亚于普通村民,几乎没有人愿意为促成家族性的集体活动而自愿多摊款项;另一方面,均摊是本分,多摊是心意,会首及其他成员无法采用强制性手段迫使老板们多摊,处处表现出平均主义的色彩。

此外,家族公共活动的经费来源于何处,无论是会上经费,还是家族成员筹集而得,在村民眼中均属于"公"的范畴,活动结束之后,经费收支明细要通过书面或口头的形式告知众人,接受家族成员监督,即"公有公用也要明算账"。任何一次集体活动收支账目的失误,直接影响会首的权威。

一分一毫都要算明白,不明算账,有些二万贯子(不着调的人)要搞事情的,听我婆婆话过一些事,毛家就有个二百五讲会首招待华宗的时候,嚓舌(说谎)了,把会上的钱拿出去自己请客吃茶了,搞得会首脸面都没了,吃了亏,在外头说不起话来。①

可以说,在家族内部结构残缺及家族与家庭双重贫困的塔湾村,家族对内整合及控制乏力,会首治权的广度与深度受限,在无其他强有力的控制性资源支撑的情况下,单纯地凭借血缘纽带及其伦理规范,家族

---

① 来源于塔湾村琚树齐老人的访谈资料。

并不足以制止单个家庭追求最大化的离心冲动与行为。同时，各家族会首的权威在祖赋的基础上，更多地来源于家族内其他成员的认同及权力的让渡。当会首一再僭越治权边界时，治权的认同基础会逐渐崩塌，在家族成员和老一辈的支持下，家族内各小亲族"家首"可联合罢免他。当然，塔湾村各家族规模小，公共事务少，会首与家族成员之间的冲突少，几乎不存在直接罢免会首的现象。村落内各家族均未形成强大的家族利益，集体行动所基于的家族利益脆弱，它们更多地表现为家族内各自家庭理性与利益的捆绑或集合。从这个意义上讲，会首治权的限度体现了家族关系治理中的家庭理性。

（二）制衡与分化：家族的交往仪式

日本学者福武直指出："华中地区村落少有大姓宗族，而且宗族规模往往非常小，村落内部的血缘集合程度微弱"[1]，塔湾村的家族格局便是如此。一方面，各家族或村落在超越家庭之外并未凝聚成笼罩性力量，血缘纽带较为松散，单个家族成员在日常生产、生活及交往中较为自由，尤其在经济领域。基于血缘关系的同族互助或交往观念淡薄，且无强制性规定，家庭之间往往不会单纯地因同为某一家族成员而必须交往、互助或合作，相互之间关系的好坏往往起着更大作用。通常只有在关系好坏程度相当时，血缘的优先性才会凸显，形成一定的家族偏好。比如，借粮、借钱、租佃等活动倾向于找本族内的地主老板，消遣娱乐、建屋搭角等活动更乐意找本家族成员；另一方面，虽然各家族内基于血缘关系产生的黏合度较低，家族意识较模糊，但在家族内部依然形成了一些普遍性、强制性的伦理性规则体系，指导、限制或规范着处于相应家族关系中人的交往行为。

---

[1] ［日］福武直：《中国农村社会的构造》，转引自周选和、焦长权《中国农村研究的日本视野："共同体"理论的东渐、论战与再认》，《清华社会学评论》2022年第1期。

1. 制衡式互助

在塔湾村，同族人之间在丧葬仪式、阖族公共事务上的互助具有一定的伦理强制性，基于血缘关系形成制衡式互助。丧葬为大事，由于各个家族规模十分有限，以十来户居多。中华人民共和国成立前夕，村落内共67户，其中，琚24户，毛19户，陈13户，程11户，仅凭单个家庭或小亲族无法完成相关事宜，这就需要族内互助。按照村落规矩和孝道要求，在白事中，"八抬官"（扛抬棺木之人）不可或缺，由8人、12人或16人组成，具体请多少官与逝者家势的大小及其所在家族兴旺程度直接相关。"八抬官"主要负责抬棺与筑坟，待遇较为丰厚，管饭三餐，外加4—5斗谷的报酬。然而，除至亲或素有人情往来的族人之外，被邀请出任"八抬官，无须由此与主家产生人情往来"。

丧葬请"八抬官"要遵守一定的请"官"规则：一是同姓优先。村落内自古有"同姓不抬异姓棺"的传统，同宗族先于不同宗族的同姓，而同姓又先于异姓。村落内同族中实在无官可出时，才能请关系好且素有人情往来的异姓充当"八抬官"，在偏好生儿子的年代，请异姓抬棺的现象着实鲜见，如非出于顶好的关系或互惠需求，村民通常也不会参与外族的丧葬互助；二是族内每房至少出一"官"。村落内人丁兴旺的宗族每房出1人即可，若房门数量不足，则各房门协商如何出官，至少要凑足8官。倘若某一房内没有合适的人选，那么，即使是十六岁的毛头小子也要开肩（指从未当过"八抬官"的人首次抬棺）上阵，出于安全考虑，为六十岁以上并且女儿多的老人抬棺是"开肩"的首选。"开肩"之后，就顺理成章地成为"八抬官"的一员，必须遵守"八抬官"的规矩；三是"官随主，请必应"。"死者为大"，受请的"八抬官"不能随意推诿拒绝主家的邀请，当村落同族内"八抬官"数量较多，则按照关系亲疏来请叫，或"官"随主便，叫请到谁，谁便要出官。如果有人刻意拒绝，那么他将会受到同族其他成员，甚至整个村落村民的指责与嘲讽，当其家中有人去世需要请"八抬官"时，就可能叫请不到人帮忙。据村落老人讲述，当年有三兄弟几乎不赶至亲之外的红白喜事人情，更不用说去给人抬棺了。等他父亲去世之后，其他人也以同样的态度拒绝了他们的邀请，请了一圈也无法凑齐"八抬官"的阵容，最终，由他们的"家首"出面挨家求请，葬礼才得以顺利进行。

除丧葬仪式之外，家族成员还有责任参与家族内如祭祀、修路、安葬等公共活动的互助。虽然，根据前文论述，修族谱、祭冬、修祖坟等事宜需要将家族成员的意愿考虑在内方可最终决策，但是一旦决定开展之后，家族内的所有家庭，无论为何身份、社会地位怎样、与会首关系如何，均要参与。当家族财务资金不足以支撑开销，或需要劳力支持时，各家各户就要承担摊派，摊到多少出多少。

在当地村民看来，出任"八抬官"或义务地参与家族内组织的公共仪式活动是作为同一家族成员囿于血缘关系的伦理性责任，具有强制性、潜在互惠性、制衡性的特点。弗朗西斯·福山曾指出："如果人们认识到他们将在一个有限的社会里一直共同生活下去，而且社会内持续的合作会得到奖励，他们就会看重自己的声誉，并积极参与监督和惩罚那些破坏群体规则的人。"[1] 因此，只要同属于某一基于血缘纽带联合而成的家族集团内，就必须要遵循上述不成文的规则，也只有这样才能得到同等的礼遇，一旦有人破坏或逾越之，就会受到相应的惩罚，甚至集体性抵制。

2. 个体化的交往

在塔湾村，一方面，家族成员多居住在同一屋场内，如琚氏家族与陈氏家族杂居于村落的上湾，程氏与毛氏家族则杂居于下湾，另有一小部分陈、程农户散居于中湾，此种"村落大散居，家族小聚居"的居住

---

[1] ［美］弗朗西斯·福山：《大断裂：人类本性与社会秩序的重建》，唐磊译，广西师范大学出版社2015年版，第195页。

格局，构成了相互之间交往的地缘优势；另一方面家族成员囿于血缘纽带交往于各种诸如家族祭祀、"出横"、修族谱、安葬乞丐、招待华宗等家族公共事务及丧葬等互助之中，这为互相之间增强情感，进一步培养亲密关系提供了机会。在此情境下，与外族人相比，同一家族内农户之间的交往更为频繁，在一定程度上形成了交往偏好和人情责任。如正月初一，家族成员之间要相互拜年，无论对方是地主老板、保甲长、会首、大头首或其他威望之人，不分贫富贵贱，按照辈分顺序逐一拜会，先给至亲的长辈拜年，再给同姓辈分最高的人拜年，同辈或辈分不高的则一路顺着拜，向爷爷辈拜年要下跪，辈分高的老人或扩大化家庭中的家主一般不出门拜年，由儿子牵头完成。拜年不用带礼物，不在别人家吃饭，但主家会拿出事先备好的糕点或其他小食招待。只要双方未发生明显的冲突，大年初一就要互相拜年，不去或不来，双方心里就会有想法，可能影响双方既有关系的维系。

在塔湾村，虽然各家族试图通过某些族内集体性的活动及基于血缘伦理的强制性来凝聚或维持家族这一松散的血缘组织，但由于家族—亲族—家庭的一层层剥离，家族层面的血缘关系及其衍生而出的情感较为疏远和单薄，再加上家族内其他可整合性资源的缺乏，族内各家庭之间交往的伦理性较弱，如果单纯地从血缘限度来解读，那么他们之间"没有多少交往，也缺少互助的精神"[1]。同时，在日常经济、社会及政治交往中，家族内部成员之间的交往受到身份地位、情感、利益等因素的限制。即使在家族集体行动中，上述分化因素亦发挥着作用，如在修族谱的出谱仪式上，要用轿子把有钱、有权或有威望的长辈抬到仪式现场来摆谱，以示本家族的繁衍盛况，在"出谱"酒席上，这些人也要上座。而普通族人却无此礼遇，不同地位的人被自然地分割开来，关系不好的族人在仪式或酒席上也会尽量避免产生交集。

---

[1] 杨懋春：《山东台头：一个中国村庄》，张雄等译，江苏人民出版社2001年版，第133页。

在同一家族内,村民通常会选择与自己家庭处于同一经济、社会阶层的、或年纪相仿、或性格相合、或爱好相通、或为人正派的人作为交往对象,与本家族内的地主老板、保甲长、会首、大头首等人的交往较少,不同阶层之间的交往往往带有目的性,多为事务性的接触,人情性、合作性、消遣性的常规往来较为少见。如村民与族内地主老板的日常往来多发生在租佃、借钱粮等经济领域,与会首的交往则集中于会产管理、公共事务或活动、纠纷调处请求等方面,而红白喜事、喝年酒、打牌、串门等方式的人情、生活往来很少发生,至亲好友或素有往来的关系除外。例如,地主琚仁列的老婆做人不好,且十分泼辣,琚性穷人家虽不喜欢,平日也尽量避免与之交往,但在青黄不接,粮食不够吃时,仍倾向于找本家族的琚仁列家借。

这一交往偏好也存在着一定的例外。对于喜欢打牌和赌博的村民而言,他们通常会忽略对方是谁,或地主老板等有钱人家,或保甲长家,或穷人家,哪里有牌打,就往哪里钻。当然,某些村民也会因为有求于人或出于想借势等私人的目的而想方设法主动和地主老板、会首、大头首、保甲长等不同阶层的人攀上关系,试图通过双方关系的改变而获得转化规则的契机。

3. 琚氏团拜中的"合"与"分"

在塔湾村,每年菩萨诞辰之日,琚氏家族要前往李梅岭白云观举行朝拜活动,当地人称之为"团拜"。在团拜活动交往中,家族内各成员之间、家族整体与家庭个体之间呈现出"合"与"分"相结合的关系调节格局。

余干县琚姓的人口多分布在社庚、瑞洪、菇里岭等地,与塔湾村琚姓为同宗关系。李梅岭白云观是社庚琚氏修建与掌管的庙宇,为支持华宗[①]及昭告世人琚氏宗族的延绵昌盛,全县范围内的琚氏都会在白云观

---

① 华宗,即同宗之人,是指村外的同姓同祖先之人。

举办庆典的当天前往朝拜，明面上为拜菩萨，暗地里不同村落的琚氏相互竞争，在朝拜路上敲锣打鼓、鸣炮，哪个村的排场大，派头足，就意味着哪个村的琚氏血脉兴旺，在一定程度上，琚氏团拜规模及排场直接关系到家族荣誉。琚氏村民基于血缘关系的伦理连带性而担负着维护家族名誉的责任。在此情境下，琚氏家族内的每个成员家庭至少派一人参加团拜，这一规定具有强制性，无论是老板、大头首、会首、保长、甲长、话公，还是普通村民，只要姓琚，均要参加朝拜仪式。如果有人一意孤行拒绝参加团拜，那么他将被认为是离心离德之人，日后在家族公共事务或活动中就会遭到区别对待与排斥，甚至失去话语权。琚氏之外的村民想加入团拜队伍，要事先征得团拜组织者——"龙头"的同意，即使加入，也只是结伴而行。

琚氏团拜的行程由"龙头"统筹安排，集体行动，即每年八月初八早上6点左右，村民相约在本村"社庙"集合，先祭拜"社公"，礼毕放鞭炮后，敲锣打鼓，意在告知本村村民及周边村落，塔湾村给观音大士祝寿的代表已出发，沿途每经过一个村就要放鞭炮。到达白云观，再次放鞭炮，通知观音大士、其他香客和道观管餐食的人，塔湾村琚氏已到庙参拜。在道观吃完中饭后，打道回府，回到"社庙"再次祭拜后，放鞭炮，队伍解散回家。"团拜"产生的一切费用，包括鞭炮、餐食、香烛等费用，由各户均摊。当然，在活动结束之后，"龙头"还要向琚姓村民和会首说明"团拜"活动的资金筹措与开支情况，并予以公示。

在阖家合力完成的集体活动中，"龙头"作为组织者，发挥着至关重要的作用。因此，家族成员之间互争"龙头"成为"分"的集中体现。"龙头"，因在朝拜队伍中要"背龙头"走在队伍的最前列而得名，团拜活动从开始到结束及下届"龙头"的产生均由其负责。在"团拜"结束之时，想在下年背"龙头"的村民向本届"龙头"自荐，再由琚氏家族的其他农户公开推选，遵从少数服从多数的原则。当然，如果会首提出要当"龙头"，不用自荐或公推，"龙头"非他莫属；如果会首亲自参加"团拜",那么在团拜过程中,"龙头"听从会首的指挥,并且,诸如带领族人祭拜"社公"、为首朝拜观音大士及调解团拜村民之间矛盾等象征权力与威望的事务转由会首执行。

通常情况下,家庭遭遇与人品是推选"龙头"的主要依据,如A、B两位村民竞选"龙头",A村民家中厄运连连,家运不济,且其自身为人正派,待人接物可圈可点,B村民家中生活十分困难,一直没有起色,但本人沉溺于赌博,说话做事不牢靠,那么多数农户会选A当"龙头"。在村民中人缘好的人胜算更大。

在塔湾村民看来,背龙头之人能受到观音大士的特殊关照,也正是对这一庇佑优先性的预期使家族成员之间时常为争抢龙头发生摩擦,甚至大打出手。据琚桦齐老人讲述,民国初年,琚内林与妻子结婚多年未生育子嗣,想在下一年团拜上背龙头,在举荐"龙头"之前,为提高胜算及保全面子,他特意打听其他村民当龙头的意愿,并私下达成初步一致。然而,在选任"龙头"当天,正当琚仁列准备向前任龙头及其他家族成员自荐时,半路杀出程咬金,琚银冬突然加入"龙头"的角逐,理由在于近一年来他家里遭遇诸多不顺,希望通过背龙头来驱除厄运,祈求菩萨庇佑。按照塔湾村的竞选规矩,1人竞选,自荐即可,而2人及以上人竞选,则自动进入由其他家庭成员公选的程序。这样一来,两人公开竞争,各执一词。琚内林认为无后乃关系到自家血脉能否存续,且多年来烧香拜佛收效甚微,为家族背龙头可以积攒"威光"(积德),更易求得菩萨保佑,而对方短期的家运不顺,平日里在家,或到本村、邻村的庙宇请愿即可,大可不必这般兴师动众。琚银冬则认为自家家运最重要,而求子非一朝一夕或背一次龙头便可成功的。两人都以自家的诉求更迫切为由互不相让,争执不休,在"龙头"多番协调之下,无人愿意主动承让,于是,决定投票产生下一届"龙头"。最终,通过对两家遭遇、人品及人缘等多重因素的权衡,为人更为正直、更"吃得开"的琚内林成功当选"龙头"。"龙头"之争尘埃落定之后,两家人就此结怨,基本断了往来。

尼尔·保尔森认为群体组织是由复杂的、动态的社会系统构成的，其中存在着各种相互依靠的关系网络，这种关系既有个人之间的，也有群体之间的，群体或个人之间的边界以及由此导致的竞争问题会不可避免地出现。按照组织内部应该相互依靠的规约的安排下，个人很少脱离其所在群体而单独发挥作用。[1] 由此可见，家族是一个血缘型集团，在琚氏团拜中，家族成员基于血缘纽带的聚合性与整合性将家族利益转化为家庭责任，为维护家族整体利益而遵循着相应的伦理连带规则，进而形成了"合"的格局。然而，由于家族规模小，内聚力差，且在日常生产、生活及交往中，家族血缘关系不断被地缘关系、利益关系等分裂与切割，家族边界与家庭边界，家庭之间的边界相互纠结与竞争，家庭实用主义凸显。团拜过程中，作为个体的家庭在自身利益受挫时，家庭趋利的价值取向压倒了家族血缘关系，于是便出现"分"的趋势。在村落仪式性的公共活动中，"合"与"分"并存是常态。

三　小结：亲族关系与混合治理

费正清认为，"从社会角度来看，村子里的中国人直到最近，主要还是按家族制组织起来的，其次才组成同一地区的邻里社会。村子通常由一群家庭和家族单位（各个世系）组成，他们世代相传，永久居住在那里，靠耕种某些祖传土地为生"。[2] 由此，众多学者将解剖中国传统社会中的家族制度及其治理机制当作解密中国乡村社会的钥匙。本章的主要目的是考察个案村家族关系及相应情境下的治理格局。

在塔湾村，家庭分化之后并未形成一个超家庭的笼罩性家族力量，

---

[1] ［英］尼尔·保尔森：《"我们现在是谁?"：群体特征、边界和（重新）组织过程》，［英］尼尔·保尔森、［英］托·赫尼斯编《组织边界管理：多元化观点》，佟博等译，经济管理出版社2005年版，第3—5页。

[2] ［美］费正清：《美国与中国》（第四版），张理京译，世界知识出版社1999年版，第25页。

第四章 轻重相权：亲族关系下的混合性治理

而是如费孝通的"差序格局"一般依据血缘关系的亲疏远近联合成为双重集体行动单元，即小亲族与家族（同姓会）。然而，由于缺乏诸如公产、严格的家规或族规体系等其他可控性力量，无论是小亲族，抑或家族的内聚力均是有限的，更多的是单个家庭与家庭之间松散的集合，较之作为个体生产、生活及交往基本单元的家庭而言，它们对于各自内部成员行为约束与关系调节的伦理性弱化，基于等级差序血缘关系的伦理性规范往往在表达性、仪式性的交往中发挥着更大的作用，其他领域，尤其是经济活动上，家庭主义凸显。莫里斯·弗里德曼曾指出，"依血缘所产生的亲亲之情总是无法避免因时代的繁衍而导致的血缘关系淡化和距离感的扩大"[1]，在一定程度上，村落内小亲族与家族内部成员之间更多地表现为一种交往型人情关系。在亲族内部，血缘不断淡化，但并未完全褪去，亲族关系仍然要受制于血缘影响，交往型人情关系追求对等性，血缘关系则更倾向于伦理性，因此，村民在进行行为规则选择时需要同时将血缘伦理连带性和家庭利益等因素考虑在内，轻重相权。

具体而言，在小亲族内，分化后的父子家庭、兄弟家庭、叔伯及堂兄弟家庭之间以各自家庭为依托进行经济、政治、社会交往活动，但困于单个家庭的不足及伦理义务牵制，他们又无法完全脱离小亲族，相互之间既独立，又依赖，由此产生作为小亲族首领的"家首"。"家首"是家主的延伸，家主将部分权力让渡给他，却无法成就家主式的权威，先赋性关系的强制性规则供给能力弱化，随之而来的是父子之间、兄弟之间的连带伦理责任约束力减小，各家庭在生产、生活、交换等方面合作的对等性、交换性、需求性特征越来越明显，如父子之间合作打谷种"合力不合板"，生活中的合作力求均衡，榨包等生意交换相互竞争与排斥，各关系主体之间关系的好坏也直接影响上述交换性合作的偏好；同时，在亲亲，尊尊的大文化传统下，血缘等级秩序也要求小亲族成员之

---

[1] 陈启钟：《明清闽南宗族意识的建构与强化》，厦门大学出版社2009年版，第221页。

间彼此负有柔性的伦理连带责任,如侄辈对孤寡叔伯的养老责任,"先遵亲至等得"的卖地规则以及基于血缘伦理的救济、保护等。

同样,在家族中,一个散漫的、小规模的血缘集团并未集合成强大的认同和整合力,血缘纽带在地缘、利益等关系的冲击下变得较为脆弱,家族权力对家庭的控制主要体现在仪式性活动中,就此形成了普遍性、强制性的伦理性规则体系,指导、限制或规范着处于相应家族关系中人的交往行为。如丧葬仪式中的制衡性互助,家族共产管理中的血缘优先,族内外纠纷调处中的公事优先等。然而,家族成员之间尚未聚合成为强大的、超越家庭理性的家族理性与共同利益,各个家庭根据自家的需求及与对方的交往关系权衡并选定相应的规则。

马克思曾指出,"把人和社会连接起来的唯一纽带是天然必要性,是需要和私人利益,是对他们财产和利己主义个人保护"①,但又不存在"作为封闭于自身、私人利益、私人任性、同时脱离社会整体的个人的人"②。在塔湾村,小亲族、家族在一定程度上即是一个缩小化的社会,其中,作为个体行动普遍性实体单元的家庭便相当于个人,相关关系主体追求家庭利益最大化的同时,受血缘性伦理连带的制约而又不得不保持维护其他主体或家族利益的理性。也就是说,在家族规模小,血缘集合程度弱的村落,随着家庭分化,亲族内各家庭之间关系的先赋性特征弱化,交往性因素凸显,在这一关系格局下,血缘、地缘、利益等一系列因素共同构筑了影响治理规则选择的关系基础,囿于血缘等级差序的伦理性规则与源于地缘、利缘等的交换性规则构成了亲族治理的规则秩序,轻重相权于某一特定的情境之中,此消彼长,恰如其分,衍生出一种混合型治理模式。

---

① 《马克思恩格斯全集》第一卷,人民出版社1956年版,第439页。
② 《马克思恩格斯全集》第一卷,人民出版社1956年版,第439页。

第五章

交换扩展：村落关系下的市场性治理

在传统农业社会，人们逐田地、逐水而居，土地的不可迁移性使得相对稳定的乡土社会成为可能。"许多人，或者许多在同一块土地上耕作、在同一个村庄里建造房屋的家庭，在一起生活。通过经济的、情感的联系而形成的这些'邻居'，组成了一个小社会：'乡村共同体'"①，村落小社会已然成为村民生产、生活及交往活动的主要空间载体。在这一空间内，充盈着各种关系，依据关系主体所处的不同场域划分，包括家庭内部成员之间的关系及小亲族关系、家族关系、村落关系等超越家庭之外的关系，离开各种关系，村民日常生活，甚至村落秩序便无法维持与延续。与之相对应，从关系类别来看，家庭内部关系属于血缘关系范畴，是先天性的，小亲族、家族内部关系则以血缘关系与伦理规制为底色，同时受到地缘、利益等关系因素的持续分裂与冲击，伦理性治理的效力与亲族内部血缘的结构性力量大小、整合功能的强弱直接相关。那么，在此基础上，超越家庭、亲族之外的村落层面上又会表现出何种关系格局呢？

关系作为研究村落治理的重要切入点，学界多数学者将血缘关系作为村落维度的基础性关系。如费孝通先生认为中国乡土社会多为血缘性

---

① [法] 马克·布洛赫：《法国农村史》，余中先、张朋浩、车耳译，商务印书馆1991年版，第172页。

关系、规则与乡村治理：赣东北塔湾村的秩序表达

社会，"'生于斯，死于斯'把人和地的姻缘固定了。生，也就是血，决定了他的地。世代间人口的繁殖，像一个根上长出的树苗，在地域上靠近在一伙。地域上的靠近可以说是血缘上亲疏的一种反映，区位是社会化了的空间"，在传统中国稳定的社会中，"血缘和地缘的合一是社区的原始状态"，"地缘不过是血缘的投影，不分离的"。① 在他看来，在实践中，中国乡土社会中的地缘"还没有独立成为一种构成团结力的关系"②。王晓毅、钱杭等亦持相似观点，即"在传统的农民社会中，地缘从属于血缘，血缘构成了农民社会联系的主要纽带，地缘只是血缘的补充。地缘作为一种独立的社会关系，在农村社会的作用很弱"③。然而，事实上，除典型的宗族性村落之外，由于历史、文化、战乱、经济等多方面原因，众多村落由多姓氏构成，它们内部固然也存在着以血缘为纽带的联结，并对发生在村落层面的事务产生一定的偏好性影响，但总体上而言，在村落维度上，人们之间的关系更多地表现为先天或人为建构的地缘关系、业缘关系及其他关系的联合，其中，地缘关系最为普遍。

塔湾村便属于这一村落类型范畴。家族、小亲族及家庭的外部不存在笼罩性的血缘力量，琚、陈、程、毛四大主姓氏家族势均力敌，与"浅住即出"的小姓氏共同杂居于此。在村落层面上，家户之间的关系缺乏结构性力量，与家庭或亲族内部关系相比较，这一关系相对松散，并表现出工具性、非强制性、利益性等特征，情感性成分相对薄弱。同时，一方面，为汲取更多的控制资源，试图将村落纳入官治体系，国家在乡村实行保甲制；另一方面，由于村落榨包行业的发展及村落外部日常交换或仪式性交往活动，村落内部与外部不可避免地发生联系，这样一来，村落关系便有所延伸与扩展。据前文论述，在家庭内部关系下，以等级差序为原则的伦理性治理为主，而在尚未形成笼罩性亲族力量的

---

① 费孝通：《乡土中国 生育制度》，北京大学出版社1998年版，第70页。
② 费孝通：《乡土中国 生育制度》，北京大学出版社1998年版，第71页。
③ 王晓毅：《血缘与地缘》，浙江人民出版社1993年版，第81页。

塔湾村，亲族内部自我调节过程中表现为混合性治理格局。那么，在塔湾村落关系格局下，又会表现出何种治理模式呢？关系与规则又是如何通过互动、互构来实现村落秩序呢？

一 理性与自由：家户互助合作秩序的生成

梁漱溟先生认为，与西方社会不同，中国社会是关系本位的，在这一社会系统中，不把重点放在任何一方，而从乎其关系，彼此相互交换，其重点实际放在关系上了①，关系已然成为理解中国人行为及社会真实结构的关键性概念。据前文论述，在多姓杂居的塔湾村，关系无处不在，村落维度上，家户之间的关系因亲族气息薄弱，缺乏整体性的血缘力量与组织而呈现出弱结构性与弱血缘性的特征，从而使家庭或亲族之外的家户在生产、生活、交往等方面，尤其是在经济互助与合作秩序的形塑中遵循着与之关系相匹配的规则与目的。

（一）"利长情消"：家户资产融通性合作的潜规则

马克思认为："人的本质不是单个人所固有的抽象物，在其现实性上，它是一切社会关系的总和"②，几乎无人可以完全脱离他人而独立地生存与发展，农业村落社会更是如此，家户之间的合作十分必要。塔湾村是一个整体经济水平较为落后，小涝小旱不断，且家户资产占有不均（民国末年，村落内约17%的人口占有全村近43%的田地）的村落。在这样一个村落内，家户资产融通性合作主要包括土地租佃与钱粮借贷。

1. 土地租佃

根据上述章节对地域社会的介绍可知，在塔湾村，人地关系紧张，

---

① 梁漱溟：《中国文化要义》，安徽师范大学出版社2014年版，第79页。
② 《马克思恩格斯选集》第一卷，人民出版社2012年版，第135页。

至少四分之三左右的农户需要在自耕的基础上额外租种本村地主老板的土地,方可勉强满足(以"吃饱饭"为标准)自家生产生活的基本需求。从具体的租佃实践来看,塔湾村的土地租佃多发生在本村,到民国末年,村落内共约125亩土地可供出租,其中25亩为有租佃限制的会田,那么,在租户多、田地少的情况下,土地租佃双方是何种关系及要遵循哪些规则呢?

(1)择租:"看能力定租户"

有余田出租的老板通常会在晚稻收割前口头发布招租消息。消息一经放出,有意租种的农户择日单独到老板家表达租入意愿,老板在报名农户中选择合适的租户。与土地买卖不同,择租户无须遵循血缘伦理的强制性要求,"看能力定租户"成为流行惯例。虽然在各户租种能力相当时,意向性偏好纵然存在,但总体上,能力高低是老板定租户的普遍规则,人情关系则位列其后。

"看能力"即看土地的耕种或土地生产能力,主要包括对劳动力和生产工具的数量与质量的考察。一般而言,租户是不可能也没有能力请工种田,即使是换工也要有"工"可换才行,因此,劳动力数量是否充足是老板选择租户最重要的条件之一,租种农户家中至少要有1个劳力,劳动力素质(技术与人品)亦不可或缺。在精耕细作的农业社会里,除去气候、水源等客观环境的影响,田地收成好坏与一个人是否勤劳肯干、是否熟练掌握所有稻作技能直接相关。除抢收抢种等稻作环节需要旁人辅助之外,1个好劳动力可以承耕8亩左右水田。对于劳动力素质的重要性,村落老人如此总结:

种田是一门手艺,不是谁都可以种好田的。金家畈有个地主家的崽(儿子),一直在外面读书,解放了才回家,以前没种过田,回家后自己要种田了,箢箕担起来前后翘,移秧五个手指印,栽秧歪歪扭扭不直,大家都笑他"先生"。字认不过他,田还能种不赢他。再一个懒汉也是不行的,田里草长得比禾好,怎么能有收成呢。老人们常说,"不怕吃饭拿大碗,就怕干活爱躲懒"。①

　　劳动工具同样重要,生产工具是否齐全是衡量农户生产能力的又一标准,耕牛是最重要的劳动工具,在一定程度上是农户是否租得到土地的关键。家户耕种水田面积达4—5亩以上,独养或伙养耕牛的计划就会被提上议程。在塔湾村,本村土地租佃的租金通常为分成地租,且无论租户为何人,与老板是何种关系,五五分成是常见的收租比例。待到水稻收割之际,租户通知老板到田里监督打谷和装谷,按照约定好的分成,在田里当场分好之后,直接将地租送到老板家,几乎不会出现欠租和以次充好的情况。倘若老板选定的租户家中出现生产工具短缺或未饲养耕牛的情况,就会耽误种田,左右收成,进而直接影响老板所能收到地租的多寡。据村民陈择雨老人回忆,耕牛、犁、耙等关键性生产工具的缺失是他作为一个好劳动力没能租上老板田种的主要原因。

　　当然,倘若租佃竞争十分激烈,生产能力符合租佃要求的农户也可以通过与地主老板攀关系的方式来抢占先机。有意攀关系的农户会在对方家中办红白喜事时主动随礼参加或在平日里主动为老板提供一些义务性劳动,这样一来,在农户生产能力优先满足的条件下,老板一般会念及双方的人情关系而给予特惠。

　　(2) 定租与退租:"撒草为约"

　　在塔湾村,土地租佃多发生在村落内部且规模较小,在生于斯,长于斯的熟人社会,村民对村落内的一切人与事了如指掌,信任由此产生,租佃关系的确立也较为简单,无须正式立契,以双方口头约定为准,但在定租与退租之时,处于租佃关系中的交易双方要遵循"撒草为约"的潜在程序。"撒草为约"中的草即指红花草,在生产方式十分落后的年代,红花草是信江河畔平原村落村民用来肥田、养牛的草料,民间素有"一季草,两季谷,草好谷好"的说法,晚稻收割之前,在来年耕种的

---

① 来源于塔湾村琚桦齐老人的访谈资料。

田地撒上红花草已然成为农民无须言说的种田技巧。

　　为保持田地肥力及维护租佃双方的利益，晚稻收割前夕成为塔湾村土地租佃的高峰时期，租户和老板必须在此时间节点做出定租、续租或退租的决定。租佃双方在口头约定之后，租户要按时在田地中撒上红花草，以示佃权，即"谁撒草，谁种田"。在塔湾村，双方在租佃订立之初并不会明确约定租佃周期，通常一年起租。一年之后是否维系原有租佃关系，取决于老板与租户两方的意向，尤以租户的意见为重，无人特别要求变租或退租时，则默认续租。在不卖地和不自耕的情况下，收取租金是老板出租土地的唯一目的，为避免频繁更换租户引起的麻烦，只要租户生产能力未下降至直接影响正常收成或双方关系未出现大的恶性转折，当租佃关系确立之后，他们不会，也不愿意经常更换租户，或随意收回出租的土地。当然，人为改变租佃关系的情况除外。

　　如果农户不想继续租种老板的土地，必须在撒红花草之前告知老板，以给予其充分的时间另寻租户；如果农户要续租老板土地，不用特意找老板续租，只需要在田里撒上红花草继续耕作即可。同理，老板想收回土地，也要在撒红花草之前告知对方。一旦错过撒红花草的时间节点，租户就不容易租到新的土地，老板也难以找到新的租户，除非老板事先帮助租户租到新的土地或双方协商一致，否则，双方只能继续维持原租佃关系，待到明年撒红花草之前再议。

　　此外，租户在"撒草为约"之后，来年再撒红花草之前，即使家中发生重大变故或分家析产，农户中途也不能随意退租，而是要将田地转给生产能力符合租种标准的农户代为耕种，收租之日告知老板前往收租即可；对于老板来讲，亦然，以村民陈帝光老人的口述事件为例。大概在民国初年，毛思学的父亲是一位以出租土地为生的老板，在与本村另外一位老板对赌的时候承诺，如果自己输了，就会把挨着龙溪的1口田卖给对方，赌局以毛思学父亲的惨败而告终。在兑现诺言时，毛思学家的这口田已出租给程姓的一户人家，且尚未到可变更租佃关系的时间。

于是，由毛思学的父亲出面与买主商议，继续出租土地，且在收租时，由他亲自告知租户田主变更的事实。来年新田主与租户之间是否缔结新的租佃关系完全取决于各自意愿。当然，如果买主不同意继续出租田地，要求立即接手田产之时，同样也由出租田地的老板出面与租户协调，就稻谷等田地附属物赔偿等事宜达成一致意见。此时租户通常会请村落内有一定威望的长辈作为中间人，以确保在赔偿中得到公平对待，进而更好地保护自身的利益。为了更快地促进土地买卖的完成，老板在赔偿时会主动"吃些亏"，毕竟其毁约在先。

在租佃活动中，双方基于各自的需求进行合作，形成形式上对等关系，并在合作过程中遵循着对应的关系规则。地主老板根据自身的利益需求，依照"看能力定租户"的潜规则选择合适的租种农户，虽然在租户能力相当之时，他们也会遵循"从自己推出去的和自己发生社会关系的那一群人里所发生的一轮轮波纹的差序"[1]，从而出现一定的选择偏好，但确保自身的经济利益最大化远比人情重要；同时，双方以"撒草为约"来定租、续租或退租，形式对等的任意一方均不得破坏这一规则，否则租佃关系将中止，越轨者也会在村落中承受舆论性压力，成为不守规矩之人。

2. 借贷中的"暗涌"

当家庭生产经营成果无法满足家户分配与消费需求时，借贷行为应运而生，可分为有借无贷与有息借贷两种。其中，有借无贷通常是囿于血缘亲情等亲密关系的伦理或出于人道主义的主动或被迫无奈的关怀与救济，多发生在关系好的、且有余力的父子、兄弟、堂兄弟、叔伯等至亲好友之间。对于他们而言，能借得到的就不要利息，收了利息，情义便会随之东流，利与情在一定程度上是相互排斥的。不过，在物质生活普遍紧张的年代，有借无贷的规模较小，并且缺乏可持续性，在前文已

---

[1] 费孝通：《乡土中国　生育制度》，北京大学出版社1998年版，第26页。

有所提及，这里不再赘述，在弱血缘性与工具性的村落关系下，主要探讨家户之间的有息借贷秩序。

（1）有息借粮

在塔湾村，农户在缺粮时一般会直接找村落内的有钱老板家借，而尽量避免向关系好的亲戚借，理由在于，一是多数农户家庭条件相差无几，无剩余产品或现金可借；二是向亲戚借谷或借钱有损颜面和尊严；三是村落内借粮利息通常在可接受的范围之内，只要出得起利息，就可以借得到，向关系好的亲戚借谷，对方不好收利息，借了就要还，且在借粮之日起双方的地方便不再平等，借入方背上人情债，在生产、生活等方面要时常主动示好对方，稍有不慎，就会被认为是不懂事或没有"人气"之人，容易引发人情纠纷，进而破坏原有关系。正如琚树齐老人的解释：

家里借谷借钱找地主老板借。屋里的亲戚朋友条件都差不多，比较穷，自己家的谷子都吃不来，哪里有多余的谷子把到你啊。就算能借，一般也不找他们借，不会去跌那个面子。找亲戚借，面子上挂不住，招致他们的嘲笑，说你生活搞得这么差，连吃都吃不饱。找有钱人家借，你只要利息付得起，别人就会借到你。①

当然，虽然无论找谁借粮，利息大致相当，但在向有钱老板有息借粮时，村民会有意识地选择同姓老板借，一方面，同一家族单薄的血缘联结可以保证更高的借贷成功率或延期还粮的可能性；另一方面，在普通农户看来，借粮还利息，老板有利可图，找本家族人借，亦有"肥水不流外人田"之意。

一般而言，本村落内的有息借谷无须抵押、无须打借条、无须作保人，只要借贷双方就借贷周期、利息、归还日期等达成一致意见，借贷关系便可成立。究其原因，主要有以下几点：一是农户借谷行为多发生

---

① 来源于塔湾村琚树齐老人的访谈资料。

在村落内部，且多向同姓老板借，借贷双方之间相互熟知；二是村民借谷用于满足自用需求，借谷数量有限，由上文提及，在塔湾村，多数农户都有一定份额的土地，在正常年份，都可或多或少地收获稻谷。借贷周期多为1年，利息为1倍或一半，即借1担还1.5担或2担，上半年借，下半年还，来年的上半年再借，如此反复，还不起谷的情况比较少见。农户在交完租税之后，会将剩余谷物优先用于偿还，"欠谷还谷天经地义"，由此为下一次借谷打好信用基础，同时，也可以避免利息的滚动叠加，最终陷入积重难返的境地。

（2）贷"水钱"：以田作保

贷水钱，即借高利贷。在塔湾村，地主老板兼放水钱，民国末年，陈谱林、毛思学、陈谱光等老板均以"放水钱"为生，陈友道、琚仁列等人也有所涉足。与村外贷"水钱"必须请中人（中间人）的情况不同，本村内小数目、短期的"水钱"借贷的程序相对简单，只要借贷双方协商一致，打上借条即可，但借贷数目较大且周期较长的"水钱"，请作保人和打借条是缺一不可的。

在塔湾村，贷"水钱"，虽然明面上对借款人未做条件上的限制，但却深藏暗涌，"以田作保"是默认的潜规则。对于以放"水钱"为生的老板来讲，为最大限度地保证自己的利益，他们会在正式借贷之前对申请借贷者进行甄别，无论是大钱还是小钱，长期借贷抑或短借，借钱人家中固定资产，主要指田地的占有情况直接关系到能否成功借贷。作为隐性抵押物的田地数量越多，借到钱的可能性就越高。

有钱老板，你屋里有田的人，他对你好，没田的，他就跟你关系不好。你有几亩子田，他会借钱给你，没田的，他不会借给你的，怕你到时候还不起。到时候，摊家连田都没得收，屋里破破烂烂的不值钱，就田值得点钱，没有田，命给到他也没有用。[1]

---

[1] 来源于陈择雨老人的访谈资料。

老人的口述话语可直接反映借贷过程中老板的利己主义逻辑。当借钱人家里没田或地主老板预期农户在"摊家"后的家产总和与借钱数目不匹配时，就必须要请中间人作担保，方可促成借贷。作保人由借钱人邀请。在塔湾村，有效的作保人通常要具备三个条件：一是与借贷双方熟悉；二是家里有一定田地且经济条件尚可；三是在村落内有一定威望。地主老板往往以这三个条件来衡量与识别作保人的信度与效度。在作保人、借贷双方三者同时在场的情况下，拟定借条，借条内容包括借贷双方、借贷时间、利息、归还日期、逾期未还的处置办法等内容，由借钱人签字画押、作保人签字后，借条生效，借贷关系成立。作保人是借贷关系成立的桥梁和信用保证，要承担一定的借贷风险与连带责任。作保人往往是与借款人关系十分亲密之人，出于伦理压力或道义而不得不出场帮忙。

在需要借贷水钱时，村民会先找本村同姓同宗的老板，或与自己沾亲带故的，或向邻居、朋友、熟人中的有钱人借。在村民看来，向这类有钱人借钱，成功率会相对高一些，且在抵押物、借贷数目或还款期限上也存在一定的商量余地。当然，这些都必须建立在有田或有保人，且承付与市场利率相当的利息基础之上，没有田地或找不到合适保人的农户，即使是同宗族的朋友、邻居、熟人、乡亲、远亲也很难如愿借到"水钱"。同样，对于这种有息贷款，各自对以田作保的隐性规则了然于胸，相关规定也已明了于白纸黑字，村民不会为此花费太多的气力去讨好老板。

在塔湾村，土地租佃与日常借贷是村落内最为重要、常见的经济合作或交换活动。按照村落的民间文化逻辑，租佃、借贷双方除在村落内已有人情之外，更多的是一种经济交换的关系，双方之间关系相对平等，很少会因这一关系衍生出新的人情因素，各自遵循着借贷市场的隐性交换原则。作为理性"经济人"，在特定的约束情境下，人们，尤其是掌握资产优势的一方，热衷于追求自身利益最大化，利己主义动机明显，在利益的追逐中实现地主老板与普通农户之间的融通性合作。土地租佃、钱粮借贷行为相关主体之间的关系被认定为较纯粹的经济交易行为关系,这就使得双方在追求经济理性过程中可以合理地遏制人情关系发生作用,当经济理性的力量强于人情的制约,人情列位于家户利益之后时,"看能力定租户""以田隐性作保""撒草为约"等公平对等的关系规则成为家户资产融通性合作的潜规则。

(二) 利益均等:农户生产合作秩序的维系

马克思曾指出:人类"第一个历史活动就是生产满足这些需要的资料,即生产物质生活本身,而且,这是人们从几千年前直到今天单是为了维持生活就必须每日每时从事的历史活动,是一切历史的基本条件"。[①] 在中国传统农业村落,以土地为基本载体的农业生产是农民一切活动的重中之重。虽然"一家一户为单位、自给自足的生产方式是中国农业的基本生产方式",但"离开与他人的互助合作,单家独户是很难生存下去的"[②],可见,农户生产合作是十分必要和普遍的,由此形成合作关系。从总体调查上来看,为确保合作的对等或效力以最大限度地满足自家生产需求,在村落地域范围内寻找合适对象进行合作是农户的普遍选择,他们并非一味地寻求正式或非正式的血缘或亲属团体的合作,甚至在某些情境之下,会刻意回避血缘、人情等因素的约束。

1. 自主性平等:水利合作的生成

"水资源时空分布极不均匀、水旱灾害频发,自古以来是我国的基本国情。我国独特的地理条件和农耕文明决定了治水对中华民族生存发展

---

① 《马克思恩格斯选集》第一卷,人民出版社2012年版,第158页。
② 徐勇:《中国家户制传统与农村发展道路——以俄国、印度的村社传统为参照》,《中国社会科学》2013年第8期。

和国家统一兴盛至关重要。"① 马克思也曾指出水利灌溉是东方农业的第一条件,并对东方治水特点进行阐述,"那些通过劳动而实际占有的共同条件,如在亚细亚各民族中起过非常重要作用的灌溉渠道,还有交通工具等等,就表现为更高的统一体,即凌驾于各小公社之上的专制政府的事业。"② "节省用水和共同用水是基本的要求,这种要求,在西方,例如在佛兰德和意大利,曾促使私人企业结成自愿的联合;但是在东方,由于文明程度太低,幅员太大,不能产生自愿的联合,因而需要中央集权的政府进行干预。所以亚洲的一切政府都不能不执行一种经济职能,即举办公共工程的职能。"③ 然而,在"皇权不下县"的传统中国,国家政权在乡村社会以赋税、拉丁等方式的资源汲取为主,公共服务供给能力十分有限。此种情境下,水利联合便成为家户间生产合作的重要内容。

(1) 开挖"圳沟"

"圳沟"是田间、田与塘、河之间的水沟,纵横交错的圳沟将村落农田水利灌溉联结成为网络。在塔湾村,大多数田地均要踏(引)塘水或河水灌溉。一般而言,引塘水或河水入田的方式有两种:一是直接田间过水;二是开挖连通的圳沟过水。其中,田间过水是有条件的,田地相邻且田主之间关系好,跨越多口田的过水往往难以实现;同时,对于过水农户来讲,田间过水要待过水田先吃透水之后才会有水入田,易造成劳动力浪费;对于过水田田主而言,同意他人过水易造成田地肥力的流失及引发矛盾纠纷,不划算。故此,为节省劳力,保持肥力,维系双方关系,村民尽力避免田间走水的发生,多通过统一开挖圳沟的方式连接灌溉水源与农田。

考虑到土地金贵、劳动有限、实际需求及损耗等因素,村民并不会

---

① 陈雷:《新时期治水兴水的科学指南——深入学习贯彻习近平总书记关于治水的重要论述》,《求是》2014年第15期。
② 《马克思恩格斯文集》第八卷,人民出版社2009年版,第125页。
③ 《马克思恩格斯选集》第一卷,人民出版社2012年版,第850—851页。

共同修筑大沟渠，开挖的圳沟多为20—30厘米宽，位于各口田的田埂之内。农户之间开挖圳沟的合作主要体现在共同使用上，至于如何挖、谁来挖、何时挖等事宜上并没有明确的联合限制，由各家各户自行决定。按照村落种田人规矩，田地要踏水灌溉，就必须要留沟以供他人过水。圳沟由各田主在自家的田地边角直接"耙筑"而成，自行疏通与维护，不同田之间的圳沟沟底高低一致，相互连通过水。虽然在产权归属上，谁田地上的圳沟就归谁私有，但在产权使用上，圳沟仅供公共过水之用，田主不能挪作他用或蓄意破坏，具有"私有公用"、利他的特征。"在他人圳沟过水"及"允许他人过水"是各家各户踏水灌溉得以可能的条件，圳沟的"公用"在村落范围内是去人情化的、去阶层化的，同属于一个灌溉连通系统的农户，无论相互之间关系好坏，家庭财力大小和社会地位高低，均可自由、平等地使用圳沟过水，其他人无权阻止。

一旦有人破坏开挖圳沟的合作，或拒留圳沟，或阻止他人过水，那么，该农户也会失去通过他人圳沟灌溉走水、排水及到水塘、龙溪或信江踏水的资格。例如，村民 A 拒绝在自家田地里留圳沟供他人过水，那么，相应地，其他农户也会拒绝 A 走水；即使是塘口第一口田也要挖沟，一是水从上往下走，从塘里踏上来的水必须经走第一口田；二是第一口田的田主也无法保证其剩余田地在灌溉或排水的时候不在别人田里走水。在一定程度上，开挖圳沟的合作意义不仅在于灌溉和排水，更是在于均等地获得踏水和过水的资格。即使在自家田地间挖有私塘或私渠的地主老板也要自留圳沟，理由在于是否有圳沟过水直接影响田地的出租和买卖，同时地主老板在旱涝之时亦有排水或踏公塘、公河水灌溉的需求。

历朝来的规矩，灌溉就要有沟，你不留，我不留，大家都没法踏水、过水，没了水，田还怎么种啊。塘边第一口田也要留，你不留，别人就罢住，不让你踏水。你地主也要留，不留，等水多要排水的时候别人不让你排，大旱的日子，你想跟大家一起踏水，别人就罢住，不跟你合作的，地主你再有本事也强不过。整个屋塘人都连在一起的，有相同的利益的。①

在圳沟连通的灌溉网络中，村落内每家每户各占据一个网结点，自主平等，利益相关，为更好地完成生产，实现家户利益，农户通过合作方式形成共同利益及规则认同。在合作关系中，利益共享，权责合一。任何环节出现纰漏，都可能导致合作关系破裂，造成踏水灌溉无法顺利进行，进而使农民生产生活受挫，共同利益受损，颇有成败皆萧何之意。

(2)"打倒车"

在塔湾村，河流与池塘等灌溉水源的地势低于田地，未形成水—田的梯度分布，这样一来，仅有极少量山脚边或居住聚落的农田可引山泉水灌溉，95%以上的田地均要依靠人工踏水来完成灌溉，其中，90%以上的田地要依靠村落内大大小小、无名或有名的10个池塘来滋养。正常年份，池塘水基本可以满足农业用水需求，但适逢特大旱的年份，为多一份收成的希望，农户会自发地组织起来到信江或龙溪踏水灌溉，十几户、二十几户甚至是"倾村"出动，少则几级即可，多则要十几级、二十几级或更多级数的联合才能成功引到水，当地人将这一踏水合作称为"打倒车"或"打港车"。

"打倒车"无特定的人牵头组织，一般由4—5户最为缺水的农户或好事之人提议，田多的和急需水源的村民会第一时间响应，其他农户根据自己意愿与实际需求来衡量与决定是否加入，最终逐渐地发展成为较大规模的自主性水利灌溉合作。在合作中，水踏、劳力、水量按照1∶1∶1比例进行合作与分配。亦即，假设1劳力加1水车踏水1天可分得1个单位的水，A家出1个劳力2台水踏，B家出2个劳力1台水踏，那么，A、B两家各得1.5个单位的水；A家出1个劳力1台水踏，B家出2个劳力2台水踏，则A家得1个单位的水，B家得2个单位的水，以此类推。

---

① 来源于塔湾村琚桦齐老人的访谈资料。

第五章 交换扩展：村落关系下的市场性治理

在合作中，所有农户，无论是地主、保甲长、大头首、会首、家首、"话公"，还是普通农户，他们在"打倒车"中地位平等，享有同等待遇。同时，虽然整体合作中的小范围内家户联合会受双方关系好坏的影响，如A家有1个劳力、2台水踏，B家有2个劳力，1台水踏，若A、B两家素来关系不好，互相不对付，那么A、B两家在劳力和水踏上的互补性合作就会遭遇失败，他们抑或寻求其他合作对象，抑或直接收回比例之外的"水踏"或劳力，但是就"打倒车"的合作整体来看，三两农户之间的关系好坏无伤大雅，合作主体之间关系好坏、财富多寡、权力大小、地位高低会暂时被搁置和忽略，在踏水联合及其水源分配中失效。

"打倒车"合作不具有强制性，各家户自主选择，进入合作范畴，则以水车与劳动力的投入获得自成比例的灌溉回报，在合作过程中无高低贵贱之分，惟"投入"论产出，人们自觉地遵守合作规则，杜绝"搭便车"行为，如偷懒等，反之亦然。农户之间的灌溉合作因为共同需求而起，通过合作实现共赢，随着共同需求的消散而终止。

徐勇教授在从中国事实的角度重新审视与补充马克思与恩格斯关于东方政治——治水论断时指出，在中国，尤其是南方稻作区，水利治理是"当事人自愿的联合，并形成了人民自我认同的习俗……是'人民的事业'而不主要是'政府的事业'；是当事人自组织形成的'自治'，而不是凌驾于社会之上他组织的'他治'；是权利与义务均衡的'筹资筹劳'，而不是单向的义务'徭役'；是贡献与收益利责对等关系，而非强制下的主—奴关系"。[①] 在小旱小涝不断，大旱大涝较少的塔湾村，即是如此。由前文论述可见，无论是开挖圳沟，扩宽河道，还是"打倒车"，均属于农户之间基于共同利益的生产化、小型的水利合作或治理，在此合作关系中，人们依照自主与平等的原则进行

---

① 徐勇：《从中国事实看"东方专制论"的限度——兼对马克思恩格斯有关东方政治论断的辨析与补充》，《政治学研究》2017年第4期。

自我调节式的水利治理。具体而言，由家户利益集合而成的共同利益是水利合作治理的黏合剂，其背后的共修共享、平等、公平等规则体系是一个规范束，权利剥夺、舆论压力等惩罚是监督手段，三者构成了家户联合治水的关键。

2. 同质与对等：农户换工与"合具"的实现

（1）换工

在以家户为农业生产经营基本单元的村落中，土地生产资料短缺、生产技术落后及市场雇工不发达使加大劳动力投入的精耕细作成为主要生产方式，换工现象较为普遍。一般而言，换工多发生在抢收抢种的稻作环节，在生产经营过程中，当家中劳动力短缺时，农户之间便以换工的形式来实现临时的劳动力调剂性合作。换工，在当地亦谓"换工夫"，多为本村落内两户村民的互助。

在塔湾村，农户在选择换工对象时往往将双方关系好坏作为合作是否可能的前提性因素，本村内关系好或合得来的亲戚、邻居、熟人、乡亲或朋友等在相互需要时均可成为换工人选；反之，则无法合作。其中，值得一提的是，并非关系好或合得来的村落农户之间均可或均会进行换工合作，主要存在着两种情况：一是囿于血缘关系的伦理强制性、义务性与连带性，再加上地域距离的限制，通常情况下，分家后独立从事农业生产活动的父、子家庭之间、兄弟家庭之间，或连襟（"大小乔"）之间、岳父与女婿之间及其他姻亲关系家庭之间不相互换工，而以帮工为主。如琚桦齐家农忙时，他父亲一般不和其他农户换工，而是喊自家女婿郎来义务帮工，既不用给付报酬，也无须以工还工；二是换工对象一般是与农户处于同一阶层或家庭财力相当之人，地主老板之间及其与普通农户之间几乎不存在换工的可能，他们生产经营面积大，且拥有足够财力去雇工，无工可换的同时亦尽力避免以工换工可能带来的麻烦。

同时，在换工合作关系顺利缔结之后，双方家户之间讲究公平与对等，主要表现为以下几个方面：一是劳动力数量、质量与换工数量上的对等。即换人工，则1人换1人，1家换1家，1工换1工。调剂的劳动力质量相差无几，多为家主或已长成"好劳动力"的儿子等男性之间的对换，女性一般不参加换工；二是餐食招待的一致。即换工没有报酬，管饭与否由换工双方协商决定，管饭意味着家中女性要特意准备饭菜，破费钱财买菜的同时还耽误干别的家务，不划算，基于此，在物质生活普遍紧张的年代，村民偏好于不管饭。例如，A农户第二天要与B农户换工，A第二天一大早会在自家吃完早饭后带上工具赶到B家或直接上田干活。但如一方已先管饭，则另一方也要办招待，且"排场"（丰盛）程度大致相同；三是生产工具使用上的公平。即换工时，是否自带生产工具及其损坏后是否赔偿等问题的处理亦遵循公平对等的原则。在塔湾村，多数换工农户家中生产工具数量不充足，除水踏、犁耙等中大型农具由主家提供之外，诸如镰刀、锄头等工具由合作农户自带，且如果A自带的工具在换工时坏掉了，B并不需要赔偿或支付维修费用，理由是下次B在给A干活时也存在着用坏工具的可能与风险。

由此可见，无论双方为何种关系，只要进入换工的情境，他们就处于完全平等的地位，权责统一均衡，任何一方不会念及相互之间既存的感情因素而放弃对"公平""平等"价值及其家户利益的追求。"因为一切社会关系，从根本上讲是建立在可能的和实际提供的偿付的平衡之上的"[①]，均衡与对等正是换工得以实现的基础，也是人们通过换工方式进行合作的价值追求与规则束缚。这种对等一旦被打破，合作一方或双方就会心生抱怨，暗自较劲，随着矛盾的不断积累，最终导致合作的破产和双方关系的破裂，这大概也是村民将父亲、亲兄弟、姻亲等人排除在换工序列之外的原因之一。

[①] ［德］斐迪南·滕尼斯：《共同体与社会：纯粹社会学的基本概念》，林荣远译，北京大学出版社2010年版，第89页。

(2) 合具

合具，即指农户之间以生产工具为媒介的合作。在塔湾村，"大私有"与"小共用"并存是生产工具归属与使用的基本格局。一方面，以家户为生产经营基本单元的小农底色使生产工具以家户私有、私用为主，几乎不存在整个村落范围内的大规模共有共用现象；另一方面，由于家庭经济条件制约，小圈层内的共有共用生产工具的情况却时有发生，主要包括两类：一是兄弟新家庭之间或父、子家庭之间的联合，即分家时，耕牛、犁、耙、锄头等中大型生产工具数量有限，不足以均分，各自在短期内又无置办的实力，此时，新立门户的兄弟或父子之间的"共有共用"应运而生。生产工具由父母代为保管，各家按照"谁申请谁使用""农事轻重缓解""父母优先使用"等原则轮流使用；二是"伙养"耕牛。当然，这种形式的共有共用需求都是暂时的。生产工具是构成生产能力和影响土地产出能力的重要因素，是家户独立经营的前提，也是租种他人田地的基础性条件。出于对生产自由和生产结果的追求，一旦他们有能力，就会优先置办生产工具，不会让合作持续太长时间。从调研实际情况来看，村落关系下的农户之间"合具"主要表现为合养耕牛，通常不会共有共用其他类型的农具，故此处的"合具"单指合养耕牛。

"没牛无法种田""蛤蟆叫，双泪流，一愁种子二愁牛"等村落俚语足以表明耕牛的重要性。以民国末年为例，整个自然村落共有耕牛40头左右，户均0.6头。一般而言，家户人口规模在4人以上，水田4—5亩以上，农户就会考虑养牛，独养或伙养。只要经济条件允许，1户1牛是最佳的，也是最普遍的选择。相比较而言，搭伙养牛不多，仅占耕牛总数的25%左右，即约10头耕牛为家户共有共用。

家里不是太差，有4亩左右田就养牛，没划得来划不来之说。种田赶季节的，不养牛会耽误种田，晚了影响收成。下半年习惯用红花草养田，草长起来，1个人1天到晚都撇不到1亩田，还要耙。再说，以前自己家没什么田，要租别人田种，没有牛就租不得田到。①

表 5-1　　　　　　　民国末年村落耕牛数量统计②

耕牛归属	数量（约数）	占比（%）	饲养方式	使用规则
独养	30 头	75	一家一户单独饲养	自由支配（租、借、雇）
伙养	10 头	25	2—4 户轮流饲养；"大户买，小户养"	协商使用，依农事进行安排，权责对等
合计	40 头	100		

农户通常会选择本村落内与自己关系密切，且土地经营规模大抵相当的农户合作饲养耕牛，2—4 户较为普遍，搭伙人权责对等。

首先，从耕牛购买与饲养方式来看，"合伙买，轮流养"是流行模式。购买耕牛费用由各户平摊，平时的轮养周期为 1 个月或更长时间，以 1 个月居多。如果周期为半年时，则要在来年时调换顺序，A 今年上半年养，到明年就会换到下半年养，以此来保证总体上的公平和对等。

其次，从耕牛使用来看，以"协商使用"为基本原则。传统时期，耕牛十分金贵，为保持合作关系的稳定，避免因"用多或用少"而引发不必要的纷争，农户会优先选择那些土地规模与自己基本相当之人进行合作，对等地购买与轮养，理应对等地使用，过大的不均衡将导致合作关系的分化。具体而言，在用牛旺季到来之前，农户会聚集在一起根据各家各户的土地经营规模及其农事安排日程来协商耕牛使用的具体安排，并初步拟定使用细则，包括谁先用，用几天及使用期间如何喂养等内容。到耕作时，伙养各方按事先商议好的安排进行使用。

一般来讲，正值轮养期的农户要负责此期间耕牛的动态和安排，即"谁养谁负责"，在担负责任的同时也可获得优先使用耕牛的资格，如果

---

① 来源于塔湾村琚桦齐老人的访谈资料。
② 来源于塔湾村调研资料。

其他农户中有人农事安排紧于轮养期农户，则由其他农户先行使用。农户在牵走牛与归还牛时必须向正值轮养期的农户（家主）打好招呼。农户在轮养期对耕牛负全责，其他农户用完耕牛归还时，其要检查耕牛的身体状况，一旦耕牛出现任何问题，便要及时查找原因，准确找出具体的责任者，如果无法精确地找到责任者，轮养期农户要自行承担责任，也容易引发合伙农户间的矛盾冲突。

如果其他农户要临时用牛，则直接找正值轮养期的农户商量即可，不用一一征得所有合养农户的同意；如果有多位农户在同一时间内临时用牛，一般按照他们向正值轮养期农户打招呼的前后顺序使用，当各位农户的农事吃紧程度有所区别时，则由喂养农户按照各家农事吃紧程度来安排使用耕牛；如果其他农户临时增加用牛天数，则要跟下一位用牛农户事先商量妥当，之后再向正值轮养期的农户打好招呼；在使用耕牛期间，由正在使用的农户负责喂养，即 A 要用牛 2 天，则自 A 牵走耕牛之日起至其归还耕牛之日，由 A 全权负责耕牛的喂养，且在归还之前，要让牛饱食一顿。

伙养的耕牛往外租借的情况较为少见，合伙农户完成各家农田耕作之后，几乎无往外租借的余地。即使可以借，也必须经过全体合养农户的一致同意。

最后，从耕牛的处置来看，亦强调权责对等。牛生病、死亡、牛仔等由合养农户协商处理。如果农户合伙养的耕牛生小病，则由正在轮养期的农户独自承担医治费用；如牛生大病，医治费用比较高时，则由参与合养耕牛的农户共同分担。当医治耕牛的费用超过耕牛本身的价值时，由各农户协商，或卖或杀，无论如何处理，所得都要均分。耕牛死亡亦然。当牛死于耕作之时，则由正在使用的农户进行赔偿，死后的耕牛由该农户自行处置，并且承担当季其他合伙人的耕田费用；但如果耕牛自然老死或病死，则他们共同承担死亡后果，共同处置死去的耕牛。

此外，塔湾村还为数不多地出现过"份养"耕牛的现象，即 1 大户

第五章 交换扩展：村落关系下的市场性治理

与4小户之间的联合，大户出全款购买耕牛，小户负责轮流养牛，农忙时，小户可免费使用耕牛完成自家的土地生产任务。大户在"份养"中处于优势地位。社会交换理论的集大成者之一彼得·布劳认为，人们为了获得内在或外在报酬会寻求有吸引力的交换对象建立社会交往关系，然而，交换的不均衡则会引起顺从或分化。[①] 与其说"份养"是农户之间的生产合作，还不如说是大户与小户之间的不均衡交换，小户通过劳动力与草料的投入来获取耕牛的使用资格，但也仅限于此而已，小户对大户表现出明显的权力性依赖。

（三）有底线的自由：农户日常交往秩序调适

村民以家户为基本单元进行日常交往，除了家庭、小亲族及家族内部基于或强或弱的血缘连带性往来之外，在超越家庭或家族的村落维度上，虽然受血缘、情感等因素的影响减少，但也并非自由到杂乱无章或随意到"抬头不见低头见"的自然行为。费孝通在阐释中国乡村社会乡土本色时指出，在相对闭合性的村落内，村民生活范围受地域限制，即富有地方性，乡土社会在这一地方性的限制下成了生于斯、长于斯的熟人社会。[②] 村落层面上的农户之间关系亦是熟悉的、地缘性的，然而，家户在相互交往中又有以追求自身利益的需求与倾向，进而，在日常交往中，农户在自由选择交往对象与方式的同时，又要接受一定底线的束缚，只有这样，才能保证村落关系下农户日常交往秩序的稳定。

1. 相邻产权之约束

在塔湾村，相邻产权人的行为受相邻关系与规则的制约，如村民在相邻田地边界的使用上要以不损害对方作物收成为底线，共用屋墙的一方在拆房时要"拆屋留坪"，诸如此类。一旦有人不遵守这些规矩，其

[①] [美]彼得·布劳：《社会生活中的交换与权力》，孙非、张黎勤译，华夏出版社1988年版，第16页。

[②] 费孝通：《乡土中国 生育制度》，北京大学出版社1998年版，第9页。

· 163 ·

自由就会受到限制,以相邻建房为例。

"大散居,小聚居"的居住格局使相邻建房较为普遍。在村落地域范围内,由于宅基地或土地位置的相对确定性,对于村民而言,与谁相邻建房早有定数,选择的空间不大。一般来讲,在自家的地盘上建房,以宅基地为边界,无须事先向相邻房屋主人打招呼,如何建、何时建等均由村民自行决定,但在即将成为"邻相"(邻居)的过程中,村民要遵循相应原则。

一是"后建房不损害先建房利益",即农户在建房时不能无限度地追求自身利益,而忽略或损害相邻农户的正当利益。村落农户建房讲究风水好坏,基于此,建在右边的房屋高度不能超过左边房屋,且不得建在左边房子的前面。依照传统风水说法,左青龙右白虎,白虎高于青龙,会给左边房主一家带来厄运,诸事不顺。同时,农户建房时还要空出滴水的空间,留好过路等,不能把水泼到对方的屋墙上去,或堵住对方的出路;二是对等原则,即农户在建房时,要参照已建房的标准,以持平或对等为最低限度。具体以滴水、过路为例,在留滴水时,相邻房屋留了5寸,村民自家也要留5寸,只多不少,对方留了过路,留了多少,自家也要跟着留多少。

在流动性相对较少的塔湾村,世代的熟知让相邻建房原则不言而喻。为确保后建房者守牢底线以保护自家利益不受损害,先建房主会时刻把控局面,如发生突破底线的情况,尤其是在滴水和过路等问题上,他们会出面干涉,干涉无效时,纠纷随之而来。村落有一定威望的长辈通常会被请来参与调解,按照村落普遍认可的规则体系来判定是非曲直。一般而言,后建房主在先建房者提出异议时,会进行相应的调整,否则违规者不仅会受到他人冷落、嘲讽或可能在日后遭遇后建房者侵犯时而孤立无援,而且房屋也很难顺利落成。对于青龙白虎之类的风水问题,由于它们带来的威胁并非即刻或直接显现,具有后发生或不确定性,且为迷信之说,先建房主在提出抗议之后,即使后者一意孤行,前者也无法责令其拆房或将房屋位置向后移动。这种情况下，虽房子落成进程不受影响，但建成之后，存在着一定的隐患。

例如，下湾有两户陈姓人家相邻建房，右边的房屋后建，后建房地基是小土坡地形，地基本身高于左边，为了整体找平，还垫高了一点，左边已建房屋的主人虽然心里有一万个不愿意，但地是别人的，再加上降低地基的成本高，便没有出面阻拦。房屋建起来的头几年，两家相安无事。到第三年，先建房主家的两头猪仔好端端地死掉了，悲伤之余，他们把猪仔死亡怪罪到后建房主的头上，说右边的白虎压住了左边的青龙，"以小压大"，于是站在门口破口大骂，新建房的主人也出来对骂，差点打起来，最后在另外两位邻居的劝解下，各自负气回家，不相往来。为了避免坏运气的再次降临，在算命先生的指点下，先建房主便修起了院墙。然而，由于院墙较高，新建房主认为围墙挡住自家的财气，于是大闹一场。最后，新建房主请来了村落的"话公"，在"话公"的提议下，院墙降为1.5米，作为补偿，新建房主砍掉门口的柚子树，纠纷才得以平息，但在两次利益纷争之后，两家便不再往来。

当然，为了便于房屋建成之后邻居之间的互动交往及避免在建房过程中遭受"刁难"，多数农户会提前到新房的"隔壁邻相"家串门，以示友好与尊重。

在自己的地方舞房子，别人管不到，但隔壁人可以话得到几句话，一般人会有意无意地提前通通关系。人就是这样的，你主动跟他搞好关系，隔壁邻相的，他认为得到了尊重，有脸面，也会认为你做人还可以，懂事，舞房子的时候，只要不过分，伤对方太多，别人不会故意罢住你，比如院子多拦一公分，你跟我有点儿交情好，我就不会不同意，不然的话，我就不让你舞下去。①

---

① 来源于塔湾村琚树齐访谈资料。

2. 人情"中性化"

金耀基先生认为，在中国人的文化系统中存在着一些使人情或关系"中性化"的文化机制，从而给工具理性开辟空间，而工具理性对于维持经济和科层组织生活乃是必需的。① 在塔湾村落维度上，甚至是在小亲族或家族内，除了囿于血缘关系而产生的强制性人情之外，一般而言，为进一步确保交往的理性化、对等化及家户最大化，人们在交往中会有意地回避或弱化人情关系对各自行为的束缚，进而使得村落层面的交往呈现"人情中性化""交面不交心"的特点，各自之间保持着有底线的"因利而交"。

在塔湾村的日常生活交往中，至亲之外的农户之间除了串门、娱乐消遣，往往不发生人情往来。即使关系好或合得来的农户之间在生产、生活上的合作十分频繁，但如果他们并非至亲，且素无人情依赖关系，那么，各自家中办红白喜事等酒宴时，互相之间无须打礼或回礼，只是在散客之后，单独邀请对方来吃一顿便饭，这样既区别了双方关系，又避免增加各自的人情负担；或者在杀年猪或请春酒时互相邀请，双方保持总体对等、均衡的交往。

不同阶层之间的交往更是如此，"有利有交、无利不往"的目的型或事务型的交往倾向尤为明显。如普通农户与有钱老板之间除了土地租佃、粮钱借贷、水利合作、市场雇佣、村落公共活动，或基于小亲族、家族关系产生的不可避免的交往之外，普通农户很少主动与有权或有钱的老板交往，理由在于以家户为基本生产经营单元的自给自足的小农在日常生活中很少有求于他们，并且这一交往中，普通村民往往处于弱势地位，再加上村落总体经济水平较低，老板亦十分看重钱财，不会随意免费给他人好处，无利可图。

---

① 金耀基：《金耀基自选集》，上海教育出版社2002年版，第107页。

第五章 交换扩展：村落关系下的市场性治理

反过来，平日里地主老板也只是基于自身利益，有选择性的交往。例如，对于那些"光混""罗汉""地痞流氓"或"打抢"的穷人，地主多半会"托着"一些，不敢得罪，请客吃饭喝酒是常有的事情，破财消灾。目的在于：一方面，通过给予他们一定恩惠的方式来换取罗汉或混混的保护，以免受村内外其他人的财富掠夺；另一方面，预防因得罪他们而遭受报复，过去"做人不好"的有钱人家时不时会受到混混的挑衅。据村民口述，有一年秋季发大水，晚稻、芝麻作物受损严重，多数储备不足的穷人家要靠借粮度日。其中，好几户村民找姓毛的老板借口粮，老板态度恶劣，并以无粮可借为由推脱拒借，因此惹怒了他们。到了晚上，穷人家的年轻后生趁黑砸烂老板家门口的板子，以示教训。然而，教训效果甚微，老板大清早起床就骂街，于是，第二天晚上，后生们继续偷吃其萝卜，老板又骂。最后，有位后生直接警告他，如果再骂，晚上就要放火烧掉他的房子，此事才算消停。

对于那些在社会上没人脉资源，无法保护或报复他们的穷人，地主老板通常采取冷漠的态度，见面打招呼就算得上客气的。同时，不同阶层的人很少对亲（结亲），人们讲究的是家势与门派。当然，在同一地域社会中，无论出于"抬头不见低头见"的熟人关系，还是基于自身利益的考虑或在相互存在着利益的重合时，老板与普通农户之间还是会保持囿于乡土社会地方性的"点头之交"。在一定程度上，点头之交的关系可以相互成就与满足双方家户利益需求，如土地租佃、钱粮借贷等。如果老板不开明，与普通农户关系不好，那么他们便无利可捞，土地租不出去，水钱也放不出去，租金和利息也就无从而来了，甚至还可能因缺乏村民的保护而遭到外村地痞流氓的洗劫。如果与村民关系过得去，村外的地痞流氓就不敢随意进村"打抢"。

由此可见，在村落关系之下，人情交往"中性化"趋势明显，互惠性、利益性的理性交往成为普遍现象。然而，在生于斯、长于斯的熟人村落,家户在这个地域共同体内联结成微妙的难以斩断的联系,并在此基础上遵守着某些无须言明的规则认同,以舆论、权利剥夺和排斥等为监督,主要表现为农户日常生活救济性交往。例如,农户家中发生火灾,尽管能力有限,但村落内的其他村民会凑点米,给点菜,送几个碗,几双筷子或其他物资给受灾农户送来,并亲自到场劝慰;村落中有农户家中遭遇小偷,村民会一起出动抓小偷,尽可能地保护其财产免受损失;当村民与外村村民发生冲突时,本村村民应声前往支援的并不在少数;同样,在生产经营过程中,关系较好的村民之间借用生产工具,或借钱粮,只要能借得到的,就无须支付任何费用,如有人收了钱,原有关系就会被摧毁。

总的来说,抛开连带性或义务性的人情交往之外,当没有请托需求或利益交换时,在生活普遍紧张的年代,大多数农户之间的日常交往较为寡淡,人们很少会花费人力或物力去主动拉关系,尽力保持非对抗性竞争的和睦交往为常态,比如与自己不喜欢或潜在竞争的人进行"交面不交心"的客套互动,以在熟人社会关系底线下追求一定的自主选择空间。可以说,农户之间交往的"目标是要与尽可能多的人建立融洽、和睦但却并不十分亲近的关系。那里的居民给人的印象是,他们不愿彼此的关系太近,不愿太深地同他人纠缠在一起。如果对融洽的关系期待过高,这种关系难免会破裂"。①

二 均衡与强制:村落公共事务的治理

马克思认为,小农经济生产方式"是以土地及其他生产资料的分散为前提的。它既排斥生产资料的积聚,也排斥协作,排斥同一生产过程

---

① D. R. De. Glopper, "Doing Business in Lukkang", in P. Wolf, ed., *Studies in Chinese Society*, Stanford University Press, 1978, p. 314.

内部的分工，排斥对自然的社会统治和社会调节，排斥社会生产力的自由发展"①，在这种生产方式的基础上，"小农人数众多，他们的生活条件相同，但是彼此间并没有发生多种多样的关系"，"由一些同名数简单相加形成的，就像一袋马铃薯是由袋中的一个个马铃薯汇集而成的那样"②。事实上，在中国传统村落，自给自足的以家户为基本单元的小农经济是主要经济形式，但无论在经济还是其他方面，农户之间的互助合作及其他方式的联系是普遍存在的，关系无处不在，深刻地影响着农户行为选择。在农业社会，人们因田而居，不可迁移的土地使人们地域相近，随着世代的繁衍生息与生产、生活的互动联结成为一个村落社会。在这一社会中，人们希望借助超越家庭的力量形成集体行动，以满足全体或大多数成员生产、生活、交往等各方面共同需求，即公共事务的治理。对于公共事务之治理，亚里士多德早就指出"人们关怀着自己的所有，而忽视公共的事物；对公共的一切，他至多只留心到其中对他个人多少有些相关的事物"③；费孝通也认为，"中国乡下佬最大的毛病就是'私'，一说到公家的，差不多就是说大家可以占一点便宜的意思，有权利而没有义务了。"④ 同时，在中国历史上，国家"从来就不是作为小农的代表为组织人民的生产而建立的，它很少关心物质财富的生产过程，而只关心其分配过程；产品是怎样生产出来的对它来讲并不重要，重要的是如何把生产出来的东西抢过来"⑤，并不直接控制乡村社会生活。那么，在具有塔湾特色的村落关系下，村落公共事务治理及秩序又是如何实现的呢？

---

① 《资本论》第一卷，人民出版社 2018 年版，第 872 页。
② 《马克思恩格斯选集》第一卷，人民出版社 2012 年版，第 762 页。
③ [古希腊] 亚里士多德：《政治学》，吴寿彭译，商务印书馆 1965 年版，第 48—49 页。
④ 费孝通：《乡土中国　生育制度》，北京大学出版社 1998 年版，第 24 页。
⑤ 刘泽华、汪茂和、王兰仲：《专制权力与中国社会》，天津古籍出版社 2005 年版，第 23 页。

(一) 制造认同：村落治理主体的产生

在传统乡村社会，村落治理主体多为权威之人。马克斯·韦伯从支配与服从角度认为，权威（支配）是"一群人会服从某种特定的（或所有的）命令的可能"，其中包含着"最起码的自愿服从之成分。也就是对服从的利害关系的考虑，而这种考虑可能是因为别有用心，也可能是基于真心的诚服"[1]；菲尼斯则从行动理论角度界定权威，它意味着"当某一个人把某个事物看作是给予他相信或者按照这一事物而去行动的充分理由，那么这一事物就被视为权威性的"[2]。而认同是"个人向另一个人或团体的价值、规范与面目去模仿，内化并形成自己的行为模式的过程"[3]。由此可见，权威认同即是人们对某一权威主体的认可、承认与服从，或者是权威主体通过将规则、价值等嵌入他人心理结构中，从而促使他们服从权威的过程。在塔湾村，村落层面上的关系以地缘性关系为主，以血缘为基础的家族结构性力量较为薄弱，与之相对应的纲常伦理之制约也较为松散，超越家庭或家族的权威认同及全村范围内的集体行动难以形成。故此，村落秩序的维系及公共事务的有效治理需要制造围绕治理主体的权威认同。个案村落内不存在村长、绅士之说，主要由大头首、"话公"等主体介入公共事务治理。

1."大头首"

在塔湾村，"大头首"是村落内生的权威人物，相当于一村之长，也称"大先生"，主要主持村落内或与其他村落之间的公共事务，代表全体或大多数农户的共同利益，如在水旱灾害后向政府申请减免赋税等，对内维护秩序，对外防止侵犯。与学界常说的作为连接国家与村落的中

---

[1] [德]马克斯·韦伯：《经济与历史：支配的类型》，康乐等译，广西师范大学出版社2010年版，第291—292页。

[2] John Finnis, *Natural Law and Natural Rights*, Oxford: Clarendon Press, 1980, p. 233.

[3] 参见李东才、潘晔《价值认同视域下提升高校思想政治理论课教育实效性研究》，《学校党建与思想教育》2014年第5期。

间层或代理人的绅士不同,"大头首"并非国家政权的非正式代表,在"皇权不下县"的大背景下,其在村落自我治理中的权力受到政权默许但并非产生于国家的直接赋予、承认,他的权威地位来自村民的评比与认同。

"大头首"不是来源于上级政府任命,而是由村内民主选举产生。具体而言,村内各大姓氏同姓会上有一位会首,同一太公名下的"大家"有一位其他成员一致默认的"家首","家首"公开推选会首,会首再联合推选"大头首"。一般而言,"大头首"的人选在各同姓会会首中产生,为了区分职责与保证公正,哪个姓氏的会首当上"大头首",就要在"家首"中补选一名会首,"大头首"不能肩挑多职,没有固定的任期和报酬,也不用向保长或上级政府报备。他既是村落内拥有最高权威之人,也是公平的象征。

萧公权曾指出,20世纪初的头头,多是该村的自生领袖,一般来自村中最有势力的家庭,村庄中极少具有功名的士绅。村落中的权威人物多是从事耕作的"凡人"——中农、富农以及精英式农场主。[1] 从经济身份上来看,塔湾村的情况与之基本一致,但存在着其他方面的要求。并非每个会首或家庭财富充足的老板都有资格成为"大头首",只有那些在村落内威望极高,"话分"(话语权)大,说话办事公平公正,顾全大局,且有一定的学识和身家(财富、人脉等)的长辈才能在全体或多数村民的认同下成为村落首领。威望、学识、身家、德行等条件缺一不可,如陈银和到樟树念过高中,是村落内文化水平最高的人,且其为财主陈友道之子,有一定身家,但因其常年在外上学,自视清高,辈分低,在村民中"话分"轻而无法得到村民的承认成为"大头首"。同样,穷人也难以担当重任,一方面,他们为维持家庭基本生计而忙碌奔波,以

---

[1] Kung-Chuan Hsiao, *Rural China: Imperial Control in the Nineteenth Century*, University of Washington Press, 1960, p.131.

"吃饱饭"为最终目的,根本无暇或无心顾及村落事务;另一方面,他们在村落里也没有多高的地位和学识,无法服众。对此,村民琚桦齐如是说:

在屋堂里,你家有钱些,别人在舞事情的时候看得起你一点,你穷的话饭都吃上,虽然你说话做事正派,大家愿意跟你交往,但不等于大家会佩服你,会选你当头首,头首要好大的能耐的,没有工资挣,有些时候还要倒贴,穷人当中人或保人的都少。①

"大头首"一旦产生,就意味着受到村民的普遍认可,他与村民之间由此构成支配与服从的关系,村民要服从"大头首"在村落公共事务上的统筹与安排,这也成为农户在村落层面通过互助合作参与和形成集体行动的强制性力量之一。即使是保甲长等国家政权代表亦是如此,他们在征税拉丁等政权事务上有着强制性权力,但在村落公共事务上通常要服从村落"大头首"的安排,尤其是甲长,在"大头首"的权威压力及其与农户之间的血缘、地缘、生产等多重关系下,他们在履行甲长分内职责时,通常采取柔和、迂回的方式,尽量避免与村民发生正面冲突。同样,在民国时期,塔湾村所在保的保长均为外村人,他们在村落内的威望与地位远不如"大头首",他们进村开展工作,诸如政治教化或维持保内公共秩序,通常会事先向"大头首"打招呼或拉拢、求助。保长、甲长在执行上级任务的过程中,倘若其行为因逾越律法规定而对农户利益造成损害时,如抓独子、小孩的壮丁,"大头首"会出面干涉,否则,他在本村落内将失掉原有的威望,进而失去村民的认同、服从,之后就难以在村落范围内再聚合成大规模的集体行动。

2. "话公"

在塔湾村,"话公"是村落治理的又一主体,是对"大头首"之公共事务治理的补充,其参与治理的事务主要涉及农户之间纠纷调解及村

---

① 来源于塔湾村琚桦齐老人的访谈资料。

第五章 交换扩展：村落关系下的市场性治理

落公共秩序的维护。

"话公"，即固定的"话事人"，"话事人"范围较广，要求较低，相对应的威望也较小，上到保长、甲长、老板、同姓会会首，下到为人正直、说话公道的普通村民都有可能被别人请去做"话事人"，断小事讲小理，即使只断过一次道理的人，也可以称为"话事人"。而"话公"则不同，他们相对固定、专业，断的道理与处理的纠纷也更为复杂，资格要求也较高，只有那些在村落里拿得住事，有较高威望，说话不怕得罪人，有能力把事情两清，且家境较为殷实，空闲时间较多的人才能专门当"话公"。"话公"没有任何报酬，在塔湾村，有"鸣炮言和"的传统，当矛盾双方为小利争执不下时，为了快速有效地解决问题，"话公"会自己将"小利"补齐，并出钱买鞭炮，鸣鞭之后，事情便两清了，补齐"小利"和买鞭炮都需要"话公"有一定的家底为后盾。

请"话公"来是解决问题的，穷人家没有专门做"话公"的。比如两个人为了几斗子谷成天闹矛盾，请到"话公"去断道理，为了解决问题，家里有点钱的"话公"就会自己掏谷子把事情两清了，你个穷人家几斗谷可以吃一两个月，不可能拿到别人做人情的，你解决不了问题，别人就不会请你的。我公公做过"话公"，除了面子上好看点，还要倒贴功夫，贴钱买鞭炮。[①]

一般的小村子没有专门的"话公"，稍微大点的村落里才有，塔湾村也只有1—2名固定的"话公"。如琚树齐的太爷爷因家里做榨包生意，种田少，空闲时间较多，家里经济条件中等偏上，性子刚烈，说话做事地道，不偏不倚，在村落内威望较高，被村民默认为"话公"。

"话公"在村落内或周边村落中均有较高的威望，仅次于"大头首"，但相较而言，"话公"除调解不同主体之间的纠纷之外，几乎不参加其他公共事务的治理。同时，从应然层面上来看，"话公"采取的是

---

① 来源于琚树齐老人的访谈资料。

被动式治理方式,很少主动介入,但只要有人来请,一般都会去,对于"话公"来说,能得到村民的普遍认可意味着面子、威望,甚至是权力,如果屡次拒绝,村民对他的权威认同会随之崩塌。对于断理的结果,"话公"只负责讲真话,给出公正的裁定,不保证裁定结果的有效性,他们不会,也不能让纠纷双方完全接受,当事人的接受程度与"话公"的威望和个人对结果的满意程度直接相关。然而,事实上,"话公"是在村民认同的基础上产生的权威象征。按照程同顺等人的看法,认同是一种自我理性的运用和个体宣示,涉及意义的建构,关乎思想观念、价值认知、意识形态等因素的判断和选择[1],权威认同意味着人们对"话公"判定是非曲直的行为规则、结果、价值等要素,经过个体理性的判断和价值选择过程,形成认同感、归属感与信任感,进而在行动层面上表现为对"话公"判定的服从与遵守。在村民看来,他们是正直、正义与公平的象征。这样一来,在具体实践中,村民一旦请"话公"出面断道理,一般都会接受其给出的调解方案,并且请"话公"断过道理的或在断道理中受过恩惠的村内外村民也会给予其一定的义务性回馈,这样,一方面,有利于促成村落的有序性;另一方面,在一定程度上,也能对村民参加村落公共事务起着动员作用。

杜赞奇认为,"乡村社会中的权威既不是为上层文化所批准的儒家思想的产物,也不是某种观念化的固定集团所创造的。乡村权威产生于代表宗派、集团以及国家政权的通俗象征的部分重叠及相互作用之中。"[2] 总体上来看,村落"大头首"与"话公"的产生和发挥作用既以村落农户的认同为基础,又是不断制造和增进人们对权威、村落共同体的认同、归属与信任过程。无论这种认同是出于自身利益,还是囿于村落权威的

---

[1] 程同顺、邢西敬:《合法性、认同和权力强制:制度权威建构的逻辑》,《上海行政学院学报》2016年第5期。

[2] [美]杜赞奇:《文化、权力与国家:1900—1942年的华北农村》,江苏人民出版社2010年版,第18页。

强制性力量，均改变与加强了在村落层面上人们相互之间原本松散的、非强制性的关系，为村落公共事务治理奠定了权威认同与主体基础。

（二）强制性自愿：村落事务型合作的治理

曼瑟尔·奥尔森在公共选择理论奠基之作——《集体行动的逻辑》一书中，从"经济人"假设出发，认为即使在公共活动中，人们亦有追求自己行为利益最大化的倾向。如果一个人不必担心被排斥在集体物品分配之外，那么他就不会有动机为这个集体物品的供给自愿奉献力量。"除非一个群体中人数相当少，或者排除存在强制或其他某种特别手段，促使个人为他们的共同利益行动，否则理性的、寻求自身利益的个人将不会为实现他们共同的或群体的利益而采取行动。"[①] 村落事务型合作属于集体行动的范畴，那么，在村落关系较为松散、缺乏强制性的情境下，塔湾村范围内的事务型合作是如何实现的？又是遵循何种治理规则的呢？

1. 集体性抢水

塔湾村的灌溉水源主要由大大小小的水塘提供，正常年份基本能满足基本生产需求。集体性抢水多发生在邻村之间，村落内几乎不存在真正的或大规模的抢水行为，顶多就是在用水高峰期，有些农户为抢占水源选择在其他农户歇工的晚上去踏水，其他农户在看到有人抬水踏出门，就不会再跟进抢水，水源是公用的，谁抢到归谁的，没抢到水的农户只能另谋出路。与这种少数农户的投机行为相比，集体性抢水发多生邻村之间，属于村落公事、大事。每逢大旱年份，龙溪成为灌溉的主战场。在自然状态下，龙溪水人人可取，谁取谁用。然而，如果在用水旺季，上游村落将水截留，导致下游村落村民无水可用时，相邻村落之间的集体性抢水行动随之发生。

---

① [美] 曼瑟尔·奥尔森：《集体行动的逻辑》，陈郁、郭宇峰、李崇新译，上海三联书店、上海人民出版社1995年版，第2页。

农户在龙溪踏水灌溉时，发现上游村庄将水拦截，影响正常的农业生产时，就会回村告知"大头首"，听候"大头首"的最终决策，"头首说抢就抢，说打就打，说和就和"。一般情况下，"大头首"会先行与上游村庄村民协商如何分配水源，如果协商不成，"大头首"就会组织村民带上锄头等工具进行抢水，稍有不慎，便会引发村落之间较大规模的冲突，甚至是械斗。例如1930年前后，余干县大旱，连续数月无雨，与信江相比，龙溪踏水难度相对小一些，自然成为河流流经村落农户争抢的水源。塔湾村村民在发现上游的赵家厂截留水源之后，由"大头首"亲自上门商议此事，经过多番协商，双方并未达成符合各自利益的分配方案。于是，为了尽可能地保证田地收成，"大头首"回村与各家家主通气之后决定抢水。两方各不相让，双方冲突不断白热化，演变为一场村与村之间的械斗，参与人数约六七十人，并造成一定的伤势。最终在保长的介入下，和平谈判，根据村落水田面积大小按比例分配水源，集体性抢水方才结束。

在集体性抢水过程中，"大头首"为总负责，是否抢水，如何抢等都由他基于村落用水需求的紧迫性，村民抢水意愿，与邻村协商的预期，抢水成本等综合因素来定夺，农户则在总负责的指导下参与其中。当"大头首"已经决定抢水时，农户无论是否直接需要引龙溪水灌溉均要做出响应。有直接抢水需求的农户因自身利益与共同利益一致而自愿加入队列，没有引龙溪水灌溉的农户则囿于地缘性关系、权威认同及其他监督与惩罚机制等外在的强制性力量加入抢水。这就是在相对松散的、非强制的、工具性的村落关系之下，村落集体行动得以生成的动力，也是集体性抢水治理的规则性特点。

2. 公益性事务

在塔湾村，公益性事务是村落治理的重要内容，如河道扩宽、安葬乞丐、修路等。以扩宽龙溪河道的治理过程为例。

龙溪是自然形成的小坑沟，发源于州畔山，流经塔湾村，在楼埠村汇入信江。河流宽约6米，总长在5000米以上，流淌于村落的山坡——塔背岭与田地之间，主要功能在于泄洪与灌溉，除邻近龙溪的农田时常踏河水灌溉之外，多数农户只在大旱之年才会多户联合引溪水灌溉。虽然村民对本村段的龙溪产权归谁所有分持国有和村有两种观点，但从管理意义上却一致认为龙溪归各河段所经村落负责管理，主要包括河段扩宽、维修等内容。一般而言，在以满足自身生产生活基本需求为己任的传统小农经济时代，扩宽河道这种较为大型的水利合作十分少见，单家独户或少数几乎农户联合的力量十分有限，根本无法完成，势必需要依靠全村落范围的集体力量来共同完成。因此，在塔湾村，龙溪河道加宽属于村落公共事务，主要由村落"大头首"负责召集与主持，各家族会首协助安排，农户共同、对等地参与完成，费用由各姓氏会上先摊，超出的部分由农户均摊，劳动力也是如此，各个环节缺一不可。当然，在修筑过程中，为防止农户出现"搭便车"的行为，强有力的监督与惩罚机制必不可少。以民国初年的河道扩宽为例。

民国初年，由于龙溪坑道狭窄，雨水多的年份，坑道里的水倒灌，危及周边的农田；干旱时节，坑道里的水又容易干涸，无法持续地满足田地灌溉的需要。为增强龙溪的灌溉与泄洪能力，村落所有农户，包括地主老板、甲长、会首、"大头首"等各阶层，关系好的、一般的或坏的各关系程度的村民在内，都要在"大头首"的统筹，会首的协助下，基于共同利益自愿联合起来对村落所在河段进行加宽扯直。当时，村落内并未设立专门的改造组织，也没有因事而设的专门组织人员。但在进入具体筹备之前，由村落"大头首"临时统筹与主持召开了一次头首会议，主要商议资金与劳动力筹集、加宽方案等事项，各家族会首协调安排，每家每户各出一个劳动力义务参加工程及均摊费用。

在此过程中，存在着一系列预防农户为追求自己行为利益最大化及保证合作中每个主体权责均等化的监督与惩罚机制：一是"大头首"和合作者之间的监督与自我监督；二是公共性福利的剥夺，即如果不参加

关系、规则与乡村治理：赣东北塔湾村的秩序表达

或者未按照规定均摊劳动力或经费，那么他将被排斥在龙溪踏水或其他形式的水利合作圈层之外；三是舆论压力，即其他村民对越轨者进行言论上的差评、嘲讽。在熟人社会关系中，"每个人像爱自己的生命一样爱惜自己的荣誉、品行、生怕被人视为品行不端、道德有缺，如果在社区中某人被指为'缺德'，他就会被千夫所指，不能正常的生活或与别人交往"①。这样一来，在强制性与自愿性并存的情境下，整个加宽工程前后共历时十多天，无一不合作的。

与之相类似，安葬乞丐与村落公共道路的修建也属于公共性事务，其治理手段、规则等与上述龙溪河道加宽的治理显然有异曲同工之处。

在塔湾村，对死在本村的乞丐或流浪汉会提供丧葬保护，但乞丐安葬是否能成为公共事务与乞丐死亡的位置密切相关。村民发现乞丐会第一时间通知"大头首"，接到通知之后，"大头首"前往事发地点查看，判断到底由谁负责安葬等事宜，只有那些死在村落公共区域的乞丐才归村落负责，即由"大头首"出面统筹组织相关事宜。由于塔湾村并不存在村落层面上的公共财产，故安葬乞丐产生的一切费用均由各姓氏会上或村落农户合力分摊。相对于家庭老人丧葬，安葬乞丐更为简陋，主要包括棺木、香烛、坟地等费用，约 1 担谷左右，在年景不好之时，找块地出力掩埋即是莫大的善举了。从安葬的实际过程来看，农户参与集体行动的成本较低，出于对"大头首"的权威认同及监督、惩罚规则的考虑，几乎无人冒着"丢面子，失权失利"的风险拒绝参与其中。此外，村落修路由"大头首"负责统筹和决策，但如筹款及人员安排等具体执行层面的事务便成了会首的职责，会首根据任务的轻重缓急来决定是否向"家首"发包任务，各户家主则是公共事务完结的终端。

由此可见，无论扩宽河道、修路，还是安葬乞丐，村落内公益性事

---

① 于语和:《简述民间法约束力的来源和表现》，谢晖、陈金钊主编《民间法》第 3 卷，山东人民出版社 2004 年版，第 19 页。

务的治理均离不开强制性与自愿性的结合，在合作内部遵循着公平、对等的原则。

(三) 互惠与强制：村落大纠纷的调解

在塔湾村，"大头首""话公"作为村落治理的主体，协调各主体间的矛盾纠纷以保持稳定的村落公共秩序是他们治理的重要内容，且主要集中于村落内较大规模纠纷的调解，如家族之间因斗船、会产产权冲突，村落之间的抢水、"赢灯"等产生的集体性纠纷。治理主体是否介入，何时介入及如何介入调解与纠纷类型直接相关，即因事制宜。

1. "大头首"与"话公"的调解

通常情况下，对于家族或村落之间大规模的矛盾冲突，"大头首"要主动介入调解，以避免事态进一步恶化。在处理这类纠纷时，互惠的公平与权威的强制相结合是"大头首"调解的重要原则。

赵旭东认为，乡土社会对待公平的原则最重要的一条就是要达成互惠的原则，人们在相互交往中，最初寻求的是一种对相互都有利的"互惠的正义"这种双向原则，当一方不顾互惠原则而最大限度追求自身利益最大化时，纠纷便会产生。① 同样，在相互交往过程中，家族或村落群体之间因放弃或破坏互惠原则而产生矛盾冲突，互惠的重构是纠纷调处的重要手段。因此，"大头首"在调解纠纷时，要顾及到矛盾双方的利益均衡，以互惠的公平为主导性规则；同时，"大头首"作为村落治理主体，基于村民的普遍认同而成为村落内最具权威与公正之人，这样一来，他在纠纷调解中就可以获得内生型服从，具有一定的强制性。当然，"大头首"调解的强制性主要表现在村落内的大冲突及村落间的冲突等方面。

---

① 赵旭东：《互惠、公正与法制现代化——一个华北村落的纠纷解决》，《北大法律评论》第 2 卷第 1 辑，法律出版社 1999 年版，第 100—144 页。

以不同家族之间的"斗船"冲突为例。塔湾村,乃至余干县信江流域的村落均有在关皇节(农历五月十三日)当天划龙船的风俗,为营造气氛,邻近的船只之间通常会相互"斗船"。民国初年,按照惯例,毛、程两姓合打一条船,琚、陈两姓合一条船一起到黄金埠码头下水划船。机缘巧合,来自塔湾村的两条船正好挨着下水,成为"斗船"的对子,最后琚、陈两个家族合作赢了对方。对此,毛家人不服气,以琚家人耍滑头为由,一气之下把对方的船给撞烂了,在公众场合,琚家人哪受得了这般敌意与羞辱,于是,两条船上的人开始对骂。两大家族的村民见状也纷纷加入骂战,互相推搡,差点儿打起来。在两大家族会首无法平息争吵之时,"大头首"介入调解,在互惠性规则的指导下,督促双方互相道歉,且由毛家出资修理琚家被损坏的龙船,看在"大头首"的份上及出于对他权威的内生型服从,双方和解,方才阻止冲突的恶化,免去了一场家族间的械斗,但这以后,在很长一段时间内,毛、琚两大家族之间相互竞争,关系较为紧张。

"话公"作为村落治理的又一主体,主要以被动的方式介入与负责调解处于如地缘、业缘等村落维度关系下的农户之间发生的对抗性冲突等大纠纷,以互惠的公平为基本规则。当然,如果村民主动上门邀请,"话公"偶尔也会介入家庭或亲族内部大冲突的协调,但对于家庭关系或亲族关系范畴内主体间纠纷,要将矛盾双方的血缘关系考虑在内,同时遵循相应的关系规则,并且这些规则具有一定的选择优先性。如父子之间发生矛盾,邀请"话公"出面调处,这种情境下,他必须优先援用父慈子孝的伦理性规则来进行治理,在此基础上才尽可能地保证互惠的公平。

此外,与保长关系好的地主老板在与他人发生矛盾冲突时,往往不会找"话公",而是找保长来裁定,试图通过他们与保长之间的好关系占得赢面。普通村民则很少请保长充当"话公"来判定是非曲直。在他们看来,保长给政府当差,算是个小小官员,官员是"吃威望"和"吃钱财"的，势必会偏袒与之交往密切且家底丰厚的地主老板，无法公平、公正地断道理。同时，保长虽然手握国家政权治理的权力，但在村落内并没有多大威望，保长与村民之间仅仅存在着松散的外生型服从，缺乏基于权威认同的内生型服从，这也使保长无法成为村民纠纷的首选调解主体。

2. 国法的补充治理

在中国很长一段历史上，"乡村社会只需服从国家的总体意志，国家一般不直接干预乡村社会生活"[1]，村级治理主要"依靠国家自上而下延伸的保甲制和乡村内生权威人物的影响共同治理乡村"[2]。然而，通过对个案村的调研发现，保甲长除在征税拉丁等政权事务上有着强制性权力之外，在村落公共事务上通常要服从于村落"大头首"的安排，且在政治教化及保内公共秩序维护等工作上时常要依赖于"大头首"，企图就此向村落内的权威之辈借力，这在一定程度上增强了村落自我调节的自治色彩。以保甲制为载体的国家政权力量只是在矛盾冲突治理中起着补充的作用。

政权治理具有一定的暴力性与强制性，以暴制暴，"以权压民"。一般情况下，"报则理，不报不理"是乡村政权治理的常态。只当村落之间出现大规模械斗，事态十分严重以至于民间的、内生型的力量无法有效控制，或直接危及社会公共秩序，或出了人命，或有人报官时，政权的乡村代表——保长或乡长等人才会介入。如1930年前后，塔湾村与赵家厂因抢灌龙溪河水发生大规模械斗，参与人数约六七十人，事态严重，保长主动介入协调，为快速有效控制局面，保长还特意向乡公所调用了配枪的乡丁；再如，据琚友齐回忆，在他童年时期，目睹过两班狮子灯在黄金埠"斗灯"时发生暴力性冲突，双方的"灯头"，及其村落"大

---

[1] 于建嵘：《岳村政治：转型期中国乡村政治结构的变迁》，商务印书馆2001年版，第8页。
[2] 张厚安、徐勇、相继权等：《中国农村村级治理：22个村的调查与比较》，华中师范大学出版社2000年版，第24页。

头首",所在保的保长均无法调解,乡公所直接派出乡丁,将闹事和围观的民众冲散。

在传统时期,即使发生较为严重的矛盾冲突,人们也很少打官司,一方面打官司的输赢在很大程度上取决于"状纸"的写作质量好坏,请专人写状纸需要支付报酬,同时,打官司的周期较长,会耽误农事安排,普通农户根本无力承担打官司的高额成本;另一方面,即使报了官,在打官司时,双方谁能说能道,谁的势力大,赢的概率会大很多,赢或输不在于你是否有理,而在于谁更强势,正所谓"衙门八字开,有理无钱莫进来","官不怕你穷,鬼不怕你瘦"。普通人家不会为了争一口气或断一个理而花费大量的人力和财力,国法并非万能的,如果能用村规或家法定输赢的话,国法更是无用武之地。

只有那些家底殷实的老板才会诉诸法律,打官司。请"话公"断道理,如认为"话公"的处理有失偏颇或矛盾冲突尚未得到有效的解决,他们就会重新请"大头首"或保长来做"话事人",如仍不满意,一些有能力,有身家的老板便诉诸打官司。当然,坚持打官司的老板们,尤其是那些与普通村民打官司的老板通常会遭到"话公""大头首"、村落其他农户的侧目,被认为是"刺窟窿"(刺头),无论官司输赢,村民在日后的生产生活中都会尽量避免与其交往。

以前没什么国法可讲,法律是靠人来执行的,法是死的,人是活的,总归会带上人的习气,法律不会偏向你穷人家的。不比现在,以前屋堂里头的什么事情,很少靠国家,靠法律,主要靠头首,靠话公,靠良心,靠习惯,靠规矩。①

三　互利性公平:村落交换治理与扩展

学界对村落社会定位存在不同的理解。黄宗智从底层民众角度主张

---

① 来源于琚友齐老人的访谈资料。

将"自然村视作只包含庶民的一个闭塞而又有内生政治结构的单位","在这种封闭的乡土社会中,一个村庄和外部世界一般没有什么常规性的联系和往来,没有经济的、文化的、人际的甚至婚姻的交往"①。而杜赞奇则从文化权力网络角度认为,将乡村定位为自我封闭的共同体,就会"忽视文化网络中那些村民之间以及村庄与外村人之间千变万化的组织及人际间的关系"②。诚然,自然村作为农业社会的聚落形态,具有一定的恒久性与闭合性,人们生于斯,长于斯,相互依赖,但这并不意味着村落可以完全脱离与外界的联系,孤立地存在,家户及村落资源的有限性使得村落在内部自治的同时也表现出向外的扩展性。

(一)互利的村落雇佣

1. 生产性雇佣

在农业社会,雇佣是人们之间合理配置劳动力与物质生产资料的重要方式。家中土地经营规模与劳动力不匹配且无工可换的农户,通常是土财主,他们会选择雇工(零工或长工)来满足生产经营需要。如地主琚仁列家耕种70亩水田,雇了1个长工,抢收抢种时再雇4—5个散工;地主陈友道家耕种60亩水田,雇了1个长工,农忙时雇1—2个散工;富农琚内林家耕种25亩水田,忙不过来时雇1—2个散工。

一般而言,年龄在20—45岁,干活质量好、速度快,且人品好的男劳力是最受欢迎的长工人选,即长工雇佣要求活路与人品并重。在塔湾村,老板多到外村雇长工,为保证长工的质量以追求自家用工利益的最大化,他们常通过熟人、亲朋好友或二户仔(职业中介)的介绍寻得合适人选,前者介绍多为人情道义之事,与钱财无关,而寻求"二户仔"

---

① 周晓虹:《传统与变迁:江浙农民的社会心理及其近代以来的嬗变》,生活·读书·新知三联书店1998年版,第54页。
② [美]杜赞奇:《文化、权力与国家:1900—1949年的华北农村》,王福明译,江苏人民出版社2010年版,第176页。

帮忙则要支付约4—5斗谷的报酬。在长工正式入户老板家之前，双方会就待遇、活计等内容达成口头协议，即"嘴说为规"，无须签订雇工合约。在以小老板为主的塔湾村，长工待遇与当地流行的标准基本相当，长工多住在后偏房里，床、被子、蚊帐等基本生活用品由老板配备齐全；吃饭与老板同桌同食，不会另作安排，也没有太多的忌讳和讲究。长工正月起工，到十二月歇工，年平均工资约为15—20担谷，具体由双方依据劳动强度、意愿协商决定，遇上大旱或大涝严重影响收成的年份，根据约定，长工工资也会下调，下调的幅度与歉收程度一致。

在年工资的基础上，中秋节、过大年，老板会给长工放假，并赠送一些糍粑、肉是当地普遍的做法。在此之外，老板与长工之间在雇佣关系内几乎没有人情往来，长工不需要给老板拜年。老板家办红白喜事时，长工不用送礼，只管帮忙做事；反之，长工家办酒席，老板也不会千里迢迢送人情。在他们看来，主雇之间过多的情感性联系往往容易使双方陷入人情困境，进而成为各自追求或表达利益的羁绊，也不利于雇佣关系的维护与效用最大化。当然，也并不排除极个别的长工与老板在长期的雇佣交换中建立起深厚的人情关系，但此类情况极为少见，且这种人情关系不具备横向和纵向的延展性。

同样，对于长工生病或请假的情况也有相应的约定。长工小病，老板负责医治，并放假1—4天用以养病恢复，休息时间超过4天，老板会按天数扣工资；长工大病，老板则会直接将其辞送回老家，并给予适当的辞工补偿。在医疗条件落后的年代，大病意味着久卧不起或死亡，把身患大病的伙计遣送回家是老板的首选，一方面，是为了避免长工病死在自己家里，惹上不必要的麻烦；另一方面，长工大病无法劳作，会直接耽误农事安排。为维持家庭的正常生产经营，老板在长工生大病之后，会立马物色新长工。长工请假的情况也偶有发生。如果长工家有生老病死等急事发生，那么老板在准假的同时也不会克扣其工资；但如果长工是请假回家忙活，那么老板会如数扣工资，回1天也算。

第五章 交换扩展：村落关系下的市场性治理

你伙计回家做自己的事情了，还要当老板的给你付工钱，哪里有这么"二百五"的老板的啊，对伙计再好的老板，他也是老板，老板都想着占赢面的。我们这里穷，都是土财主当老板，他们自己也是从田地里耙口饭吃的。收心的老板毕竟少数，生到大病也一样，老板雇你长工干活，没有义务给你长期养病。①

长工与老板之间因互通有无联结成为雇佣关系，虽然双方在身份地位、财富等方面的差异使得相互之间的关系可能存在某些不平等，但总体上看，雇佣属于一种交换行为，老板与长工之间是互利性的经济关系，大致的公平与均衡是雇佣关系得以构建、维系的前提与规则性要求，对老板和长工的行为均具有约束性，双方相互监督。在雇佣关系中，如果老板未按照大致均衡的原则对待长工，过分地剥夺长工合理的关系福利时，那么长工在劳动过程中也会想方设法进行消极抵抗；同时，在这一博弈过程中，老板的声誉也会受损，可能直接影响他们在村落中的社会地位及日后雇工活动，能雇得起长工的多为有钱老板，声誉对他们来说无疑是非常重要的。

雇零工也是生产性雇佣的形式。塔湾村每家每户都拥有一定数量的私有土地，且家户劳动力剩余有限，由于家庭生产经营活动的牵制，多数劳动力只能在完成自家生产之后在本村或邻村打散工补贴生活，如村民陈择雨一年大概可做 100 天的散工。与长工相比，零工雇佣关系较为松散、不确定，田里忙不过来的普通农户或地主都可能成为雇散工的老板，有空闲的劳动力也可能随时成为散工，由双方的农事安排而定。

虽然在村落内或邻村的雇零工会受到血缘、地缘等关系的影响，但干活好坏及人品仍然是雇主的首要考察标准，只有在活路差不多的情况下，才会将关系亲疏远近及好坏考虑进去。如果 A 和 B 有空，其中 A 的活好但与老板关系一般，B 与老板关系好但活不好，那么老板会优先选

---

① 来源于塔湾村琚桦齐老人的访谈资料。

择A来干活。当然，如果A与老板关系很差，有矛盾，那么就算他活再好，老板也不会请他。散工与老板也几乎不会在雇佣的基础上衍生出新的人情往来关系。"别人叫你，你就去，没叫你，你就没得做了，有空你就帮他做，没空就不做，比较自由，没有强制性"是对雇佣治理之自愿、对等、互利等规则的村落本土诠释。

2. 技术性雇佣

一个人不可能掌握全部的技艺，故无论村民身家如何，都有机会请专门的手艺师傅上工，如建房子，打家具及修理生产工具。民国时期，塔湾村只有1位木工，石匠、篾匠等要到黄芽洲、金埠等周边村落或黄金埠市场上去请。请师傅优先考虑技术和人品，哪里有哪里请，谁合适就请谁，个人之间关系的亲疏远近与好坏只有在技术与人品符合基本要求时，才会发挥作用。一般情况下，同一个村落村民基本请同一个师傅，理由在于手艺师傅的口碑及其因熟悉产生的信任感，即村民第一次请师傅往往会参考有请工经验村民的意见，如果师傅手艺与人品双优，那么一个人请了，下次其他人就会接着请。同样，无论请工东家为何身份，只要上门请，在无工期冲突等情况时，手艺师傅通常不会随意推脱。当几户人家同时请一位师傅在同一时间上户或赶工时，师傅会按照"先来后到"顺序出工，并不会因为请工东家的身份或与自己关系的亲疏远近而破坏规矩，各方协调一致的情况除外。当然，在帮本家或娘家至亲上工时，囿于雇佣关系之外的人情，师傅一般会免费送上几个工，聊表心意，遇上父母或岳父母，出于伦理责任的强制性，甚至会免费出工。手艺师傅与东家之间在雇佣之外的往来服从于原有关系，雇佣对双方的日常生产、生活及交往并无明显的黏合作用，木匠、石匠即使被请去吃建房的上梁酒，也无须额外打礼。

总体来看，技术性雇佣同样遵循着公平与对等的原则，一方违规，平衡就会被打破，双方雇佣关系便难以维系。如手艺师傅带着徒弟上工，一般1次只带1个徒弟，在村民看来，一方面无论手艺怎么样，徒弟始终不如师傅,以师傅的价格请徒弟划不来;另一方面3年以下的徒弟在技艺和速度上均不及师傅,对于1个工能做多少事情,行业内有潜在规定,大家也心知肚明,徒弟做不完的事情,师傅要帮着干,如1个师傅带1个徒弟1个工要做8条板凳,徒弟只能完成2条,那么师傅要将剩下的6条全部做好才能歇工。如果上工带的徒弟较多,师傅帮不过来,这就导致东家的付出与回报的不均衡,进而引发不满,影响下次合作的同时,也不利于手艺师傅口碑声誉的维护,增加自身失利的可能。即使在修建房子,杂活多,不好计算工作量时,带了徒弟的师傅为保证相互之间的互利性公平,也会自觉地适当延长上工时间,如由4点半歇工延至6点左右才下工。

在村落文化中,雇佣被看作是一种合理的交换活动,互利、公平与对等是雇佣交易治理的基本规则,诸如血缘、人情等其他社会关系因素的直接影响十分羸弱,甚至无须考虑等级差序的伦理与轻重相权的纠结。互利性公平是雇佣活动治理的主依据,任何越轨的短视行为,都会引起雇佣秩序的失范。

(二) 工具性的权力交易与规则转化

马克斯·韦伯认为"事实上,正式的皇权统辖权只施行于都市地区和次都市地区。因为在这些地区,它不用面对在这些地区以外所遭遇到的、强固的氏族血缘纽带的对抗。出了城墙,统辖权威的有效性便大大地减弱乃至消失"[1]。威廉·J. 古德亦有提及:"在中华帝国统治下,行政机构的管理还没有渗透到乡村一级"[2],国家在乡村推行乡都制、里甲制、都甲制等制度,民国初年,余干县全面实行的保甲制,成为国家政权伸入乡村社会的制度载体。塔湾村与相邻的金埠村、赵

---

[1] [德] 马克斯·韦伯:《儒教与道教》,洪天富译,江苏人民出版社2010年版,第98页。
[2] [美] 威廉·J. 古德:《家庭》,魏章玲译,社会科学文献出版社1986年版,第166页。

家厂、小港等村共同隶属于大溪乡第三保，全村共设5甲，设保长1名，每甲设甲长1名。保甲长作为国家政权代表，连接着国家与村落社会，他们，尤其是保长已然成为国家政权治理的权力主体，上传下达，征兵与赋税摊派是最主要职责，也正是在这一过程中，隐蔽着权力的交易。

据《余干县志》（民国手抄本）记载：中华民国二十三年余干县试行征兵制，当年全县共征调20—25岁男子240名，并定期组织18—45岁的男子进行短期的社会训练。民国二十六年，全县除每甲要配征1名壮丁之外，另配赋兵额1480名。民国二十七年抗日战争进入第二年，本县征兵数额急剧上升为8484名，另外还征集36—45岁的男性1200名编为铁肩队，随车队开赴前线担任运输工作。民国二十八年配赋兵额为5856名，之后每年征兵配额维持在3000名左右。随着适龄壮丁数量减少，为完成配额任务，"三丁抽二""五丁抽三"，甚至"抽满丁"。征兵程序也由登记在册，抽签征调的方式转变成保长在保丁或乡丁的协助下直接抽抓壮丁，这样一来，保长在征兵上的权力不断扩大，为权力交易及由此产生的"拉关系"提供了可能。

权力是一个关系概念，这种关系不仅包括正式关系，更重要的是还包括个体互动时彼此的利益、情感、亲缘等各种复杂的交换关系，这种相对固定的互动关系使得产生于其中的权力关系具有了结构性。[1] 同样，保长与村民之间的权力交换亦掺杂着利益、血缘、亲缘等关系。对于兄弟等至亲，保长出于伦理连带性会主动给予其征兵保护，但对于其他村民，即使双方关系好，相互之间的交易也理应是互惠的，区别仅在于交易的机会优先性与成功率。民国时期，历任保长均非塔湾村人，村落农户在日常生产、生活上几乎不需要依赖保长，且在赋税摊派、抓壮丁等

---

[1] 李猛、周飞舟等：《单位：制度化组织的运作机制》，中国社会科学院社会学研究所《中国社会学》（第二卷），上海出版社2003年版，第135—167页。

第五章 交换扩展：村落关系下的市场性治理

事宜上，双方表现出一定的对立性，保长不找村民，村民也不会主动找寻保长，在无事相求时，村民无心，更无力刻意与保长维系密切的人情交往，保持淡淡的地缘性关系即可。

我家就我一个崽，生在穷人家，跟保长之间没哪个子关系，独子不参军，保长也克扣不到我，我也不用跟保长搞好关系，平时，各过各的生活，没有什么事情需要特别求到他的，乡里乡亲，互相不得罪就可以了。那些有钱人，有两个或者更多儿子的人，他们会注意与保长搞好关系。一般的穷人家，有两个儿子也不会与保长怎么样，没钱搞关系，就算搞了关系，保长不厉害的也不一定保得住，不厉害的保长自己的儿子也要抓壮丁。①

当然，有事相求于保长时，村民会主动通过送礼、宴请或委托介绍等方式与保长攀上关系，以寻求他的庇护。民国时期，请兵与买兵的现象较为普遍。一家之主不想儿子当兵时，则会出钱请兵，即买兵，请其他愿意当兵的人来替代。请兵主要有两种方式：一是向保长买兵；二是自己买兵，但要额外打点保长，否则请兵难以成功。按照当地市场价格，请1个兵约120担谷，普通村民根本无力承受。想要买兵或试图通过保长而免服兵役的农户，要提前与保长拉上关系，如过年专程带上礼物给保长拜年，保长家办红白喜事主动上门打礼，直接提上礼物请求帮忙，或找与保长相亲相好之人搭线疏通。一旦成功攀上关系，保长就会利用自己职权竭尽全力为对方谋得其期许的实惠，这是权力交易的潜规则，亦是保长提高自身权威的有效途径；反之，如果保长无法顺利改变抓丁规则，以至于庇护供给失败，那么他在保内的威望、信用将受到破坏，在村民心中就会逐步沦为"无用"或"言而无信"之人。当然，在交易过程中，村民要承担请求失败的风险，即使最终保长无法办成请托之事，他们也不能收回送出去的礼物或其他

---

① 来源于塔湾村陈择雨老人的访谈资料。

形式的付出，这在一定程度上体现出权力交换的不平等性与风险性，但总体上来看，需求—供给基本对等。

相比较而言，地主老板与保长之间的权力交易更为均衡、互惠与持久。保长在保内位高权重，老板在村落内有财有面，两者势均力敌，各自占据着对方欠缺的优势，他们之间的交换通常是一种互利互惠的合作。在传统时期，田契是农户摊派赋税的官方凭证，塔湾村内并非所有田地均官方登记在册，再加上地权分布不均，这样一来，普通农户需要上缴的赋税是有限的，有些人家甚至不用交税，如琚桦齐家上缴田赋为1担左右，其他摊派费税约为1担；琚友齐家田赋也在1担左右，其他摊派税费约为1担；琚仁列家共70亩水田，田赋在25担左右，其他摊派税费约为6担。由此可见，身负赋税摊派任务的保长主要依靠地主老板的配合来完成任务；与之相对应，保长掌握着地主老板缺乏的征兵权力与暴力资源，地主老板在家庭财富保护及儿子当兵等事宜上有求于保长。他们之间相互牵制、依赖、对等、互惠、合作，各取所需，在日常生活中，通过增加双方的仪式性、消遣性往来以维护与稳固双边关系。

此外，对于被错抓壮丁的村民，出于与保民之间的地缘性关系或对自己为他人提供保护将给自己带来回馈的考虑，只要双方未到达老死不相往来的境地，保长通常会主动向负责抓丁的人反映真实情况，给予农户一定的保护。据陈择雨老人回忆，"独子不当丁"，根据余干县兵役法相关规定，他作为家中的独子不用去当兵。然而，在他20岁左右那年，在打完零工回家的路上，被乡丁误抓了壮丁，本保保长发现之后，立马向乡丁解释和证明陈择雨家中独子的身份，一番争论之后，乡丁就把他放回去。回家之后，他向母亲讲明了事情的经过，为感谢保长的解救之恩，其母亲倾其所有买了烟和酒等礼物送给保长，并在日后的生产、生活及交往中给予支持与回馈。

然而，对于逃兵，除非对方与自己关系亲密或受人之托，否则保长则以袖手旁观的态度处之。理由在于,如果同一个保的逃兵过多,保长等人也难免受牵连。余干县政府曾经呈文:"似此征派失是,愈缉愈逃,愈逃愈多,甚至连累征调兵员,保长、甲长全家出逃,所谓鸡犬不宁焉,莫此为甚。"几乎没有人会为了和自己仅存在地域联结的人担负超出预期回报的风险,即双方的关系不足以强迫或激励保长去冒险改变规则。

詹姆斯·C. 斯科特认为,庇护关系——一种角色间的交换关系——可以定义为包含了工具性友谊的特殊双边联系,拥有较高政治、经济地位的个人(庇护者)利用自己的影响和资源为地位较低者(被庇护者)提供保护和恩惠,而被保护者则回报以一般性支持和服侍。[1] 总体而言,保长与普通村民或地主老板之间的权力交易实质上属于庇护关系的范畴,即庇护者与被庇护者之间基于各自利益需求进行交换,是以目标为导向或"目标算计"式的,双方在交换的过程中尽可能地遵循互利性与公平性的规则,这是交换的前提与最终目标。当然,公平与互利的实现是建立在交换成功的基础之上,否则请托人就会因为无法要求对方退还给付的财物而处于劣势地位。

(三) 村落关系的功能化扩展与治理

在农业村落中,人们生于斯,长于斯,但他们的活动并不局限于斯,以村落为地域中心的关系向外延伸。一般而言,这些延伸多为功能化的扩展,具有工具性、目标性算计的特征,如以商品交换为目的的市场圈,以婚嫁为导向的婚姻圈以及文化性仪式圈等,在这些扩展的关系中,又呈现出何种治理呢?

亚当·斯密认为商品之间的交换是自古至今一切社会与民族普遍

---

[1] Scott J. C., "Patron-Client Politics and Political Change in Southeast Asia", *The American Political Science Review*, 1972 (66), pp. 91–113.

关系、规则与乡村治理：赣东北塔湾村的秩序表达

存在的经济社会现象。在塔湾村，由于自给自足的小农经济生产方式及离黄金埠、大溪集市较近的区位优势，村落内并没有形成稳定的集市，仅存在着零散的、偶然的、不确定的小规模交易，大多数商品交易发生在村外的集市。然而，村内交易也体现着关系的功能化扩展，以买卖猪肉最为常见。过节过年时，部分养猪的农户要杀猪，村落内的销量有限，势必要提前为销路奔走，除本村之外，黄芽洲、赵家厂、金家畈等邻近村落内村民不可避免地成为卖家邀买对象。到邻村找买家，如果相互熟悉，买家可亲自上门，如果不熟悉，则会通过关系好的人帮忙邀买。平日里与卖家沾亲带故或往来较为频繁的村民多少要买点，量力而行即可；而对于平日里无特殊关系的村民来讲，可根据自己的实际需求决定是否购买，如果不买，就会断了与买家的准交换关系。通常情况下，为了避免碰面尴尬和保留自家日后销路，只要有能力，就会帮忙分销。

村外集市交易也是如此，对等与互惠是交换双方自我调节的基本原则。黄金埠市场与大溪渡集市是塔湾村民最常去的交易场所。黄金埠市场位于塔湾村的东南方向，走水路两地相距约3公里，走陆路约4公里，市场上的商品种类繁多，涉及各个行业，吃穿住用行，柴米油盐酱醋茶，样样周全，人们去黄金埠市场以买东西为主。由于黄金埠市场上多为坐商（固定商贩），村民上街买东西更倾向于和本村人、亲戚、熟人等与自己关系近亲的老板做生意。一来照顾老板生意，二来在熟人老板那里买东西，方便讲价和赊账。为了获得更多的赊账机会，农户在买同类商品时，会刻意选择同一家店铺；反之，对于老板而言，允许赊账也是其招揽生意的重要方式。当然，赊账要建立在相互熟悉、信任的基础之上，赊的账通常需要在年内还清，否则下次很难赊到账，还会影响交换关系的维系。然而，无论是何关系，均要遵守对等与互惠的规则。一位外国学者在研究中国一个小镇关系时指出，"鹿港小商人希望最大限度地拥有自主性和选择的自由，他们更喜欢有限的、有特定功能的关系，而不喜

第五章　交换扩展：村落关系下的市场性治理

欢同个人关系纠缠在一起的广泛联系。"[1] 在黄金埠市场上已然如此，市场交易活动中，与交换关系相对匹配的互利性公平是合理的、先行的规则，亲缘、人情等因素可能会影响双方在买卖对象选择、是否赊账等的决定，但却无法阻碍人们对互惠的追求。即使在市场上发生矛盾纠纷，调解人也会按照上述规则进行裁定。大溪渡集市上的交换治理与黄金埠市场的情况大致相当。只是在集市（墟市）上，产品价格由卖家自行决定，买家可以讨价还价，最终成交价格由双方共同商定，并且交换以钱币为主要支付方式，一手交钱一手交货，不赊账。这无疑进一步明确了买卖双方的自愿、互惠的自我调节规则。

同时，仪式性的文化活动也是村落关系功能性扩展的又一载体。在塔湾村，约每十年举办一次"赢灯"（舞灯）活动，以花灯、马灯、龙灯为主。"赢灯"是加强村落内聚力的重要仪式，也是一个村落实力强大的重要表现，在村民们看来，"赢灯"不仅戏灯，还在于赢面子。"赢灯"主要在村落外头进行，灯去哪个村落要提前下帖联系好，通常是去与本村或本村村民有一定渊源的村落，本村村民的亲朋好友、各姓氏的华宗或与本村地域相近的周边村落。对方村落接到灯帖，同意接灯、带灯的情况下，灯才会进村。如果有人带灯，带灯人所在村落农户看在带灯人的面子上会准备茶水或点心接灯，并打点赏钱，否则就有遭遇"拆灯"或无人"接灯"的可能。按照当地的说法，"赢灯"与"带灯"都关乎面子，如果其他人不接，不仅损害了赢灯人的面子，更是直接让带灯人跌面子，进而影响他们在日常生产和生活中的交往关系，带灯人要全权负责灯在本村的安全。村落赢灯，其他村落接灯，实际上是村落交换的变形，村落之间一旦联结成为仪式圈，那么在下次对方"赢灯"时，村落要对等地接灯，算是一种交换式的回报，否则村落及其村民将

---

[1] D. R. De·Glopper, "Doing Business in Lukkang", in P. Wolf, ed. *Studies in Chinese Society*, Stanford University Press, 1978, p. 308.

会陷入舆论洪流之中,在外声誉受损。

四 小结:村落关系与交换治理

日本学者福武直根据村落社会内部结合单元,将村落分成"同族结合型"和"讲族结合型"。"同族结合型"是"由在村的大地主即本家的租耕农阶层从属于本家的血缘或非血缘的旁系构成,是主从关系和纵向结合",村落的政治由强有力的本家地主的统治力量左右,一般村民的个别利益被本家地主的整体权威扼杀;"讲族结合型"即由基本平等的家所构成的横向联系,产生于缺乏同族结合或同族衰退的村落。这里没有产生身份上的支配从属关系,各个家庭是平等的,共同集合成为村落,同时各家庭之间也在对等关系上存在着依存和援助的联系,但各个家庭的利己之心竞相发展,共同体限制较为薄弱。[①] 从村落关系维度上来看,塔湾村的特点更接近于"讲族结合村落",多姓杂居,日常生产生活交往中以家户为基本单元,不存在着笼罩性的家族力量,村落层面的集体行动或农民合作缺乏结构性力量与伦理强制性因素的驱动与整合。

家户之间的互助合作主要是基于各自利益需求的交换合作,如土地租佃、日常借贷等资产融通性合作,水利合作、换工、合具等生产性合作。在合作过程中,对等与自由是各主体之间有序的合作秩序得以构建所遵循的基本原则,血缘、人情等关系因素的影响远远不如利益理性来得重要,只有在符合各自家户基本利益的基础之上,上述因素才可能发挥小范围的微弱影响,如在生产能力相当之时,人们凭借相互之间的血缘亲情等密切关系可以优先获得租佃资格。在日常生活交往中,除了家庭、小亲族及家族内部基于或强、或弱的血缘连带性往来之外,在超越家庭或家族的村落维度上,亦然是以家户为中心的自由、对等的交往。

---

① 参见陆学艺主编《内发的村庄》,社会科学文献出版社2001年版,第24页。

第五章　交换扩展：村落关系下的市场性治理

当然，在生于斯，长于斯的熟人社会关系中，要接受一定底限的束缚。只有这样，才能保证村落关系下又受诸如惯行、人情中性化等底限的约束。

在中国历史上，乡村社会只需服从国家的总体意志，国家一般不直接干预乡村社会生活，国家存在的经济体现就是捐税，汲取资源是国家政权在乡村社会的主要表现。在内部关系松散、工具导向性凸显，外部力量孱弱的格局下，人们以村落治理主体为媒介制造权威认同，进而增进村落维度的联结，为村落公共事务治理奠定认同基础。在村落事务性合作与纠纷调解过程中，自愿、均衡、互惠仍然是最基本的原则，但基于认同产生的权威、家户基于互惠的相互监督及国法的补充式介入均在其中发挥着强制性的作用。在一定程度上，村落公共事务以共同利益为牵引，本质上也是一种家户与村落整体的交换，家户的利己之心与村落公共利益之间相互统一与对立，这就需要在互惠、均衡的基础上加以适当的束缚，才能实现村落公共秩序。同时，由于小农经济的局限性、国家政权体系的强制性箝联，村落关系出现功能性的延伸与扩展，权力交易、雇佣、商品交换、仪式性文化互助均属于扩展了的关系下的活动，整体上的公平、互利、均衡等交换性治理规则同样适用。

关系乃是中国的成年人用以处理其日常生活的一部分基本"储藏知识"[①]。在塔湾村，村落面相上的关系相对松散，以地缘性为底色，表现出工具性、非强制性、利益性的特征，血缘性、情感性成分相对薄弱。在这一关系格局下，人们之间的家户互助合作，村落公共事务治理及基于关系的功能性扩展产生的交易，都是一种交换。亚当·斯密认为，"交换的本质在于人类所特有的天性。这种天性就是在彼此间进行互通有无、相互交易的人类倾向，它为人类所共有，也只有人类所特有"。[②] 基本均

---

① 金耀基：《金耀基自选集》，上海教育出版社2002年版，第93页。
② [英]亚当·斯密：《国富论》，唐日松等译，华夏出版社2005年版，第71页。

衡与互惠的交换使得每个人的利己之心得到合理的满足和有效的限定，并由此产生了一种至少在表面上符合公共利益的社会秩序。基于此，总体上来看，在村落关系格局下，呈现出一种市场性治理，以公平交换为基本原则，并具有一定的扩展性。

第六章

关系变迁中的乡村治理

麦克法夸尔、费正清曾指出,"研究中国社会的任何方面,如果不从中国共产党努力改造中国社会这一背景出发,那简直是毫无意义的"。[1] 同时,土地是财富之母,中国共产党对中国社会,尤其是乡村社会的改造主要围绕着农民赖以生存与发展的物质生产资料——土地展开。因此,本章拟选取土地改革、集体化及包产到户等改造节点,详尽地探讨在不同时期各场域内关系格局及其乡村治理的变迁与实态。

一 流变的家庭与治理

在中国乡村社会,家庭是中国人基本的认同和行动单位,中国人以家庭为本位,而非以个人为本位,家庭及家庭关系是人们自出生起必须面对和依赖的关系。在传统时期,家庭是人们进行经济、政治、文化及社会交往活动的基本单元,塔湾村几乎每家每户都拥有一定的土地,一家一户,以自给自足为目标,家庭相对封闭与自洽,家庭成员在纵横交错的家庭关系中扮演着各自身份角色,血缘与情感构成了家庭关系的主要维度。在以"同居共财"为标志的同一家庭中,核心或扩大化家庭,

---

[1] [美]麦克法夸尔、费正清:《剑桥中华人民共和国史》上卷,谢亮生等译,中国社会科学出版社1998年版,第3页。

关系、规则与乡村治理：赣东北塔湾村的秩序表达

父子关系为主轴，夫妻、兄弟关系为辅，父亲作为一家之主，因血缘的优先性、掌控的资源及其履行的身份性义务，掌握着支配家庭内外事务的治家之权，子女及妻子要顺从与服膺于父亲的权威。同时，长子凭借着兄弟辈分等级享有一些特惠或特权，当然，也承担着与之对等的责任，即使随着家庭的分化，亦然如此。总体而言，家庭内部成员之间因血缘、情感性关系而形成对彼此的一套义务或责任体系，并在此关系下，依据等级差序的伦理性规则进行自我调节式的治理。中华人民共和国成立后，国家在乡村社会实施了土地改革、人民公社化运动及家庭联产承包责任制等一系列政治经济改革，村落的经济基础和政治架构发生了巨大变化。在此背景下，家庭关系及其治理规则是否或者如何随之演变的呢？

土地改革是中国共产党对中国乡村社会进行的第一次大规模的改造。据《余干县志（1991）》记载，余干县于1950年10月开始土地改革。在土地改革中，工作组进驻塔湾村，将地主、富农的多余土地、生产工具及其他财产分给广大的贫雇农，将各姓氏会上的会田、祖宗山、琚姓的小祠堂、祖屋分给私人所有。至此，村落内的共有产权消解，家户私有产权得到进一步巩固，家家户户分到了土地，农户的生产积极性大大提高。农户以家户为基本单位在自家私有土地上从事生产经营活动，除上缴一定公粮之外，所有农产品归由家户独立支配。虽然，多数村民的家户私有财产有所增加，产品分配也更加自由，生活水平有些许改善，但是整体上并没有对家庭关系结构产生明显的影响。父子、兄弟、夫妻等关系构成的长幼有序、上下有别及男女尊卑的等级关系格局依旧存在，在此格局之下，等级差序的伦理性规范也照常发挥着作用。对于家庭成员而言，作为家长的父亲权威至高无上，对内享有治家权，如安排生产、支配家户财产及维护家庭秩序，对外代表家户与其他家户进行日常生产生活往来，并参与小亲族、家族、村落及国家各个层次的公共事务，子女及其他成员服从家长的安排；兄弟关系中，长子依旧享有过继等特权，兄弟之间遵循兄友弟恭的伦理要求；夫妻之间，男尊女卑，如有人弃等

级差序性、强制性的伦理规则于不顾，那么他们便会受到惩罚，甚至引发家庭矛盾，导致家庭分化。同样，在处理家庭内部纠纷之时，"家丑不可外扬"的观念深入人心，一般由家庭内部成员或小亲族长辈来依照家庭关系对应的伦理规则进行调解。换句话说，在以血缘、情感为主导维度的家庭关系下，人们选择与之对应的等级差序伦理规则来进行自我调节，并在这一规则体系的约束中构建与维系温情脉脉的家庭秩序。

土地改革运动结束之后，余干县开始组织互助组。1958年秋，全县范围内拉开人民公社化运动序幕，先后成立25个公社，由此进入集体化时代。"三级所有，队为基础"的人民公社体制确立，家庭土地与劳动力双双被重新配置，农村土地由家户私有向集体所有转变，除自留地之外，土地由家户自主经营变为集体经营，塔湾村的全体农户被编入5个生产小队，以小队为生产经营、分配和消费的基本单元，家庭成员被迫走出家庭参加集体劳动，每天同时出工、收工，实行工分制，好的男性劳动力出工1天一般记10分，顶好的女性劳动力出工1天记8分，以工分所得作为集体分配的依据。劳动力，而非生产资料成为村民获得更多收入的主要途径。这样一来，个体的价值不断凸显，家庭成员对家庭的贡献一目了然，尤其是在扩大化家庭中，小家庭之间或小家庭与大家庭之间的经济依附关系逐步弱化，儿子分家时继承的财产也多半是由自己劳动创造，而非对家庭财产的直接继承。在这一过程中，收入与分配稍有不匹配，就可能引发矛盾与分化，家庭内部关系张力变大，进而导致扩大化家庭难以维系。此时，父亲至高无上的家庭权威逐步弱化，特别是在家庭经济领域的支配权几乎由生产小队代劳，长子的特权及其在作为兄家长时的权威趋向瓦解。同时，这一时期，女性开始大规模地走出家门参加集体劳动，她们对家庭经济的贡献日益显化，再加上倡导男女平等的妇女解放运动深入开展，男尊女卑的等级伦理秩序受到了较大冲击，妇女家庭地位得以提高。

"传统中国社会本质是，中国家庭是自成一体的小天地，是个微型的邦国。社会单元是家庭而不是个人,家庭才是当地政治生活中负责的成分"①,人们以家庭为基本单元进行生产、生活及交往活动,一个人的出生、成长、成家立业、终养等均依靠家庭实现。集体化时期,个体被迫脱嵌于家庭,并统一于集体的生产与分配,家庭生产组织方式、财产制度及代际继承模式发生改变,随之改变的是家庭关系模式。家庭作为同财共居的功能减弱,基于血缘认同及其依附性而产生的家庭权威因家庭作为基本生产与分配单元功能的解体而遭到相对的剥夺。费孝通曾指出,大家长掌握着传统家庭这一生产单位所有的经营和财务活动,形成了父权制度的经济基础②,集体化使得父亲作为家长的权威失去了物质条件;与之相对应,集体化中后期,"破四旧""文化大革命"等政治文化运动席卷全国的各个角落,社庙、观音堂等各级庙宇、祠堂、祖屋等封建迷信之象征被破坏殆尽,村民们祭拜祖先和信仰神明的行为也被严令禁止,违背相关规定者将受到相应的打击,家祭、墓祭等公开的祭祀活动基本消失,父亲作为家庭内部仪式性的主导地位也就此丧失,从而进一步削弱了父权制度。

集体的时候,挣工分,挣多挣少凭自己的气力,女的也参加劳动,顶个半边天,有独立的经济来源,在家里的地位升高了,子女也一样。成年子女吃饭不靠家里,挣了多少工分一目了然,就跟现在打工挣工资一样,不像以前,给家里种田,做多做少一个样,谁都说不清楚自己对家庭的贡献,一切都由家长说了算,就算成家了,父亲不把田地分给你,你也很难耙到吃的。干集体的不同,家长对子女的权力小一些,很多时候铺摆不了了,父子、兄弟之间的关系有一点点对等,看出了多少工,而不是看你有多少地,地都是集体的。这样的话,父亲对子女的把控就松一些,他们养得活自己,特别是已婚的崽,不愿意背大家庭时,就想

---

① [美]费正清:《美国与中国》(第四版),张理京译,世界知识出版社1999年版,第22页。

② 费孝通:《论中国家庭结构的变动》,《天津社会科学》1982年第3期。

着分家,分了家,两夫妻挣工分自己小家庭人吃,好多日子都比不分家的好。长子当家的情况也一样。入了集体,地收回了,手上没有掌握家庭经济命脉,不好说了。①

与传统时期相比,这一时期的家庭关系出现宽松化的趋势,集体统一生产与分配实质上是进一步将个体捆绑在生于斯、长于斯的村落范围之内;反过来集体又无力为每个个体提供全面的、完善的共同福利,因此,个体之间及个体对家庭的依赖仍然是无可替代的,家庭是个体无法避免或完全脱离的集体,一个人从出生、成年成家,直到分家之前在生活及交往方面往往还是以家庭为基本单元或载体,他要服从家长的安排,维护共同利益与秩序。在家庭关系中,个体理性开始渗入,血缘和情感仍然是两大压制性面相,在家庭伦理规则体系的指导和制约下,家庭成员之间及其对家庭的应尽义务继续存在,并以此为参照构建家庭内部秩序。同时,在家庭内部发生矛盾冲突时,小队、大队、公社干部等正式力量也会介入,在援用伦理规则的基础上也引入以公平、正义为价值取向的正式或非正式制度或规则。

1979年之后,余干县开始包干到户,1982年年底,全县包干到户生产队达4800个,占总队数的96.7%,1985年,进行"土地小调整",延长土地承包期限,家庭联产承包责任制得以不断完善和巩固。由此,虽然农户没有私有土地,但重新获得了自主经营土地的权利,自行组织生产活动,家庭又一次成为独立的农业生产单元。伴随着改革开放及一系列政治、经济、社会等方面改革的推进,市场经济不断向乡村社会渗透,再加上人多地少,劳动力剩余较多,越来越多的塔湾村村民开始到外村谋求新发展,尤其是近年来,农户生活水平进一步提高及土地流转频繁化使农业生产的职业化与规模化经营成为趋势,曾经作为家庭束缚和联系个体的纽带的农业生产已不再是多数家庭收入的主要来源,这又进一

---

① 来源于塔湾村琚桦齐老人的访谈资料。

步促进村落社会流动。在这一背景下,塔湾村的家庭内部关系及其治理规则又有何新的呈现呢?

包产到户之后,集体化生产组织方式被废除,一方面市场经济、法律及社会保障等制度为从集体主义遣散出来的农民提供了追求个体自由、独立的机会;另一方面与个体化相匹配的制度性保障缺失,使得脱嵌于集体的村民也无法再次直接嵌入另一个社会体系中去,于是回归家庭成为无奈之下的明智选择。20世纪80年代之后,随着家庭联产承包责任制的实行、计划生育政策的稳步推进及生育观念的转变,两孩是村落农户生育子女的基本格局,有些在外工作的年轻夫妇甚至选择只生1个孩子。在此基础上,村落家户规模不断缩小,核心家庭的结构相对简单,规模较小(5—6人)的扩大化家庭是最普遍的存在,亲子代际关系与夫妻横向关系成为家庭关系的双主轴,而家庭内部的兄弟关系则逐渐淡化、消失。

从代际关系来看,由传统的等级化向均衡化转变,甚至出现父代向子代倾斜的失衡格局。非集体化之后,塔湾村所在的黄芽行政村约70%以上的劳动力外出务工,每年正月十五前后出门,临近年关才回村过年,在村的时间远少于在外的日子,也就是说,村落内几乎每家每户都有成员在外谋生活。对于已有独立收入的家庭成员个人而言,他们可以轻松地依靠自己的能力生活,收支相对独立,无须再依附家庭自主经营的土地、家传技能或家庭财产来实现自我供养,再加上工作、生活的空间离散性,家庭作为同财共居单元的功能逐步走向瓦解,个体对家庭,即代际之间的依赖性下降。父母支配子女及其掌控家户财产的权威弱化,子女自己劳动所得部分或者零上交,对于已婚儿子来说更是如此。在扩大化家庭中,由已婚儿子组成的小家庭因财产支配相对独立而导致个体化特征显化,即小家庭之间或小家庭与大家庭之间虽然表面上并未分家,但实际上相互之间在财产支配、人情交往等方面已经出现某种程度的分裂,大家庭归父母负责,小家庭则由子代自行负责,如小家庭娘家的亲朋好友人情往来均由小家庭负责。然而，父母倒贴子代或子代压榨剥削父母的现象并不鲜见。相比较而言，在核心家庭中，尤其是子女尚未成年且没有独立经济来源时，对父母家庭的依赖性较强，但相互之间的关系亦趋于缓和、宽松，并非绝对的支配与被支配，服从与被服从的对立关系。

分了田，人多地少，外出挣生活成为常态。无论子女是否结婚，他们打工挣的钱可交可不交，家里有急需用钱的地方，让他们拿出来用，一般来讲，大部分人交一部分算是孝敬父母的。父母在家里种田，够自家吃的，没他们年轻人挣得多。子女有钱可以支配，很多时候就不会再像旧社会那样顺从父母，做父母的，现在没有太多的要求，等搞不到吃的了，等着他们供养，也没希望享什么福；自己会动搞点吃的，也不会求着子女，有些时候还要贴气力，贴钱帮衬他们。比如隔壁人家的儿子在外头打工，看到大家买车，也贷款买了一辆二十来万元的车，车开回来的时候，他父亲脸色好难看的，埋怨儿子不知道家里的经济状况，还买这么好的车，但也没得办法，还要想方设法帮忙还贷款，死肉一块，儿子都结婚了，想行事，你也不好说他的。①

阎云翔先生将这种代际关系的转变称为"父母身份的非神圣化"，并认为"没有了传统宗族体制与宗教信仰和仪式的支持……上下两代人的关系变得更加理性和利己"②。郭于华则认为在传统时期，中国的父母和子女之间存在着一种社会契约，它使子女（特别是儿子）永久地、无条件地感激父母的养育之恩。但是，现在年轻人将父母的关系更多地看成是个人之间平等的权利义务关系③。面对家庭关系中的代际关系变化，相对应的治理规则也会被重新调试、解释、改变或者进一步补充。均衡、对等的代际关系势必要求援引民主、公平的治理规则。总体来看，代际

---

① 来源于塔湾村琚桦齐老人的访谈资料。
② 阎云翔：《私人生活的变革：一个中国村庄里的爱情、家庭与亲密关系：1949—1999》，龚小夏译，上海书店出版社2009年版，第188页。
③ 郭于华：《代际关系中的公平逻辑及其变迁：对河北农村养老事件的分析》，《中国学术》2001年第4期。

关系趋于均衡或向子代倾斜，但长幼有序、孝顺父母等基于血缘认同的伦理性强制依然发挥着作用，越轨者将会受到正式或非正式的规训。当然，伦理性规则的具体内容也并非一成不变的，随着关系的变迁而被适当微调，与关系俱进。如传统时期，孝顺父母意味着要绝对服从或顺从父母，不可忤逆，而在现代社会，孝顺父母仍然是伦理性要求，但并非以盲目的顺从为主要表达。

从夫妻关系来看，由传统的男尊女卑逐渐走向平等。非集体化之后，男性外出务工，女性留守家中从事农业生产及照料家庭，她们不仅有了可供自由支配的收入，还可以独立或与丈夫协商决策家庭内外部事务。与丈夫一同外出务工的女性也不在少数，偶尔也存在女性外出务工，男性守家的分工模式。然而，无论是何种形式的分工，都表征着夫妻关系的主流格局。当然，由于男女分工差异与身心特点，男尊女卑的思想仍有残留，多表现在仪式上或对外代表家庭的情境下，与男尊女卑等级关系相匹配的伦理性规则在某些特定的场合仍作为治理的潜规则发挥着作用。通常情况下，平等的规则被沿用，尤其是当妇女在家庭纠纷中受到不平等待遇时，越来越多的人试图寻求法律及其他形式的国家力量的保护。

具体而言，在塔湾村，现代家户治理的民主化特征日益显现。在核心家庭中，父亲不再是家主的首要人选，母亲当家的现象也较为普遍，且即使父亲当家，其在家户中的权威也不再是至高无上和绝对的，母亲、成年子女的意见往往成为其决策的重要依据，民主决策逐步成为家户治理的重要环节。在扩大化家庭中，父母帮忙带孩子，儿子外出打拼，父母管大家，儿子、儿媳妇管小家成为常态，即以家户为单元的对外事务或家户内部生产生活琐事一般由父母定夺，但涉及家户重大利益的事情，大部分父母会与儿子商量；父母通常不会过问儿子、儿媳妇的收支、日常生产、生活及人情交往等私事。大多数儿子与儿媳妇在进行重大决策时，如改行做生意、买房、建房、买车、离婚等，也会事先征求父母的意见。对于扩大化家庭治理的现状，黄芽行政村陈老会计如是总结："老子（父亲）当不了崽（儿子）的全家，崽（儿子）也不能丢了老子（父亲）当独家。"当然，如果父母全靠儿子供养或儿子全靠父母资助时，哪方掌握家户经济命脉，哪方就可当独家。

挪威学者贺美德等指出，当前，中国正处在个体化进程中，"越来越多的社会需求、控制、约束被引向个体并强加于个体之上，人们开始从家庭和村集体脱嵌，并通过为个人而设的劳动力市场、法律体制和社会福利被捆绑到新的网络之中"[①]。也正是这些新关系的出现使得家庭内部关系发生演变。然而，"脱嵌"并非意味着完全独立，对于个体而言，家庭这一集体在经济、社会和情感等方面的意义是无可辩驳的，他们在力争自己作为家庭的个体或个体的家庭成员的利益与自由的同时，又要坚持对家庭集体利益的捍卫，履行各自的职责。总体来看，家庭关系日益向个体化、均衡化的演变，要求公平、民主、对等的正式或非正式规则的指导与调解；反之，基于血缘认同的等级差序之关系格局的历史延续与传承，又为与时俱进的伦理性规则留有作用空间。

二 亲族关系的变迁与治理

费正清认为，"从社会角度来看，村子里的中国人直到最近，主要还是按家族制组织起来的，其次才组成同一地区的邻里社会。"[②] 在传统时期的塔湾村，依据血缘亲疏，家族内又包含着若干个小亲族，小亲族与家族构成了农户超越家庭的双重血缘性联合单元，牵制与影响着人们的自我调节活动。一方面，由于公产、家规、族权等内聚性力量的缺乏，

---

① ［挪威］贺美德、鲁纳编著：《"自我"中国：现代中国社会中个体的崛起》，许烨芳等译，上海译文出版社2011年版，第65页。

② ［美］费正清：《美国与中国》（第四版），张理京译，世界知识出版社1999年版，第25页。

村落内并未形成笼罩性的亲族力量,处于亲族关系中的家户之间的联系较之于家庭而言更为松散,基于血缘认同的伦理规则强制性更弱,在经济领域表现得尤为明显,追求各自家庭利益最大化的家户理性显现,如在生产、交换等活动上倾向于依赖对等、互惠等规则,是一种基于各自需要的互助合作;另一方面,产生于血缘的伦理性义务及有限的家户能力又迫使他们相互依赖,并共同建构起亲族伦理秩序。在此基础上,亲族关系下的自我调节性治理要兼顾亲族伦理与家户理性,轻重相权于某一特定情境之中。

随着土地改革运动的开展,农户被划分为不同的阶级。阶级标准,而非血缘或地缘因素,成为认同的新标准,在新的国家话语体系中,阶级成分在应然层面成为家户之间亲疏关系的认同依据;同时,各家族会田、祖宗山、小祠堂、祖屋等被分配到户,家族内部的共有产权消解,即处于同一家族的家户之间的财产性联系被割断,导致"祭冬"、拜祖坟、"团拜"等有助于增加家族内聚力的仪式性活动的经济基础崩塌,再加上以会首为人格代表的族权的消解,原本已沦为仪式化的集体活动单元的血缘联合体——家族走向分崩离析,家族关系逐渐成为人们意识的残留,同姓观念取代同族意识。但与其他姓氏村民相比,这种意识中的家族关系也会影响农户在生产、生活及交往上的选择偏好。到集体化时期,家户土地生产资料归公,村民以个体身份参加集体劳动与分配,农户之间的经济性互助合作已无用武之地,旧时人情或生产往来较少的家族成员之间的联系已无异于村落普通农户之间的联系,各自家户利益的合谋与交换成为双方交往的主要潜规则。当然,基于血缘联系产生的伦理义务——丧葬互助依然约束着同一姓氏的村民。

包产到户之后,家户恢复成为生产、生活及交往的基本单元,国家放松了对乡村社会各方面的控制,尤其是近年来,村落内各姓氏的家族主义有复兴的趋势,家族集体行动增多。如琚、毛、陈、程等主要姓氏均重修了族谱,合打龙船参加端午庆典;琚姓村民联合本村及狐狸领、瑞洪镇三地琚氏为始祖宏彦公新修坟墓，加盖亭子，并在每年大年初一，来到坟墓前挂灯笼，扯横幅，放鞭炮，作揖祭拜；毛姓村民恢复了正月初一"出横"仪式。这些联合行动有利于家族认同感与内聚力的增加，这在塔湾村两委干部的选举中有直接表现。例如，在黄芽行政村（塔湾村所属的行政村），琚姓村民户数最多且发展得最好，陈姓、毛姓次之，程、卢等姓再次之，与之相匹配的是，村两委干部中村党支部书记、治保主任、计生委员均由琚姓家族的村民担任，村民委员会主任卢学文是琚家的女婿。虽然如此，但此家族关系，非传统时期的家族关系，当下的家族是一种想象的或记忆的同姓联合体，而不是基于血缘的自觉认同，家族伦理秩序无从恢复，也很难再生成新的家族共同利益。对于同姓村民而言，兴修祖坟、族谱，恢复家族仪式更多的是一种在温饱无忧的前提下，由少部分人发起的攀比性的从众行为，对单个家户的日常生产、生活及交往活动并不会产生实践性影响，家族主义从属于家户主义，在治理过程中，以公平、对等为基本原则的交换性治理为主。

在塔湾，现在基本没有家族的说法，平时说的"琚家人"，不单单指姓琚的人，还包括住在一起的姓陈、程的村民，相当于同一个屋堂的人（同村人），没有什么大的区别。现在大家出去挣钱，生活搞好了，开始搞集体活动了，像修谱、修祖坟都是好事情，几个人提议，大家都会同意的，花不了几多钱，还有面子。过年过节，大家回来，聚在一起"豪兴"（热闹、开心），对家里没有什么影响，还是各干各的，没什么两样，不会说恢复了以前的家族集体活动，大家就要捆绑在一起，个人自己的家庭才是最重要的，不会考虑那么多。只是有些时候在谈天时，话起来，琚家人厉害，修了祖坟，又开始吃冬至酒了，好听，感到有一点点面子。①

与家族关系一样，小亲族内部关系也随着社会变迁而发生改变，与之对应的治理规则亦然。土地改革运动中，阶级在应然层面成为判断人

---

① 来源于塔湾村琚桦齐老人的访谈资料。

关系、规则与乡村治理：赣东北塔湾村的秩序表达

与人之间关系亲疏远近的认同标准，但在现实中并非如此，小亲族仍被认为应该抱团连带的，血缘、情感与利益仍然是小亲族关系认同的主要维度。其中，前两者占主导地位。基于血缘的等级差序性伦理规则依然发挥着较强大的作用，尤其是分家后的兄弟家庭之间和父子家庭之间，即使兄弟、叔伯、堂兄弟、父子等小亲族成员被划为地主，通常情况下，村民并不会因此与之划清界限，血缘伦理性连带束缚着人们的行为选择，否则将会受到其他村民的嘲讽与舆论压力。如琚树齐的大伯父在土改期间被划为地主，但琚树齐家仍与大伯一家保持正常的生产、生活、人情往来，并给予适当的照顾。

进入集体化时期，家庭的生产与生活组织方式发生较大转变，统一生产与分配使小亲族成员之间的生产、生活联系减少，随之而来的是相互依赖程度的降低，但村民在告急时，往往还是要按照关系的亲疏远近来寻求小亲族集团的帮助。当小亲族成员之间发生矛盾冲突时，优先由小亲族内长辈依照伦常私下调解，但当纠纷难以调解时，由于村落内生权威的消亡，村民通常就会找各级干部、政府来介入评理、处理。调处人根据纠纷双方的关系及冲突性质来进行裁决，一般兼顾伦理与公平，双方之间血缘关系越近，伦常色彩就越浓厚。同时，针对那些违背国家政策、法律等正式规则的行为，则另当别论。

包产到户之后，随着市场经济体制的确立及其向乡村社会渗透的不断深入，村民外出务工人数激增，人们生产、生活及交往的方方面面均充斥着市场的因子。卡尔·波兰尼曾指出，市场力量要求经济从社会中脱嵌，要求一切社会制度与规范都专项适应营利目标、效用原则，以便把社会变成市场社会。[①] 正是如此，农村社会发生转型，进而带来人与人关系的变化，追求个体或个体家庭利益的最大化成为主流，这也深刻

[①] [英]卡尔·波兰尼：《大转型：我们时代的政治与经济起源》，冯钢、刘阳译，浙江人民出版社 2007 年版。

地影响着小亲族关系的样态。杨善华等认为,在农村社会转型期,受市场经济的影响,"利益原则全面深入农村社会生活的各个领域,从而与血缘、感情一起构成了差序格局的三个维度,并且其比重日益增大"[①]。在小亲族关系中,血缘、情感与利益三大认同维度的主次顺序发生改变。其中,利益成为小亲族成员行动的主导取向,即在各自利益面前,血缘与感情因素逐渐淡化,与之相呼应的血缘伦理规则的强制性也不断弱化,甚至直接被视而不见,小亲族关系呈现功利化与理性化的特点。

例如,村落内有陈姓三兄弟,陈老大在外闯荡多年,开了一个小型灯具厂,发展前景乐观,试图扩大生产并采用产—销一体化的经营模式。但由于个人的资金与精力有限,再加上他认为这一产业链的发展空间大,自己作为老大,理应带上两个弟弟一起致富。于是,他邀请陈老二与陈老三入伙,约定按照投入资金比例进行分红,前几年,由生意经验丰富的老大统筹安排,三兄弟各司其职,灯具厂和灯具店的利润均较为可观,老二和老三也大挣了一笔。兄弟三人安稳地合作了整整5年,到第6年,厂子的消防设备未通过相关部门检查,按照要求,必须更新消防设备。在设备成本核算时,老大认为应该3人均摊,而老二则认为工厂投资大头是老大,分成比例也最高,应该主要由老大承担设备经费,老三保持中立态度,双方争执不下,认为对方的做法有失公允,损害了自己的利益,最终,老二拿着分红独立成户,老大和老三继续合作,几年之后,双方也因为各自利益而产生分歧,老三也拿走属于自己的那部分,转战橱柜行业。陈姓三兄弟合—分的过程体现在小亲族关系中,血缘、情感与利益的纠结与博弈,等级差序的伦理规则与对等、互惠、各为其利等规则的博弈。可见,在市场经济因素日益活跃的乡村社会,利益已然成为小亲族关系的重要面相。从这个角度看,"这些亲属家庭走到一起主要

---

① 杨善华、侯红蕊:《血缘、姻缘、亲情与利益——现阶段中国农村社会中"差序格局"的"理性化"趋势》,《宁夏社会科学》1999年第6期。

不在于沟通感情,而在于生产上更有效地合作,是为了经济上的互利。换言之,经济利益关系成为亲属关系的重要纽带。经济上的互利可以使亲属关系更加紧密,经济利益上的矛盾也可以使亲属家庭之间相互疏远"[1]。功利化、理性化的关系格局下,公平、互惠等治理规则呼之欲出。当公平的内生规则无法维护秩序时,公平的法律规则逐渐被援用于小亲族关系的调节性治理。

据村民讲述,塔湾毛家新村有户人家家中有四兄弟,老二和老三之前因父亲养老、房屋边界等问题打过架,双方相互对立,形同陌路。前两年正月,老三家里请木匠师傅来搭建雨棚架子,老二以雨棚搭过界为由阻止木匠施工,老三知道后很不服气,直接从楼上向老二家的院子扔砖块,两人陷入骂战中,老三气不过,直接操起家伙冲到老二家中追打他,老父亲、老二儿子、老二儿媳妇的娘家人、老三媳妇、老大等人都拉劝不了,于是,老二便给村党支部书记打电话,村党支部书记到场后,老三仍不歇手,最终村党支部书记报警,派出所民警出警之后,双方方才歇战。然而,事情并未因此了结,老三坚持要状告老二,为防止老二托关系,特意请来媒体堵在法院闹,老二被抓进看守所,经过多方多次调解(双方娘家代表、其他兄弟姐妹、派出所所长、法院法官等人前后参与调解),均因老三拒绝而以失败告终。法院开庭审理此案,老二被关了5个月,并赔付老三15万元现金,此事方才结束。

然而,老三虽赢犹输,其他兄弟姐妹因此与老三断绝关系,他们认为老三不念及血缘亲情,狠心将亲哥哥告上法庭,让全家成为全村的笑话,其他村民也在背地里瞧不起他。由此可见,在村民心目中,非正式的、伦理性的规则仍然是小亲族内部治理中流行、优先的选择。

同样,小亲族是以先赋性血缘认同为基础的联合体,在经历社会变

---

[1] 王思斌:《经济体制改革对农村社会关系的影响》,《北京大学学报》(哲学社会科学版)1987年第3期。

迁与市场经济冲击过程中，堂兄弟、叔伯等"次亲"关系不断弱化，柔性的伦理性连带通常表现为红白喜事等仪式活动的互助。当前，虽然国家通过新型农村养老保险、农村合作医疗、低保、五保、精准扶贫等制度为农村孤寡老人提供生存与终老的保障，但最终的终养环节多由家户具体执行，与传统时期一样，侄子辈们仍肩负着对孤寡叔伯辈的终养责任，只不过国家会通过低保等政策给予一定的物质支持。分家后的父子、兄弟等血缘关系主体在追求各自家户理性的同时，相互之间也承负着伦理性义务，只不过双方关系较之于传统时期更为平等。如儿子要给父母养老，在他们丧失独立生活能力或生重病无法自理时，儿子或儿媳要承担起照顾的责任，甚至有些在外打工的村民因要照顾父母而无奈地暂弃工作；兄弟家遭遇天灾人祸时，其他兄弟有责任出手相助；村民缺钱时，通常会先找兄弟借；甚至在某些特殊场合中，父母要为儿子，兄弟要为其他兄弟担负骂名或承受威胁。比如，近年来，在塔湾村，村干部与村民之间因征地补偿、精准扶贫对象识别、低保户与五保户名额分配等引发的冲突有所增加。村党支部书记本人不在本村居住，但几乎每年都有好几位村民会专门到村支书的弟弟与父母家门口来闹事，试图通过骚扰村支书家人的方式来胁迫他更改原先不利于自家利益的决定。在村民看来，父子、兄弟之间存在着天然的血缘连带关系。如果兄弟之间关系不好，则另当别论。当然，当兄弟家有人（尤其是兄弟本人）得了重病或死亡时，即使关系不好，也要主动探望、救助与保护，不然的话，其他村民就会议论纷纷，越轨者将不得不承受这种无形的惩罚。

现如今，多数村民外出务工，生活水平也大幅度提高，常年客居他乡，过年过节回家如同做客，小住几日又各奔东西，彼此之间多以礼相待，冲突较少。虽然分了家，但常年在外的子女或兄弟回乡时，同在父母家或留守兄弟家吃饭的现象越来越普遍，如村支书平时回村均在弟弟家或父母家吃饭居住；琚桦齐3个儿子回村都聚集在父母家，不单独开灶。这在一定程度上密切了兄弟或父子之间的情感联系。有了情，便有了作为约束的义务与期待,进而促进了小亲族治理的伦理化。

三 村落关系的嬗变与治理

日本学者戒能曾指出,"中国的村落是一个分散而不平等的社会:它没有固定的分界线或公共财产,其中一家一户各自分别为自己的利益而生产。"① 在传统时期的塔湾村,并不存在超家庭、亲族的整体性笼罩力量,村落维度上的各种关系相对松散,工具性与利益性特征较为明显。同时,在生于斯、长于斯的熟人社会,天然的地缘联结又为村落关系蒙上了一层情感性的面纱。总体来看,在村落内部世界中,家户之间在诸如土地租佃、日常借贷等资产融通性合作、水利合作、换工等生产性合作中,通常优先考虑各自利益需求的契合度,只有在预期家户利益基本满足的基础上,情感方才成为左右合作的中心要素。这时,利益与血缘、情感的均衡显得尤为重要,一般而言,家户理性先行,甚至有些人为了促进利益追求的合理化,人情回避或中性化是普遍选择;超家庭、亲族的农户在生活交往过程中,自由、对等是常态,但熟人关系或由经济合作引申而来的情感又使得人们无法完全摆脱一些底限或规矩的束缚;在村落公共事务合作上,对作为合作一员的家户利益一定程度上的维护也十分必要,如自愿、均衡、互惠依旧是基本规则,但公共事务的整体利益性与单个家户理性存在着一定的对立性,强制性力量与规则的引入十分必要。

1950年,土改工作组进驻,以划分阶级,没收、征收及分配包括土地、生产工具、生活资料等地主财产为中心任务,塔湾村的土地改革就此拉开帷幕。按照生产资料占有和参与劳动的情况,村落农户被划分为地主、富农、中农、贫农与雇农等成分,4户被划为地主,3户被划为富

---

① [美]黄宗智:《华北的小农经济与社会变迁》,中华书局2000年版,第26页。

农，中农约 10 户，贫雇农约 50 户。其中，中农及贫雇农的户均土地面积从之前的 6 亩左右上升至约 9 亩，另还分得一些生产工具及其他生活资料。此时，多数农户的土地经营规模与生产工具基本匹配，土地租佃、借贷等资产融通性合作不复存在，但小范围的生产合作，如换工等依旧存在，互惠互利还是首要的追求，在家户理性得以发挥的基础之上，相互之间存在特殊情感的农户依然更易达成合作，阶级成分也成为重要衡量标准。

对于村落日常交往秩序，土地改革之前，塔湾村内多为小财主，甚至如琚仁列这样的财主自己也要参加劳动，不同阶层之间的经济分化不显著，村民的阶层或阶级意识较为薄弱，各自以家户为基本单元进行生产、生活及交往活动。土改之后，阶级成分好的家户之间的交往形式、样态变化不大，通常保持着普通的相熟关系即可，但由于阶级意识的不断植入，被划为地主阶级的村民的经济与社会地位急剧下降，"矮人一头"，再加上"打倒地主"意味着对他们私产的瓜分与占有，在此基础上，其他村民与地主之间的交往取向可分为两类：

一是以家户利益为导向，即以利益作为交往决策的依据，以阶级为关系亲疏认同标准，将村民之间的地缘性关系转化成为对立的阶级关系。如在划分阶级时，为公报私仇或想分得对方家产，有些村民积极投身于运动中，斗地主，甚至不顾及生于斯、长于斯的地缘性道义，向土改工作组检举或揭发，企图将比自己条件略优的"隔壁邻相"错划为地主。例如，琚性一户村民早年一直在外地做榨包生意，1944 年前后回村，借住在琚姓的会产——大堂前，购置了几亩土地以维持基本的家庭生活。一位陈姓村民因在凑钱划船时与琚大伯闹过矛盾，且认为他多年在外闯荡家底丰厚，于是牵头向工作组举报，将他打成地主，被迫摊了家；琚树齐家里做榨包，生活比一般人家过得宽裕些，土地改革中，有一位姓毛的村民向工作组反映他家底丰厚，投机倒把，应该被划为地主。好在工作组书记知晓他家的实际情况，才幸免于难；同样，在陈友道被划为地主之后，一些村民趁乱冲进其家中，偷拿走了米缸、水缸等日常生活资料。

二是坚持乡土道义，即以过往事实为依据，公平、正义为价值取向。在他们看来，传统时期，老板与普通农户之间的关系较为缓和，租佃收租，借钱粮收利息属于正当之举，各自遵循互惠对等的规则，基本符合在村落维度上双方的关系格局。到土地改革时期，大多数村民阶级意识不强，村落层面上平淡均衡的地缘性关系，即乡情认同并未土崩瓦解，在此关系约束下的规则亦然。当然，在这特殊时期，农户之间的交往行为更加谨慎，稍不留神便可能让自己身处风口浪尖。

不管世道怎么变化，乡里乡亲的，在一个村子里生活，做人的基本道理还是要遵守的，就算关系不好，吵了嘴，一般人都不会故意去害人，这种人做人不正气；粮食吃不过来，找地主借，一担收你半担谷利息，当地正常水平，没有什么好说的，没有出格，人家做这门生意吃饭的，基本公平；平日里跟保长没有什么利害关系，他没有克扣到我，如果有的话，我在土改的时候就会话出来，闭着眼睛瞎话违背道德，对他本人也不公平。①

由此可见，在村落层面上，农户之间的关系呈现出多元化、不对等化、理性化的趋势。与此同时，在土地改革中，村落内传统的内生性治理主体及政权代表，如"大头首""话公"、保长等人的权威基本丧失，几乎不再参与村落公共事务治理。取而代之的是土改工作组与农民协会小组，组长均由上级委派，部分组员由本村贫雇农中的积极分子组成。当然，那些阶级成分好且有一定威望的长辈在工作组的动员下成为土改宣传教育及动员的领头羊，并在村落日常治理中发挥着重要作用。在上述关系格局下，由于权威认同机制的消解及村落共同利益的模糊化，村民参与村落公共事务的内源性动力遭到削弱。此时，寻求新权威或外力

---

① 来源于塔湾村陈择雨老人的访谈资料。

的支持显得尤为重要。村民之间发生矛盾纠纷，通常会请农协小组或土改工作组介入协调，村落层面的事务型合作亦是如此，无论是村落纠纷的平息，还是其他公共事务的治理，农协小组或工作组作为外来的国家力量，具有天然的强制性，同时，为维系村落秩序，进一步巩固新生政权，互惠、均衡的治理规则也成为必然的选择，当然，这些总规则的具体样态又与当时的土改运动话语体系相匹配。在一定程度上可以说，国家逐渐进入塔湾村村民的认同世界。

此外，土地改革的开展使得每家每户均分得土地，进一步将村民禁锢在土地之上，与传统时期相比，村落关系功能化扩展的范围略有变化，如文化仪式性的延伸中断，但依旧遵循着公平交换的规则。

土地改革结束之后，余干县开始组织互助组，到1954年底，全县共有季节性互助组4165个，常年互助组1866个，入组农户占总农户75.4%；1955年底，全县建成初级社1424个，入社农户占总农户85.1%；1957年底，全县共建有347个高级社，入社农户占总农户99.6%；1958年秋，全县范围内开展人民公社化运动，先后成立25个公社。生产队成为统一的生产、分配、核算、消费基本单元，在村落维度上，家户之间生产、生活上的合作机会与空间被压缩，相互之间的依赖程度降低，交往相对简单化，农民之间的联合由原先以血缘、地缘等的联结转向由国家政权的强制编织，人与人之间的各种联系均蒙上了一层行政主义色彩。对于村落内部而言，村民之间的关系变得更为松散化，个体化特征日益凸显，家户利益一直是人们的追求之所在。然而，正如黄树民指出的那样，"中国历史上，从来没有任何一个政权能够如此深入地控制农民的日常生活"[①]，在这一时期，国家利益至高无上，家户主义是被压抑的、潜在的。

---

① 黄树民：《林村的故事：一九四九年后的中国农村变革》，素兰、纳日碧力戈译，生活·读书·新知三联书店2002年版，第19页。

关系、规则与乡村治理：赣东北塔湾村的秩序表达

据《余干县志（1991）》记载及村落老人讲述，1958年10月，余干县实行政、社合一的人民公社体制。公社下设生产大队和生产队。在集体化时期，塔湾村先后隶属于金埠大队与黄芽大队，内设5个生产队。大队设大队书记1名，副书记1名，大队会计1名，民兵连长1名、大队保管员1名及其他干部若干，生产队设队长1名，会计1名，保管员1名及其他几名干部。这样一来，之前的自然村落被分割成几个生产队，共同处于生产大队的监管之下。村民在生产队长的组织下参加集体劳动，具有行政强制性，如拒绝出工，将会受到扣工分及舆论压力等惩罚。集体化时期的村落公共事务性治理由生产队联合完成，村落大纠纷的调解则由生产队或生产大队干部调解，强制性与公平性并存。邹谠曾认为，在全能主义模式下，"政治权力可以侵入社会的各个领域和个人生活的诸多方面，在原则上它不受法律、思想、道德（包括宗教）的限制"[1]，而在农村这一级，生产大队书记掌控的权力最大，涉及农村生产、生活等各个方面，搞好与他及其他生产大队或生产队干部的私人关系成为农户日常交往的重要内容。国家外力强制树立的权威成为农村社会的治理主体，村民自我调节式的自治完全被国家行政控制所替代。"生产大队作为总体性社会的农村基层单位，是自里邑时期以来最有效率的，对农民（此时的标准称呼为社员）控制最严密的村政组织。一方面，它继承了过去传统共同体的传统控制手段，即在一个熟悉的社会、没有陌生人的社会中由社会舆论和无形社会压力所构成的非正式控制手段；另一方面，它获得了单位社会新赋予的强大控制手段。"[2]

到集体化后期，农民生产积极性遭到了严重挫败，再加上生产效率低，天公稍有不测，村民便会陷入饥荒。集体出工时，"磨洋工"等消极怠工，偷偷摸摸地把精力放在自家的自留地上的现象不断出现，家户

---

[1] 邹谠：《二十世纪中国政治：从宏观历史与微观行为角度看》，牛津大学出版社（中国）有限公司1994年版，第223页。

[2] 沈延生：《村政的兴衰与重建》，《战略与管理》1998年第6期。

利益先于集体利益，甚至是国家利益。在全能政府的高压下，家户理性逐渐显化。例如20世纪70年代，塔湾村内发生了一次重大火灾，火灾发生在下午，大家出工，无人在家，整个村落烧了一圈，一共烧掉了18户人家。火烧起来之后，集体并未组织有序和有效的扑火行动，大家各救门前火，那些不在家的农户门口的火无人帮救。

那个时候的事情不能话，就像是死人拿着球果仂，有能力不能发光，有力气不能用。搞集体那几年真是吃苦，榨包不能做了，生产队的所有事情都要去做，康山做圩堤，几十年，年年去，一年去两次，队里分配的，事情大家一起舞，记工分，全村只留队长、保管员这些做干部的，其他人都要去，8月开始一直做到12月20日回来。当时书记，小名叫牛皮张，吹牛皮，一亩能产1200斤，你这样说了，上面就要收到这么多谷的，一顿就几两饭，大家又不是没种到谷，他自己吹牛，年年受表扬，结果一天一人吃两餐，上半年前面几个月就没饭吃。你自己做生意，别人就说你投机倒把，搞走私，不是不让你舞，就是外头的竹子进不来，憋气的很。①

20世纪70年代末80年代初，塔湾村实行包产到户。一方面，集体经营的生产方式解体，个体小农经营方式重新确立，家户再次成为生产、生活及交往的独立单元；另一方面，由国家编织的，集经济、政治、社会为一体的共同体走向瓦解，共同体成员之间的"机械关联"因全能国家的退场而中断。同时，计划经济将小农强行捆绑在国家的"行政列车"上，从而破坏了农村的自组织能力②，这就使得非集体化时期，被松绑的农民又一次散落成为独立的个体，尤其伴随着市场经济的强力冲击，村落流动日渐频繁，农户个体化倾向更为明显，家户利益认同强化，村落维度上家户之间的关系呈现出工具理性主义特点，互惠互利、公平

---

① 来源于塔湾村琚树齐老人的访谈资料。
② 张鸣：《热闹中的冷想》，《读书》2001年第3期。

是这一期村落关系格局下的导向性规则,市场性治理特征明显。总体上而言,主要表现为:

一是生产、生活合作市场化。即村落内农户之间的换工、合具、帮工等互助合作转为市场雇佣合作。随着农业生产的机械化、职业化与规模化,为避免不必要的、繁杂的合作交换及确保家户效率,与几户村民之间的生产合作相比,市场雇佣优势更大;村民家中办红白喜事时,一般到黄金埠专门请厨师队伍来操办酒席。

二是人情往来的扩大化与实用主义导向。传统时期,人情往来多发生在本家、娘家至亲,或素有人情关系的邻相、好友等人之间。现如今,送情客往的主体范围不断扩大,居住在同一村落或外村的关系尚可的人们之前互为人情,进而避免日常交往的尴尬,还能为日后互相需求作铺垫。有权有势的村民家办红白喜事时,赶场的村民会更多,在他们看来,这种形式的赶场送情不会很频繁,并且总体花费也不会很高,但却可以为日后有朝一日相求于对方留下机会,十分划算。比如,琚桦齐老人曾经担任某乡政府要职,大儿子、小儿子也是当地政府公务人员,老人办八十大寿时,平时无人情往来的村民也"打礼"参加,攀上关系的背后是隐藏的与之相对应的角色与义务。当然,"人走茶凉"的另类实用主义、理性主义也在日常交往中展现得淋漓尽致。例如,有一位姓程的村民早年在外开厂挣了大钱,村里很多村民在他厂子里打工,他家中办喜事,村民们帮忙的态度十分积极,但在其厂子情况每况愈下之后,他老母亲去世时,很多村民直接没来参加葬礼,就连帮忙的人也很难请齐。正所谓"无人欢喜雪中送炭,人人偏爱锦上添花"。

随着市场经济发展与社会流动的增加,塔湾村的生活交往半径不断扩大,关系也得以延伸与多元化,人们不再局限于血缘与地缘性联系,以各自利益需求为联合基础的业缘、市场交换等关系逐渐凸显,相互嵌入与簧联,但家户理性是主导。如琚姓村民在天津创办了大型家具厂,木匠、漆匠、负责厂务的工人均为本村村民,也有不少人在黄金埠、余于县城谋生活,以做小本生意或给店铺打工为主。在这过程中,原本纯粹的地缘性关系转化成较为正式的业缘关系,此时,按照公平交换的市场规则办事成为主流。当然,为了维护既有的关系,双方可能会通过发生人情往来的方式让业缘等正式关系蒙上一层情感的面纱,为公平交换的市场规则加入柔性的非正式约束力。人们之间的关系取决于相互之间合作的有效性和互惠性的维持情况,最终的结果是理性的全面进入,进而使正式关系附着上更多非正式的感情色彩,反过来又使非正式关系带有更多的理性化[1]。在这一关系格局下,以维护家户利益的公平交换规则势必成为村落层面家户日常生产生活及交往治理的基本规则,正式或非正式规则均可援用,但由于非正式规则的约束限度,具有国家强制性的法律等正式制度逐渐进入人们的视野。

然而,这并不意味着在地缘性联合基础上衍生而来的温情脉脉之乡情的完全堕落,尤其是当农户家中遭遇重大变故,或面对孤寡、残障等弱势群体时,乡情道义发挥着重要作用。如琚姓一村民在外务工发生交通事故时,兄弟、叔伯、村民委员会主任、村落内能经得住大事的、有见识的村民均赶到事发地点为其妻儿撑脸面,讨回公道。村民对本村的孤寡、残障或乞丐等人也会提供一定的保护,如琚狗仂是残障人士,无法自理,侄子常年在外打工,无暇顾及,放任其在家中,每到饭点,村民们就会喊他拿碗装饭,他也从来没饿过肚子。

1984年,全县撤销人民公社体制,恢复乡人民政府建制,黄芽大队更名为黄芽村委会,下辖13个村民小组,塔湾村隶属于黄芽村委会,村民委员会成为官方批准、承认并赋予正式权威的基层公共权力组织。包产到户之后,国家权力抽离,对乡村社会的控制减少,这也意味着国家不再直接对乡村社会施控。再加上村落传统自治资源在市场经济的冲击

---

[1] 谢建社、牛喜霞:《乡土中国社会"差序格局"新趋势》,《江西师范大学学报》2004年第1期。

下被压抑、消解，个体化农户的"私"越发凸显。艾瑞克森认为，"人际之间的相互关系，都是每个人在与他人的相互交往或互动关系中建立起来的，这也是一种稳固的自我认同的基础。如果每个人都去追求自己的个人利益，尤其是抱着利己主义的价值标准，那么，社会组织的凝聚力就会出现问题。"[①] 一方面，村落传统不足以再将个体化小农整合成为有机的致力于村落公共事务的整体，这就需要国家外力的强制性规制；另一方面，新的乡村治理主体的控制力无法与集体化时期的全能主义政府相媲美，也无法获得如传统时期乡村社会内生性权威的广泛认同，这就使得在村治过程中出现"无为而治""无人来治"、干群关系紧张等问题，进而影响乡村社会稳定秩序的构建。由此可见，现阶段村落维度上的关系结构及其主导性特征对乡村社会应该"如何治理"及"依何治理"提出了新的要求。在一定程度上，基层法治建设、法律下乡及其他规则与制度的供给均可视为国家寻求与当前村落关系格局相匹配的治理规则的努力。

四 小结：关系变迁与治理规则适应性转化

中华人民共和国成立之后，随着中国共产党对农村进行社会主义改造与现代化建设，乡村社会经济、政治、文化等方面均发生着巨大的变化，在此之余，村民赖以生产、生活及交往的各层级内部关系及其对应的治理格局也悄然地改变着。

整体来看，家庭自始至终是人们无法割裂的集体，血缘与情感依然是家庭关系的主导维度，人们在家庭关系的约束中，首选等级差序性伦理规则来进行自我调节，以构建和维系温情脉脉的家庭秩序。当然，伴

---

① 参见 [英] 保罗·霍普《个人主义时代之共同体重建》，沈毅译，浙江大学出版社2010年版，第32页。

随着改革与现代化的不断推进，家庭关系也日益个体化、均衡化，对治理规则的需求也逐渐多元化，在要求作为家庭关系格局下基础的伦理性规则与时俱进的同时，对其他民主的、公平的、对等的正式或非正式规则之需求也有所增加，家庭关系下的治理呈民主化趋势；

在亲族关系中，小亲族也是被认为应该抱团连带的集团，血缘、情感与利益是小亲族关系认同的主要维度，随着认同维度主次倚重的不同，在轻重相权之中，治理规则亦会不同。随着经济社会的发展，利益倾向日益凸显，公平对等之内生规则地位上升，外生的法律规则也不断进场，但非正式的、伦理性的规则仍然是其内部流行的、优先的模式。在多子常年在外务工的家庭中，小亲族治理出现了伦理性回归的特征；亲族关系的另一个层面——家族日益成为人们记忆中的同姓联合体，家族伦理秩序随着社会结构的转变已然无法修复完好，很难生成家族共同利益，对单个家户也不再产生实践性影响，家族主义从属于家户主义，在治理过程中，以公平、对等为基本原则的交换性治理为主。

村落维度的关系亦然，经历了"皇权不下县"到国家逐渐进入村民的认同世界，再到国家权力抽离，减少对乡村社会的直接控制，这一关系的理性化、工具化、利益化的特征不断显化，治理的市场性也更为凸显。由此，关系变动中的乡村社会必然呼唤乡村治理规则及其格局的流变。

第七章

总结与讨论

本书以关系—规则为视角,将一个自然村落作为研究单元,通过对中华人民共和国成立之前村落社会的具体治理实践形态的考察,以关系—规则—行为作为分析范式,以国家为背景,试图厘定家庭、亲族、村落三个村落社会治理层级内部关系特点,剖析在此关系格局下,人们依据何种规则或力量进行自治及其呈现出哪种治理类型。同时,以国家对乡村社会进行结构性改造——土地改革、集体化、包产到户为时间节点,揭示关系变动中的乡村治理规则及其特点。本章主要在前述章节内容的基础上进行总结性梳理与个案研究的一般化提升。

一 对"乡村依何而治"的延伸性回应

(一)关系规则之治:从对立到统一

治理规则是研究乡村治理不可或缺的环节,"依何而治"及"如何治理"是其关注之所在,也是本研究的主题。事实上,中国乡村"依何而治"并非一个新命题,对此,多学科领域的学者都有所探讨,从规则之治的角度来看,主要存在着礼治、法治与礼法共治三种取向。马克斯·韦伯、费孝通与费正清等人均强调"礼"在传统乡村自治中的重要作用,如马克斯·韦伯认为在中国的自治村庄中乡民通过涵盖社会各个方面的礼俗来调整公共冲突及维护家族或乡村内部秩序,而不必依靠强制性的外来王法来维持相互之间关系①；费正清认为社会习俗是中国农民在极度困苦条件下维持高度文明生活的原因；费孝通则直接指出乡土社会依礼而治，即是一个"无讼"的"礼治"社会，而"礼"依靠传统来维持；与之相对应的观点是法治，即依法律规则而治，主要集中于对当下农村法治实践的考察，如董磊明、陈柏峰、聂良波等在对河南宋村的法律实践进行解读时，指出当前农村社会已出现"结构混乱"，导致村庄内生力量无法有效地整合秩序，国家法律已然日益成为不可或缺的治理力量，"迎法下乡"已有了现实的内在需要。② 礼法共治，即强调乡村内生性规则与国家法律规则之间的并存、互动与共治。

上述研究均致力于寻求乡村社会赖以治理的规则，但无论礼治、法治还是礼法共治，其背后都暗藏着国家与社会二元对立的逻辑；在对礼治或法治观点进行阐释时，往往带有较强的价值性倚重色彩，多见国家少或不见社会，或只强调社会内生性力量、规则而忽视国家的现象也较为普遍，即使是礼法共治的观点亦存在着诸多分歧。

事实上，在国家产生之后，纵观中国乡村治理的实践史可以发现，国家始终以直接或间接的形式与乡村社会发生关联，或为背景，或为主体，或显化，或隐匿，即使在"皇权不下县"的传统时期，乡村社会中的人们也无法完全摆脱国家政权的牵制，如在村民的日常分配与消费中，赋税摊派等始终处于第一序列；当冲突或纠纷复杂至单纯依靠民间力量无法调和之时，仍需要国家政权力量的介入，诸如此类。由此可见，在礼治的基础上，国法也发挥着补充治理的角色。

与之相对应的是，法治亦然，在乡村社会中，存在着家庭、亲族、

---

① ［德］马克斯·韦伯：《儒教与道教》，洪天富译，江苏人民出版社2010年版，第98—103页。

② 董磊明、陈柏峰、聂良波：《结构混乱与迎法下乡——河南宋村法律实践的解读》，《中国社会科学》2008年第5期。

关系、规则与乡村治理：赣东北塔湾村的秩序表达

村落等多层级治理的场域，充盈着血缘、地缘、利缘、业缘等多层次的先赋性或后赋性关系，单纯倚仗外在的强制性力量或规则并不足以达到有效治理的目的。正因为如此，礼治或法治的解释是有限度的，无法适用于各个阶段的"乡村依何而治"回应性阐释，如用法治去阐释传统乡村社会的治理显然不合时宜，同样用礼治来说明当下农村社会的治理特征亦难相全。特别是党的十九大提出健全自治、法治、德治相结合的乡村治理体系的话语和实践框架之下，无论是法治还是礼治的取向均存在解释限度。同时，乡村社会依礼而治、依法而治中的"礼""法"在某一时空区间内是固定不变的，这也使得礼治与法治有着固化的特征。然而，乡村社会并非静止不变的，处于这一社会中的主体之间的关系亦是流动变化着的，用礼治或法治等相对固化的概念去加以解释显然存在着一些不足，礼治与法治的纷争，往往会造成国家与社会互斥的局面，进而陷入规则混乱的纠结。

为避免上述困境，并在此基础上充分展现乡村社会依何而治的动态性，本书跳出国家与社会二元分析框架的窠臼，另辟蹊径，从关系—规则的视角对乡村治理展开研究，以关系—规则—行为作为分析范式，以国家为背景，试图对传统时期的家庭、亲族、村落三个村落社会治理层级内部关系特点进行厘定，剖析在此关系格局下，人们依据何种规则或力量进行自治及其呈现出哪种治理类型。在传统时期，家庭内部关系是一种以血缘为基础的情感性关系，在这一关系束缚下，等级差序的伦理规则是调节家庭内部关系的主要规则，属于伦理性治理；在家族规模小，血缘集合程度弱的村落，亲族内部关系形成以血缘为底色的交往型人情关系，在这一关系格局下，血缘伦理性连带规则与追求家户理性的交换性规则之间相互博弈，轻重相权于某一特定的情境之中，此消彼长，恰如其分，衍生出一种混合型治理模式；在超越家庭、小亲族及家族之外，村落缺乏结构性力量的黏合与约束，实质上是家户的联合体，村落维度上关系的工具性、利益性明显，情感性成分薄弱，这就要求实行以公平

交换为基本规则的市场性治理。以此承接，以国家对乡村社会进行结构性改造——土地改革、集体化、包产到户为时间节点，揭示家户、亲族与村落三个层面内部关系的变化及其与之相对应治理规则、特征的演变规律。本书研究认为乡村社会是依"关系规则"治理的，即关系规则之治。具体而言，包括以下特点：

一是乡村自治是关系统御的治理。在"皇权不下县"的传统时期，乡村治理表现为以国家为隐性背景的自治，即自我调节式治理。许烺光提出"中心情境"来定位中国人的生活方式，即"以一种持久的联结，把个人连接在家庭和宗族之中。在这种基本的社会结构中，个人会受到相互依赖的制约"[1]。即处于特定关系联合体中的人们受互为关系的制约，从这一点来看，在中国，尤其是乡村社会，"情境"本质上是"关系情境"，在特定情境中，人们行为受特定情境规则的调节、指导与制约。费孝通曾指出，"一个变动中的社会，所有的规则是不能不变动的。环境改变了，相互权利不能不跟着改变"[2]，而社会，尤其是自治性较强的乡土社会之变动，必将导致社会中主体关系的微妙变化，进而他们自我调解所依据的规则亦要与之相匹配。在本研究中，家庭关系、亲族关系与村落关系均为特定情境性关系，并具有各自的特点，如家庭关系属于血缘性情感关系，在这一关系下的治理是一种遵循着等级差序的伦理性治理；亲族关系则是以血缘为底色的交往型人情关系，与之相对应的是混合性治理，即在血缘理性的约束下又追求均衡的家户理性，伦理规则与交换合作规则博弈于轻重相权之中；村落维度上的关系是一种工具性的关系，此情境下的治理是公平交换为基本规则的市场性治理。同时，随着国家对乡村社会改造的不断推进，村落社会结构发生了巨大变化，村落内各层级的关系也不断流变，变化关系中的乡村治理亦然。梁治平

---

[1] [美] 许烺光：《宗族·种姓·俱乐部》，薛刚译，华夏出版社1990年版，第2页。
[2] 费孝通：《乡土中国 生育制度》，北京大学出版社1998年版，第57页。

关系、规则与乡村治理：赣东北塔湾村的秩序表达

曾认为一种由人与人之间关系变化而非技术革命促成的文明，产生了一个按照变化了的人际关系而非地域原则实行统治的国家①，传统中国便是这样一种文明与国家，由此可见，乡村自治亦是一种由关系统御的治理。

二是关系规则之治有强包容性特点。关系规则之治，即依"关系规则"进行治理。从内容上看，瞿同祖认为，礼是维持贵贱、尊卑、长幼等社会差异的工具，礼之本身并不是目的，只是用以达到'有别'的手段。②与之相类似，与法律、习惯法、传统等同为一种实现社会治理的手段，维持社会秩序，实现治理是礼、国法等的共同目的，它们之间并不矛盾，可以统一于关系规则之中。故此，关系规则可包括习俗、习惯、民间法、道德、法律法规等内生性的软规则与外生性的硬规则，具体选用什么规则来进行自我调节则由人们根据自身所面临的具体情境来确定；从时空的适用性来看，"关系规则之治"可用于传统、变迁中及当前乡村治理机制的阐释，在一定程度上可以弥补礼治、法治的不足，同时，也可将礼法共治并包进来。

三是关系规则之治有动态性的特点。依"关系规则"而治，强调规则在关系中运行和作用及关系的规则性。在乡村社会，关系的多层次性、流变性一定程度上也决定了与之相对应规则的多元性与动态性，规则的选择、运行及发挥效用均要看自己及相关主体所处的关系情境，"一定要问清了，对象是谁，和自己是什么关系之后，才决定拿出什么标准来"③，关系发生改变，规则亦要随之调整，否则，要么规则失灵，要么原有的关系及其秩序就会遭到破坏与转化。无论是传统乡村社会，抑或是变迁中的和当下的乡村社会，随着经济、社会、文化、政治、自然等

---

① 梁治平：《寻求自然秩序中的和谐——中国传统法律文化研究》，上海人民出版社1991年版，第8页。
② 瞿同祖：《中国法律与中国社会》，商务印书馆2010年版，第273—274页。
③ 费孝通：《乡土中国 生育制度》，北京大学出版社1998年版，第36页。

生态格局的变化，势必会带来乡村治理规则的扬弃与调整，因关系之动而变的关系规则之治也恰巧弥补了礼治、法治等的固化之流弊与解释局限。

(二) 关系与规则关联：模式建构

关系与规则的关联性是以关系—规则为视角研究乡村治理的前置性条件。德·格罗帕（De. Glopper）在研究中国台湾时指出："用理想型的术语来说，鹿港人用一套分离的范畴来描述他们的全部社会关系。他们之间有商业关系，有亲族关系，有邻里关系，还有通常所说的'社会关系'，这些关系中的每一种都有其自身的原则和目的，有其自身的满足方式和问题。"[1] 中国乡村社会亦是如此，不同治理域内的关系各异，各自关系中遵循的规则也不同。在塔湾村治理实践过程中，家庭、亲族与村落是三个不同层级的治理域，在此基础上，本研究分别考察上述三个治理域内的关系、规则与治理形态，不同层级的治理域之间的关系与规则表现出一定的连续性特征。

马克·格兰若维特从互动频率、感情力量、亲密关系和互惠交换等四个维度来测量关系的强弱，并提出一个可行的判断方法，即朋友圈的重叠程度，当两个人没关系时，他们的朋友圈重叠程度最小，关系强时，重叠程度大，反之亦然，其中，强关系是群体内部的纽带，而弱关系则是群体间的纽带[2]；边燕杰将熟悉和亲密性、值得信任和互惠义务等中国人际关系的三大特点作为测量关系强弱的指标；张其仔则认为测量强弱关系不能用统一的标准，要根究研究对象和研究问题而定[3]。本书以乡村治理域为载体划分关系，家—族—村的延伸方向基本符合差序格局

---

[1] D. R. De·Glopper, "Doing Business in Lukkang", in P. Wolf, ed., *Studies in Chinese Society*, Stanford University Press, 1978, p. 307.
[2] 马克·格兰诺维特：《弱关系的力量》，《国外社会学》1999年第4期。
[3] 张其仔：《社会网与基层经济生活——晋江市西滨镇跃进村案例研究》，《社会学研究》1999年第3期。

的特征,在此基础上,以血缘的亲疏远近来确定关系的强弱。

根据前文论述可知,家庭关系是血缘性关系,具有先赋性和强伦理的特征,与之相对应的是等级伦理性规则,较为模糊。亲族由于缺乏诸如公产、严格的家规或族规体系等笼罩性力量的约束,其内聚力有限,多表现为家庭的松散集合,其关系是以血缘为底色的交往型人情关系,一方面血缘关系要求以伦理规则来进行自我调节,如在家族化、仪式化的表达中;另一方面交往型人情关系则要求以对等互利的交往规则来指导治理实践,如在经济活动领域,血缘关系与交往关系,伦理规则与对等互利原则轻重权衡于具体的治理情境之中,此消彼长。

村落场域下的关系因缺乏结构性力量的黏合与约束而表现出以工具性、利益性为主的特点,伦理和情感成分薄弱,在治理过程中以公平交换规则为本。特别是在实施家庭联产承包责任制之后,家户再次成为生产、生活、交往的基本单元,再加上随之而来的市场经济强烈冲击,村落流动增强,农户日益个体化、原子化,家户理性主义不断得以强化,互惠互利、公平对等成为人们社会交往的首选规则,如生产、生活合作不断市场化,人情往来不断扩大化,实用主义倾向明显。当然,地缘性联合基础上衍生而来的温情脉脉之乡情并非完全堕落,尤其是当农户家中遭遇重大变故,或面对孤寡、残障等弱势群体时,乡情道义亦发挥着重要作用。整体上而言,在先家、后族、再村落的逐级扩展中,关系呈现出由强到弱的变化趋势,而与之匹配的规则出现由模糊到明晰的趋势。

值得注意的是,在乡村治理的实践过程中,关系及其对应的规则并非"一刀切"地完全割裂开来,家庭、亲族、村落等治理层级的关系之间存在着交互、延伸与重叠,与之依存的关系规则也是如此,从这个角度上来讲,在各个治理的场域内,关系、规则、治理类型的划分是以其最突出的关系性因素或特征为偏重标准(见图7-1)。

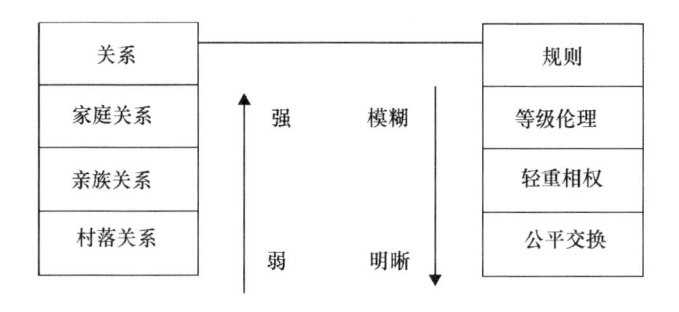

关系			规则
家庭关系	↑强	模糊	等级伦理
亲族关系			轻重相权
村落关系	弱	明晰↓	公平交换

图 7-1　不同层级关系及其规则演变趋势

二　关系、规则与治理：乡土底色力量"再发掘"

关系规则治理源于对村落治理形态的深度考察及对既有理论的重新反思，对推进乡村治理体系和治理能力现代化建设有重要的启示意义。

（一）规则博弈抑或关系性选择：农村法治建设再思考

农村法治建设是乡村治理的重要手段与内容，党的十九大报告提出，要健全自治、法治、德治相结合的乡村治理体系。其中，法治是健全乡村治理体系的应有之义，也是现代化法治国家治理体系的基本要求。

自 20 世纪 80 年代以来，国家一直致力于推进法治建设，可供利用的法治资源可谓十分丰富，但在农村并未实现普遍的法治，实践与目标相悖，出现法治内卷化趋势。针对这一现象，以费孝通、苏力、朱晓阳等法律社会学或法律人类学的学者形成了基本共识，即认为现代性法治在进入保留着诸多传统因子的乡村社会时造成的规则混乱是导致上述后果的根本原因；而法律政治学人则从权力及其控制的角度来加以解释，将其视为多元规则博弈的过程。然而，事实上，无论是法治，还是礼治，实质上是乡村社会"依何而治"的问题，并不限于内生性规则与法律等外来规则的博弈，也隐藏着人们在一定约束下的主动或被动的选择过程，即与其说是规则或语言的混乱，不如说是一种主体能动性选择，这一点在"皇权不下县"、国家政权采取被动式治理的传统乡村社会表现得尤为显著。相比较而言,现代社会的规则选择必须建立在合法的基础上,如对于抢劫、杀人等必须受到法律制裁的违法行为,法律则会强制介入,选择秩序就此失效。一般而言,现阶段发生在村庄范围内的违法现象并不在多数,主体选择空间较大。既然如此,那么规则选择的逻辑起点或依据是什么呢?

从个案村实地考察情况及前文以关系—规则为视角对村落治理机制的研究可见,人们囿于各自所处的关系格局来选择规则,即关系性选择。梁漱溟先生认为,"人一生下来,便有与他相关系之人(父母、兄弟等),人生且将始终在与人相关系中而生活(不能离开社会),如此则知,人生实存于各种关系之上。此种种关系,即是种种伦理"①。无论是在传统乡土社会,还是变迁中或当前正处于转型中的乡村社会,关系无处不在地束缚、牵制着人们的规则选择秩序,进而影响乡村治理的实践样态。

通过对塔湾村内不同层级治理的场域关系及其相对应的治理规则和类型的研究可以发现,在传统时期,家庭内部关系是一种以血缘为基础的情感性关系,家庭内部成员同居共财,惺惺相惜,一个人的出生、成长、成家立业、"终养"均离不开家庭的庇佑,相互之间凭借血缘的优先性构成了长幼有序,尊卑有别的等级差序格局,在这一关系的束缚下,以等级差序为特征的家庭伦理规则是家庭内部秩序建构与维系的主要规则,呈现出一种伦理性治理。在传统文化与社会结构下,"家丑不可外扬"的观念根深蒂固,"清官难断家务事",通常情况下,家事的治理具有排外性,由作为一家之主的父亲执掌着,从里到外,事事俱到。在这相对封闭自治的血缘共同体内,等级伦理规则是人们的首选规则,但这并不意味着伦理之外无规则,只不过人们基于血缘伦理关系的制约必须

---

① 梁漱溟:《中国文化要义》,安徽师范大学出版社2014年版,第72页。

或优先遵从家庭伦理规则，否则将面临着来自家主、其他家庭成员的剥夺性挤压或来自村落村民的舆论压力等。再加上国家政权力量及其国法的被动式介入态度及其介入的高成本与低效度等原因，这进一步使得另辟蹊径寻求家庭伦理之外规则几乎不可能，人们宁愿选择积极对抗的方式来突破家庭关系及其伦理秩序的羁绊。换句话说，在乡土社会家庭关系格局下，遵守伦理性规则是人们对规则的应然性第一态度。

在小亲族或家族自治过程中选择何种规则亦是如此。在不存在超家庭的笼罩性血缘力量的村落，由于缺乏诸如公产、严格的家规或族规体系等其他可控性力量，无论是小亲族，抑或家族的内聚力均是有限的，更多是单个家庭与家庭之间松散的集合，各自内部关系表现以血缘为底色的交往型人情关系，家户理性凸显。处于这一关系中，一方面血缘关系要求以伦理规则来进行自我调节；另一方面交往型人情关系则要求以对等互利的交往规则来指导治理实践，至于到底哪种规则先行则要根据关系相关主体之间的血缘距离远近进行选择，如小亲族成员之间血缘距离比家族近，与之相对应的，小亲族内部成员之间相互承担的伦理连带性也更大，这样一来，处于同一情境下，小亲族选择伦理性规则进行治理的可能性大于家族，反之亦然。总体来看，在传统乡土社会中，亲族关系格局下的自我调节式治理也排斥外来规则。然而，在这一关系中，当交往型人情关系成分压倒血缘因素时，对等性规则获得优先性，如果人们过分地追求家户理性而严重损害到其他成员的私利或共同利益，或内生性规则无法满足治理需求时，他们就可能选择具有对等性取向的外部规则或力量来介入调节。

同样，在村落层面上，缺乏结构性整合力量的关系实质上是家户之间松散的组合关系，随着市场交换、婚姻、权力交换活动的发生，村落维度的关系以村落为中心不断向外扩展，但不管怎样，均以工具性、利益性为主要特征。在这一关系格局下，公平、互惠的市场交换规则指导与制约着人们的行为。然而，由于地域相近联结成为村落，村落维度的

关系、规则与乡村治理：赣东北塔湾村的秩序表达

关系不可避免地沾上地缘性底色。在工具性关系下，在互惠中追求家户的最大化是常态。因此，在村落公共事务治理过程中，为促成有效的集体行为，就要求公平与强制并存的规则。从应然层面上讲，在以地缘为底色或以扩展为目的的工具性关系下，任何形式或来源的公平交换规则均可能成为村落治理的备选规则，但实践中并非如此，援用国法等规则的代价与实际效力使得人们对此望而却步，如果国法能够事实地确保人们对于公平、对等的追求，且法律资源丰富至伸手可得用的话，也许人们不会那么地排斥国法。当然，在生于斯、长于斯的熟人社会中，基于地缘的乡情，内生性规则往往成为首选，相比于国法而言，也许对违规者而言，来自他人的舆论压力等更为可怕。

费孝通认为乡土社会是熟人社会，人们追求"无讼"，社会公共秩序的生成与维持无需依赖国家的法律，而仅依靠"礼"，依靠对传统规则的服膺，是"礼治"社会。[1] 然而，无需法律的"礼治"并不可否认法律的客观存在，仅仅意味着法律没有成为人们的关系性选择，理由在于传统中国人的讼争所要维持的是"情理"，即一种"常识性的正义衡平感觉"，同西方人和现代人相比，古代中国人不把争议的标的孤立起来看，而将对立的双方，甚至周围的人的社会关系加以总体全面的考察[2]。

中华人民共和国成立之后，国家从未停止过对乡村社会的改造，尤其是包产到户之后，法律下乡、司法下乡等旨在促进农村法治建设的举措不断。赵旭东指出国家不断向农村输送法治资源的原因在于，在国家的观念中，一个潜在而不被察觉的思考逻辑就是认为，乡村是一个法治不健全的落后地区，因而是秩序混乱的、生活质量不高的社会。最终的偏见便认为，农民的生活是极为不幸福的，需要国家部门的扶贫、送法下乡和科技下乡。这些确实为乡村治理提供了更为丰富的备选规则，且

---

[1] 费孝通：《乡土中国　生育制度》，北京大学出版社1998年版，第48—53页。
[2] ［日］滋贺秀三：《中国法文化的考察》，王亚新、梁治平编《明清时期的民事审判与民间调节》，法律出版社1998年版，第13页。

逐渐进入关系选择秩序。虽然非集体化以来，随着市场经济不断发展与渗透，农村社会日益流动与开放，利益逐渐成为村落关系的主旋律，人们之间关系的工具化、理性化特征不断凸显，村民个体化倾向明显，但是社会结构的变迁与关系的变化并不意味着人们可以抛弃关系的束缚，随心所欲地选择规则，只不过在新的关系格局下，关系规则及其具体内容样态也发生了变化，关系性选择的作用依旧存在，在应然层面，内生性规则与国法均可在关系规则之列。

在当今农村社会，传统乡土性尚未完全消散，日益工具化、理性化的关系仍然保持着血缘、地缘的底色，在这一整体性关系格局之下，内生性规则或力量依旧占据优势，而对于多数村民来讲，法律并不属于实用的普遍性规则，例如在某一组关系规则中，法律与内生性规则均可适用，且效果相当，这时，人们一般会选择综合成本低的内生性规则来实现自我调节，而非选择成本较高的法律。对于这一现象，有些人将之归为规则混乱引起的法治内卷化。事实上，并非如此，这是关系性选择的结果。由此可见，农村法治建设是一个复杂的、系统的工程，单纯的法治资源下乡对之进一步发展的增量十分有限，应当在充分地理解乡村治理过程中的治理规则之关系性选择的逻辑。

同时，詹姆斯·N.罗西淄曾指出，"治理是由共同的目标所支持的，这个目标未必出自合法的以及正式规定的职责，而且他也不一定需要依靠强制力使别人服从……它既包括政府机制，同时也包含非正式、非政府的机制，随着治理范围的扩大，各色人等和各类组织得以借助这些机制满足各自的需要，并实现各自的愿望"[①]，即乡村治理重点不在于内生性规则与法律规则的博弈，重点在于正视乡村社会内外部关系及在特定关系情境下，规则或力量的协调与互动，这也许是现阶段农村法治建设

[①] [美]詹姆斯·N.罗西淄主编：《没有政府的治理》，张胜军、刘小林等译，江西人民出版社2001年版，第5页。

亟待厘定的方向，也与当前健全自治、法治、德治相结合的乡村治理体系，走中国特色社会主义的乡村治理道路的内在要求相契合。

（二）关系规则与乡村治理共同体重建

党的十九大提出实施乡村振兴战略，为新时代乡村建设提供了重要战略支撑。乡村振兴的基础在于乡村治理有效。党的二十大报告提出建设人人有责、人人尽责、人人享有的社会治理共同体，重申了推进乡村治理有效的核心实践维度，为新时代乡村治理有效和全面推进乡村振兴赋予了新内涵和指明了新方向。乡村治理共同体的构建要求跳出国家与社会二元对立框架的同时，充分挖掘乡村本土底色和传统价值资源，这与关系规则治理探讨旨趣不谋而合。

"共同体是指个体、组织基于相似的价值认同、目标追求等，自觉形成的相互关联、相互促进且关系稳定的群体"[1]，涵括多元主体、共同目标追求、相似的价值符号和情感联系等方面因素，自然的、地域性、互帮互助、彼此熟悉、日常互动频繁、以关系为纽带等是主要特征，由此可见，家庭、亲族、村落均是常见、典型且真实存在的共同体，前两者共同构成了后者。只有清楚认识和把握乡土底色才能真正地消弭国家与乡村的张力，进而推进两者融合互动。

随着村落关系的变迁，熟人社会逐渐陌生化，关系的理性化、工具化、利益化的特征更为显化，这对治理何以有效提出了新要求。通过对塔湾村的乡村秩序村落层面的表达研究发现，在村落维度上，家户之间的关系因亲族气息薄弱，缺乏整体性的血缘力量与组织而呈现出弱结构性与弱血缘性的特征，从而使得在家庭或亲族之外的家户在生产、生活、交往等方面，尤其是在经济互助与合作秩序的形塑中遵循着与之关系相匹配的规则与目的。如以"打倒车"合作为例。进入合作范畴之后，惟

---

[1] 郁建兴：《社会治理共同体及其建设路径》，《公共管理评论》2019 年第 3 期。

"投入"论产出,并自觉地遵守合作规则,杜绝"搭便车"行为,如偷懒等;反之亦然。对等与自由是各主体之间有序的合作秩序构建所遵循的基本原则,血缘、人情等关系因素的影响远远不如利益理性,只有在符合各自家户基本利益的基础之上,上述因素才可能发挥小范围的微弱影响。合作因为共同需求而起,通过合作实现共赢,随着共同需求的消散而终止。同样,在诸如扩宽河道、修路、安葬乞丐等村落内公益性事务的治理均离不开强制性与自愿性的结合,在合作内部遵循着公平、对等的原则;在集体性纠纷调解时,"大头首""话公"等村落治理主体介入纠纷时,互惠的公平与权威的强制相结合也是重要原则。

在关系与规则互动中,塔湾村社会内部秩序实现自我调节式的有序表达。由此,为新时代乡村共同体重构提供有益方向。如通过乡村治理主体再造、信任和关系再生产、基于共同需求的合作及公共空间再塑造,村民村落共同体身份和情感再黏合,激发传统村落关系结构底色及在此基础上衍生的特定规则活力,重构乡村治理共同体,进而实现治理有效。

三 不足之处与后续研究

本研究以江西省余干县塔湾村为个案,尝试着从关系—规则的视角来回答乡村社会依何及如何治理的问题,认为乡村社会依"关系规则"而治。在研究乡村治理依何而治之余,本书研究认为"关系规则"依然适用于国家治理层面的分析,即国家亦可依"关系规则"进行治理,如国家与地方、国与国之间及其与其关系主体之间的关系制约着国家依何规则治理,关系变化,相对应的规则亦会随之调整。当然,限于文章篇幅,此处只能抛砖引玉,而无法做深入详致的佐证式分析。与此同时,在本研究的具体过程中,存在着一定的局限性。

首先是研究方法的局限。一方面,本书为个案研究,虽然在研究过程中坚持从调查中发现问题,并以经典理论为依托寻找对话理论,通过对个案进行深剖,在与经典理论对话的基础上,把个案研究上升到抽象的整体认识,以期实现普遍的解释力,进而修正传统个案研究及扩展个案法的不足之处。然而,本书选取的个案是一个不存在笼罩性血缘力量的,家户自主性较强且流动性不强的村落,研究发现是否严格适用于典型的宗族村或流动性、依附性较强的村落还有待进一步考证;另一方面,从资料来源上看,中华人民共和国成立之前的资料中口述资料所占比重大,虽然笔者以反复循环访谈、多人联合访谈、文献资料查阅等方式最大限度地确保真实性、客观性,但由于时间间隔较长,仍可能存在对事实的主观再建构与回忆的偏差,在一定程度上也阻碍了个案的深挖。

其次是对关系分析不足。关系本身具有抽象性、多元性与延展性的特征,本书以关系规则为视角研究乡村治理,为了与村落治理的多层级单元相匹配及便于分析,笔者着重考察家庭、亲族与村落维度上的关系,各个场域内的关系互不重叠,如在分析亲族关系时,通常将内部关系排斥在外,以此类推,这样一来,虽然本书将关系的扩展与延伸考虑在内,在论述时亦有意提及其他场域关系对本场域治理的影响,但却无法更加生动地展现各场域关系的互动博弈过程及其对村落整体性治理的作用图景,这对本书研究来讲,亦是个缺憾。

最后是欠缺对研究主题的延伸性讨论。本书的核心概念——关系规则是乡村治理的规则,具有一定的包容性,包括惯行、习俗、传统、习惯法等规则内容,在此基础上,是否可以用"关系法"这一提法取代之呢,如果可以,它与习惯法、民间法、国法等又有何区别与联系。受制于学科意识、理论积累及事实与理论之间的支撑与统领限度,尚未做充分的延伸性讨论。

参考文献

（一）经典著作

《马克思恩格斯全集》第一卷，人民出版社 1956 年版。
《马克思恩格斯全集》第二卷，人民出版社 2005 年版。
《马克思恩格斯全集》第二十六卷，人民出版社 1972 年版。
《马克思恩格斯全集》第四十五卷，人民出版社 2003 年版。
《马克思恩格斯全集》第四十六卷，人民出版社 2003 年版。
《马克思恩格斯选集》第一卷，人民出版社 2012 年版。
《马克思恩格斯选集》第四卷，人民出版社 2012 年版。
《马克思恩格斯文集》第八卷，人民出版社 2009 年版。
《列宁选集》第四卷，人民出版社 2012 年版。
《毛泽东选集》第一卷，人民出版社 1991 年版。
《资本论》第一卷，人民出版社 2018 年版。
中共中央文献研究室编：《毛泽东农村调查文集》，人民出版社 1982 年版。

（二）国内著作

曹锦清、张乐天、陈中亚：《当代浙北乡村的社会文化变迁》，上海远东出版社 1995 年版。
陈启钟：《明清闽南宗族意识的建构与强化》，厦门大学出版社 2009

年版。

陈忠:《规则论:研究视阈与核心问题》,人民出版社 2008 年版。

邓大才:《小农政治:社会化小农与乡村治理——小农社会化对乡村治理的冲击与治理转型》,中国社会科学出版社 2013 年版。

杜润生:《杜润生自述:中国农村体制变革重大决策纪实》,人民出版社 2005 年版。

费孝通:《江村经济:中国农民的生活》,商务印书馆 2001 年版。

费孝通:《乡土中国 生育制度》,北京大学出版社 1998 年版。

冯友兰:《冯友兰全集》(第四卷),河南人民出版社 1988 年版。

法学教材编辑部《西方法律思想史编写组》编:《西方法律思想史资料选编》,北京大学出版社 1983 年版。

公丕祥主编,夏锦文、刘旺洪副主编:《当代中国的法律革命》,法律出版社 1999 年版。

黄树民:《林村的故事:一九四九年后的中国农村变革》,素兰、纳日碧力戈译,生活·读书·新知三联书店 2002 年版。

江西省余干县县志编纂委员会编:《余干县志(1991)》,新华出版社 1991 年版。

蒋梦麟:《现代世界中的中国——蒋梦麟社会文谈》,上海学林出版社 1997 年版。

金耀基:《从传统到现代》,法律出版社 2010 年版。

金耀基:《金耀基自选集》,上海教育出版社 2002 年版。

李泽厚:《中国古代思想史论》,人民出版社 1985 年版。

梁漱溟:《梁漱溟全集》(第三卷),山东人民出版社 2005 年版。

梁漱溟:《乡村建设理论》,上海人民出版社 2006 年版。

梁漱溟:《中国文化要义》,安徽师范大学出版社 2014 年版。

梁治平:《清代习惯法:社会与国家》,中国政法大学出版社 1996 年版。

梁治平:《寻求自然秩序中的和谐:中国传统法律文化研究》,上海人民出版社 1991 年版。

林耀华：《义序的宗族生活》，生活·读书·新知三联书店 2000 年版。

刘青峰、关小春编：《90 年代中国农村状况：机会与困境》，香港中文大学出版社 1998 年版。

刘泽华、汪茂和、王兰仲：《专制权力与中国社会》，天津古籍出版社 2005 年版。

陆益龙：《嵌入性政治与村落经济的变迁：安徽小岗村调查》，上海人民出版社 2007 年版。

罗晓楠：《当代中国文化转型与认同》，生智文化事业有限公司 1997 年版。

罗兴佐：《治水：国家介入与农民合作——荆门五村农田水利研究》，湖北人民出版社 2006 年版。

麻国庆：《家与中国社会结构》，文物出版社 1999 年版。

潘允康：《社会变迁中的社会》，天津社会科学院出版社 2002 年版。

钱杭：《血缘与地缘之间：中国历史上的联宗与联宗组织》，上海社会科学院出版社 2001 年版。

强世功主编：《调解、法制度与现代化：中国调解制度研究》，中国法制出版社 2001 年版。

秦晖：《传统十论：本土社会的制度、文化与其变革》，复旦大学出版社 2003 年版。

瞿同祖：《中国法律与中国社会》，商务印书馆 2010 年版。

苏力：《法治及其本土资源》，中国政法大学出版社 1996 年版。

苏力：《送法下乡：中国基层司法制度研究》，中国政法大学出版社 2000 年版。

苏一星：《西方法律思想发展简史》，中国社会科学出版社 2002 年版。

孙中山：《三民主义》，九州出版社 2012 年版。

王沪宁：《当代中国村落家族文化：对中国社会现代化的一项探索》，上海人民出版社 1991 年版。

王铭铭、王斯福主编：《乡土社会的秩序、公正与权威》，中国政法大学出版社 1997 年版。

王晓毅编：《血缘与地缘》，浙江人民出版社 1993 年版。

王亚新、梁治平、赵晶编：《明清时期的民事审判与民间契约》，法律出版社 1998 年版。

吴重庆：《超越空心化》，中国人民大学出版社 2023 年版。

肖唐镖：《宗族政治——村治权力网络的分析》，商务印书馆 2010 年版。

徐扬杰：《中国家族制度史》，武汉大学出版社 2012 年版。

徐勇：《包产到户沉浮录》，珠海出版社 1998 年版。

徐勇：《非均衡的中国政治：城市与乡村比较》，中国广播电视出版社 1992 年版。

徐勇：《乡村治理与中国政治》，中国社会科学出版社 2003 年版。

徐勇：《中国农村村民自治》，华中师范大学出版社 1997 年版。

徐勇：《关系中的国家》（第二卷），社会科学文献出版社 2020 年版。

许纪霖主编：《帝国、都市与现代性》，江苏人民出版社 2006 年版。

谢晖、陈金钊主编：《民间法》（第三卷），山东人民出版社 2004 年版。

科大卫：《皇帝和祖宗：华南的国家与宗族》，卜永坚译，江苏人民出版社 2010 年版。

杨方泉：《塘村纠纷：一个南方村落的土地、宗族与社会》，中国社会科学出版社 2006 年版。

杨国枢：《中国人的心理与行为：本土化研究》，中国人民大学出版社 2004 年版。

杨国枢编：《中国人的心理》，台湾桂冠图书公司 1988 年版。

杨懋春：《山东台头：一个中国村庄》，张雄等译，江苏人民出版社 2001 年版。

俞可平主编：《治理与善治》，社会科学文献出版社 2000 年版。

翟学伟：《中国人的脸面观：形式主义的心理动因与社会表征》，北京大学出版社2011年版。

张东荪：《民主与理性》，岳麓书社2010年版。

张厚安、徐勇、项继权等：《中国农村村级治理：22个村的调查与比较》，华中师范大学出版社2000年版。

张静：《基层政权：乡村制度诸问题》，世纪出版集团、上海人民出版社2007年版。

张静：《现代公共规则与乡村社会》，上海书店出版社2006年版。

张军、王晓毅、王峰：《传统村庄的现代跨越》，山西经济出版社2003年版。

张文显：《法哲学范畴研究》（修订版），中国政法大学出版社2001年版。

赵红军：《小农经济、惯性治理与中国经济的长期变迁》，格致出版社、上海人民出版社2010年版。

赵旭东：《权力与公正：乡土社会的纠纷解决与权威多元》，天津古籍出版社2003年版。

周晓虹：《传统与变迁：江浙农民的社会心理及其近代以来的嬗变》，生活·读书·新知三联书店1998年版。

朱晓阳：《罪过与惩罚：小村故事（1931—1997）》，天津古籍出版社2003年版。

邹谠：《二十世纪中国政治：从宏观历史与微观行为角度看》，牛津大学出版社（中国）有限公司1994年版。

杨华：《陌生的熟人：理解21世纪乡土中国》，广西师范大学出版社2021年版。

应星：《村庄审判史中的道德与政治：1951—1976年中国西南一个山村的故事》，知识产权出版社2009年版。

张晓艳：《乡村治理共同体建设研究》，人民出版社2022年版。

郑永流主编:《法哲学与法社会学论丛（3）》,中国政法大学出版社2000年版。

张文达、高质慧编:《台湾学者论中国文化》,黑龙江教育出版社1989年版。

中国社会科学院社会学研究所编:《中国社会学》第二卷,上海人民出版社2003年版。

（三）国外学者著作

[德] 彼得·阿特斯兰德:《经验性社会研究方法》,李路路、林克雷译,中央文献出版社1995年版。

[德] 斐迪南·滕尼斯:《共同体与社会：纯粹社会学的基本概念》,林荣远译,北京大学出版社2010年版。

[德] 马克斯·韦伯:《经济与社会》（上卷）,林荣远译,商务印书馆2004年版。

[德] 马克斯·韦伯:《儒教与道教》,洪天富译,江苏人民出版社2010年版。

[德] 马克斯·韦伯:《新教伦理与资本主义精神》,马奇炎、陈婧译,北京大学出版社2012年版。

[德] 马克斯·韦伯:《经济与历史：支配的类型》,康乐等译,广西师范大学出版社2010年版。

[德] 尤尔根·哈贝马斯:《在事实与规范之间》,童世骏译,生活·读书·新知三联书店2003年版。

[法] 卢梭:《社会契约论》,何兆武译,商务印书馆2003年版。

[法] 马克·布洛赫:《法国农村史》,余中先、张朋浩等译,商务印书馆1997年版。

[法] 皮埃尔·布迪厄:《实践感》,蒋梓骅译,译林出版社2003年版。

[古罗马] 西塞罗:《国家篇·法律篇》,沈叔平、苏力译,商务印书馆

1999 年版。

［古希腊］柏拉图：《法律篇》，张智仁、何勤华译，上海人民出版社 2001 年版。

［古希腊］柏拉图：《理想国》，郭斌和、张竹明译，商务印书馆 1986 年版。

［古希腊］亚里士多德：《政治学》，吴寿彭译，商务印书馆 1965 年版。

［美］T．帕森斯：《社会行动的结构》，张明德、夏遇南、彭刚译，译林出版社 2003 年版。

［美］理查德·波斯纳：《法官如何思考》，苏力译，北京大学出版社 2009 年版。

［美］埃里克·A.波斯纳：《法律与社会规范》，沈明译，中国政法大学出版社 2004 年版。

［美］埃莉诺·奥斯特罗姆等：《规则、博弈与公共池塘资源》，王巧玲、任睿译，陕西人民出版社 2011 年版。

［美］爱德华·希尔斯：《论传统》，傅铿、吕乐译，上海人民出版社 2014 年版。

［美］安·沃特纳：《烟火接续：明清的收继与亲族关系》，曹南来译，浙江人民出版社 1999 年版。

［美］安德鲁·奥尔特曼：《批判法学——一个自由主义的批评》，信春鹰、杨晓锋译，中国政法大学出版社 2009 年版。

［美］昂格尔：《现代社会中的法律》，吴玉章、周汉华译，中国政法大学出版社 1994 年版。

［美］巴林顿·摩尔：《专制与民主的社会起源：现代世界形成过程中的地主和农民》，王茁、顾洁译，上海译文出版社 2012 年版。

［美］贝克尔：《家庭论》，王献生、王宇译，商务印书馆 2007 年版。

［美］彼得·布劳：《社会生活中的交换与权力》，孙非、张黎勤译，华夏出版社 1988 年版。

[美] 道格拉斯·C. 诺斯：《制度、制度变迁与经济绩效》，杭行译，格致出版社、上海三联书店、上海人民出版社2014年版。

[美] 杜赞奇：《文化、权力与国家——1900—1942年的华北农村》，王福明译，江苏人民出版社2010年版。

[美] 费正清：《美国与中国》（第四版），张理京译，世界知识出版社1999年版。

[美] 弗朗西斯·福山：《大断裂：人类本性与社会秩序的重建》，唐磊译，广西师范大学出版社2015年版。

[美] 黄宗智：《华北的小农经济与社会变迁》，中华书局2000年版。

[美] 黄宗智：《清代的法律、社会与文化：民法的表达与实践》，上海书店出版社2001年版。

[美] 小奥利弗·温德尔·霍姆斯：《普通法》，冉昊、姚中秋译，中国政法大学出版社2006年版。

[美] 克利福德·吉尔兹：《地方性知识：阐释人类学论文集》，王海龙、张家瑄译，中央编译出版社2000年版。

[美] 本杰明·内森·卡多佐：《法律的生长》，苏力刘培峰、刘晓军译，贵州人民出版社2003年版。

[美] 李怀印：《华北村治——晚清和民国时期的国家与乡村》，岁有生、王士皓译，中华书局2008年版。

[美] 罗伯特·C. 埃里克森：《无需法律的秩序》，苏力译，中国政法大学出版社2003年版。

[美] 约翰·罗尔斯：《正义论》，何怀宏、何包钢、廖申白译，中国社会科学出版社1988年版。

[美] 罗斯科·庞德：《通过法律的社会控制法律的任务》，沈宗灵、董世忠译，商务印书馆1984年版。

[美] 麦克法夸尔、费正清：《剑桥中华人民共和国史》（上卷），谢亮生等译，中国社会科学出版社1998年版。

［美］曼瑟尔·奥尔森：《集体行动的逻辑》，陈郁、郭宇峰、李崇新译，上海三联书店、上海人民出版社1995年版。

［美］尼尔·K. 考默萨：《法律的限度》，申卫星、王琦译，商务印书馆2007年版。

［美］尼柯尔斯：《苏格拉底与政治共同体》，王双洪译，华夏出版社2007年版。

［美］塞缪尔·P. 亨廷顿：《变化社会中的政治秩序》，王冠华、刘为等译，生活·读书·新知三联书店1996年版。

［美］W. 古德：《家庭》，魏章玲译，社会科学文献出版社1986年版。

［美］许烺光：《祖荫下：传统中国的亲属关系、人格和社会流动》，王燕彬译，九州出版社2023年版。

［美］许烺光：《宗族·种姓·俱乐部》，薛刚译，华夏出版社1990年版。

［美］阎云翔：《礼物的流动：一个中国村庄中的互惠原则与社会网络》，李放春、刘瑜译，上海人民出版社2003年版。

［美］阎云翔：《私人生活的变革：一个中国村庄里的爱情、家庭与亲密关系》，龚小夏译，上海书店出版社2009年版。

［美］杨美惠：《礼物、关系学与国家：中国人际关系与主体性建构》，赵旭东等译，江苏人民出版社2012年版。

［美］詹姆斯·C. 斯科特：《弱者的武器》，郑广怀、张敏、何江穗译，译林出版社2011年版。

［挪威］贺美德、鲁纳编著：《"自我"中国：现代中国社会中个体的崛起》，许烨芳译，上海译文出版社2011年版。

［日］谷川道雄：《中国中世社会与共同体》（增订本），马彪译，上海古籍出版社2013年版。

［日］内山雅生：《二十世纪华北农村社会经济研究》，李恩民、邢丽荃译，中国社会科学出版社2001年版。

［英］埃德蒙·R.利奇：《缅甸高地诸政治体系——对克钦社会结构的一项研究》，杨春宇、周歆红译，商务印书馆2012年版。

［英］爱德华·汤普森：《共有的习惯》，沈汉、王加丰译，上海人民出版社2002年版。

［英］安东尼·吉登斯：《民族—国家与暴力》，胡宗泽、赵力涛译，生活·读书·新知三联书店1998年版。

［英］保罗·霍普：《个人主义时代之共同体重建》，沈毅译，浙江大学出版社2010年版。

［英］弗里德里希·冯·哈耶克：《法律、立法与自由》（第一卷），邓正来、张守东、李静冰译，中国大百科全书出版社2000年版。

［英］卡尔·波兰尼：《大转型：我们时代的政治与经济起源》，冯钢、刘阳译，浙江人民出版社2007年版。

［英］洛克：《政府论》（下篇），叶启芳、瞿菊农译，商务印书馆1964年版。

［英］莫里斯·弗里德曼：《中国东南的宗族组织》，刘晓春译，上海人民出版社2000年版。

［英］尼尔·保尔森、托·赫尼斯主编：《组织边界管理：多元化观点》，佟博、陈树强、马明译，经济管理出版社2005年版。

［英］弗·培根：《培根论说文集》，水天同译，商务印书馆1983年版。

［英］亚当·斯密：《国富论》，唐日松等译，华夏出版社2005年版。

［美］禹贞恩编：《发展型国家》，曹海军译，吉林出版集团有限责任公司2008年版。

（四）论文类

陈福胜：《法治的人性基础》，博士学位论文，黑龙江大学，2004年。

陈雷：《新时期治水兴水的科学指南——深入学习贯彻习近平总书记关于治水的重要论述》，《求是》2014年第15期。

陈明：《家户主义的行为逻辑及其公共治理》，博士学位论文，华中师范大学，2015年。

陈午晴：《中国人关系的游戏意涵》，《社会学研究》1997年第2期。

陈宗章：《"教化"，一个需要澄清的概念》，《河海大学学报》2011年第12期。

程同顺、邢西敬：《合法性、认同和权力强制：制度权威建构的逻辑》，《上海行政学院学报》2016年第5期。

董建辉：《"礼治"与传统农村社会秩序》，《厦门大学学报（哲学社会科学版）》2005年第4期。

董磊明、陈柏峰等：《结构混乱与迎法下乡——河南宋村法律实践的解读》，《中国社会科学》2008年第5期。

费孝通：《论中国家庭结构的变动》，《天津社会科学》1982年第3期。

顾培东：《中国法治的自主型进路》，《法学研究》2010年第1期。

郭于华：《代际关系中的公平逻辑及其变迁：对河北农村养老事件的分析》，《中国学术》2001年第4期。

黄芳芳：《社会秩序理论——一种政治思想史的考察》，博士学位论文，浙江大学，2014年。

黄宗智：《集权的简约治理——中国以准官员和纠纷解决为主的半正式基层行政》，《开放时代》2008年第2期。

黄宗智：《中国的现代家庭：来自经济史和法律史的视角》，《开放时代》2011年第5期。

兰林友：《宗族组织与村落政治：同姓不同宗的本土解释》，《广西民族大学学报》2011年第6期。

李国庆：《关于中国共同体的论战——以"戒能—平野论战"为核心》，《社会学研究》2005年第6期。

李培林：《中国社会结构对资源配置方式的影响》，《中国社会科学》1995年第1期。

李全生：《农村中社会互助现象初探》，《山东农业大学学报》2003 年第 6 期。

林辉煌：《法治的权力网络》，博士学位论文，华中科技大学，2013 年。

刘作翔：《法治现代化概念、释义和实现目标》，《宁夏社会科学》1999 年第 3 期。

卢晖临、李雪：《如何走出个案——从个案研究到扩展个案研究》，《中国社会科学》2007 年第 1 期。

刘金海、谈晓花：《从"双轨"到"三治"：中国乡村治理的现代之变》《党政研究》2023 年第 3 期。

麻国庆：《分家·分中有继也有合——中国分家制度研究》，《中国社会科学》1999 年第 1 期。

马戎：《"差序格局"——中国传统社会结构和中国人行为的解读》，《北京大学学报》2007 年第 2 期。

苗延波：《论法治、人治与德治的关系》，《天津法学》2010 年第 2 期。

钱杭：《宗族重构的意义》，《二十一世纪》1993 年第 10 期。

沈延生：《村政的兴衰与重建》，《战略与管理》1998 年第 6 期。

苏力：《二十世纪中国的现代化与法治》，《法学研究》1998 年第 1 期。

孙立平：《实践社会学与市场转型过程分析》，《中国社会科学》2002 年第 5 期。

唐峰：《纠纷解决中的关系规则》，《山东大学学报（哲学社会科学版）》2009 年第 6 期。

王林敏、王玉瑞：《关系：被私化的权力》，《黑龙江省政法管理干部学院学报》2008 年第 1 期。

王思斌：《经济体制改革对农村社会关系的影响》，《北京大学学报》（哲学社会科学版）1987 年第 3 期。

王天夫、王飞等：《土地集体化与农村传统大家庭的结构转型》，《中国社会科学》2015 年第 2 期。

王敬尧、董诗艺:《寻找团结:重建乡村共同体的现实逻辑》,《社会主义研究》2022年第6期。

王学辉:《双向建构:国家法与民间法的对话与思考》,《现代法学》1999年第1期。

吴春梅、刘晓杰:《小亲族行为与农村矛盾演进的内在逻辑——基于豫西北L村群体性事件的启示》,《科学·经济·社会》2010年第2期。

吴思红:《论村民自治与农村社会控制》,《中国农村观察》2000年第6期。

谢建社、牛喜霞:《乡土中国社会"差序格局"新趋势》,《江西师范大学学报》2004年第1期。

徐勇、邓大才:《社会化小农:解释当今农户的一种视角》,《学术月刊》2006年第7期。

徐勇:《"法律下乡":乡土社会的双重法律制度整合》,《东南学术》2008年第3期。

徐勇:《GOVERNANCE:治理的阐释》,《政治学研究》1997年第1期。

徐勇:《城市与乡村二元政治结构分析》,《华中师范大学学报》1990年第1期。

徐勇:《从中国事实看"东方专制论"的限度——兼对马克思恩格斯有关东方政治论断的辨析与补充》,《政治学研究》2017年第4期。

徐勇:《关系权:关系与权力的双重视角——源于实证调查的政治社会学分析》,《探索与争鸣》2017年第7期。

徐勇:《礼治、理治、力治》,《浙江学刊》2002年第2期。

徐勇:《历史延续性与中国农村社会形态的认识——论站在新的历史高点上的中国农村研究》,《南国学术》2017年第4期。

徐勇:《历史制度底色下土地改革进程与成效比较》,《社会科学研究》2016年第4期。

徐勇:《两种依赖关系视角下中国的"以文治理"——"以文化人"的

乡村治理的阶段性特征》，《学习与探索》2017年第11期。

徐勇：《中国家户制传统与农村发展道路——以俄国、印度的村社传统为参照》，《中国社会科学》2013年第8期。

徐勇：《祖赋人权：源于血缘理性的本体建构原则》，《中国社会科学》2018年第1期。

谢晖：《当代中国的乡民社会、乡规民约及其遭遇》，《东岳论丛》2004年第4期。

杨力：《新农民阶层与乡村司法理论的反证》，《中国法学》2007年第6期。

尤广辉、胡永君：《关系结构中的法律》，《学习与探索》2003年第1期。

俞可平：《全球治理引论》，《马克思主义与现实》2002年第1期。

杨善华、侯红蕊：《血缘、姻缘、亲情与利益——现阶段中国农村社会的"差序格局"的"理性化"趋势》，《宁夏社会科学》1999年第6期。

[英] 鲍勃·杰索普：《治理的兴起及其失败的风险：以经济发展为例的论述》，《国际社会科学杂志》1999年第2期。

翟学伟：《中国人际关系的特质——本土的概念及其模式》，《社会学研究》1993年第4期。

张鸣：《热闹中的冷想》，《读书》2001年第3期。

张佩国：《私产的发育和共有的习惯——改革开放以来三角洲农民家庭财产关系的实践形态》，《青岛大学学报》2004年第1期。

赵晓力：《中国近代农村土地交易中的契约、习惯与国家法》，《北大法律评论》1998年第2期。

赵旭东：《互惠、公正与法制现代化——一个华北村落的纠纷解决》，《北大法律评论》1999年第1期。

朱晓阳：《"语言混乱"：与法律人类学的整体论进路》，《中国社会科学》2007年第2期。

张明新：《从乡规民约到村民自治章程——乡规民约的嬗变》，《江苏社会科学》2006 年第 4 期。

Gouldner, "The Norm of Reciprocity: a Preliminary Statement", *American Sociology Review*, 1960 (25).

Clark W. Sorensen, *Over the Mountain Are Mountains: Korean Peasant Households and Their Adaptations to Rapid Industrialization*, University of Washington Press, 1988.

D. R. De·Glopper, "Doing Business in Lukkang", in P. Wolf, ed., *Studies in Chinese Society*, Stanford University Press, 1978.

John Finnis, *Natural Law and Natural Rights*, Oxford: Clarendon Press, 1980.

Kung-Chuan Hsiao, *Rural China: Imperial Control in the Nineteenth Century*, University of Washington Press, 1960.

Scott J. C., "Patron-Client Politics and Political Change in Southeast Asia", *The American Political Science Review*, 1972 (66).

附 录

塔湾村调查日志（节选）

一

历时半个月的选村终于告一段落了，在夏添师兄的无私帮助下，余干县农工部李红辉部长及农工部办公室主任屠主任的亲自带领下，来到梅港乡政府，彭大鹏书记负责接待了我们。在向彭书记介绍了选村要求之后，书记向我推荐了黄芽行政村，很快，便联系上了琚列印书记。告别了李部长、彭书记等人，又一次拖着行李跟随村支部书记进村，沿途已无心再欣赏信江的美景，更多时候是在祈祷选村的成功。

大约二十来分钟，进入黄芽村村委会所在地塔湾琚家新村，车子停在了村支书弟弟琚行林叔叔的门口，进去之后一家人正在吃饭，琚智萍妹妹热情地带我上楼，打扫房间，给我以非常亲切的感觉，这让我在塔湾村的试调研有了底气。楼上温度十分高，电扇也阻挡不了汗腺分泌汗水，琚列印书记见状竟然提议要给我安装空调，这般待遇让我受宠若惊，百般推辞之后，我也就没想这么多，现在最要紧的是赶紧找个明白老人来探探塔湾村的底细。

中午休息了一下，三点左右，琚智萍妹妹便带着我来到了琚桦齐爷爷家，爷爷今天83岁，暂时与奶奶独居在塔湾村，一共有三个儿子，其中两个在政府部门工作，另一个在黄金埠开店，老人自身的经历也十分丰富，共读了4年书，之后便再没有读了。1954年发秋大水，晚稻、芝麻什么都被浸湿了，家里没有经济来源，就去矿山做工，做了两年，人品好认识字，就从普通工人被调去当会计，1959年调到公社做团委书记，1969年调到煤矿公司，1977年到梅港乡，1978年当副书记，直到退休。

今天的访谈时间较短，约一个半小时，主要就塔湾村的历史，中华人民共和国成立之前村落内人口、户数、土地、农户家庭成分、姓氏、居住格局、水网环境等方面的内容进行了较为粗略的了解，再与刚进村时看到的地形、稻作等景象进行比对，除了整体姓氏不是太理想之外，其他条件基本符合选村要求。明天再找其他老人进一步了解情况，真心希望塔湾村便是我此次调研的终点站，加油。

二

今天上午吃完早饭之后，坐等民兵连长陈竞农（村医）叔叔带我去迁居至赵家堂的陈择雨老人家，陈择雨老人今年91岁，去了之后得知老人最近身体欠佳，并未好转。由于语言上的障碍，初次与之访谈，麻烦陈医生做翻译，几个问题下来，发现老人体力已透支，陈医生也不愿意再帮忙翻译了。寒暄了几句之后，便告辞了，等老人身体好转，还是拉上琚智萍妹妹来帮忙翻译吧。

走出陈择雨老人的家，我又麻烦陈医生带起去寻找其他合适的老人，于是来到邻相的一位94岁老奶奶家中，由于语言问题，交流根本无法进行，最后全程由其儿子陈老师代劳，就分家、养老等问题进行了粗略的探讨，中华人民共和国成立之前的事情他们也只是道听途说。约1个小时之后，结束访谈。下午还是来到了琚桦齐老人的家，就村落土地产权、水塘渔权、水权等进行了详细的了解，并向老人要得几个明白老人的名单，明天再麻烦琚叔叔带我跑几趟吧。

关系、规则与乡村治理：赣东北塔湾村的秩序表达

三

昨天听琚桦齐老人及琚叔叔讲述，中华人民共和国成立之前，陈银和是塔湾村及周边村落里最有文化与学识的人，只不过土地改革时期，因其家庭成分不好，而被迫搬迁到金家畈居住，一住就是几十年，现在生活得很一般，很多人都为他读了那么多书，而未谋得一官半职或对社会做贡献可惜。同时，陈银和老人今年八十六岁，在年龄、家庭成分、文化学识等方面均符合理想型访谈对象的要求。于是，与琚行林叔叔商量，让他带我去老人家走一趟，看看是否能挖到宝贝。今天吃完早饭之后，按照计划，琚行林叔叔骑着摩托车带我出发，大概十多分钟之后，就进入了老人家的院子，老人正在院子里拔草，其夫人也随后回了家，拿出东西招待我们，据说其夫人也是大户人家的闺女，结婚"过样"的时候非常排场，到土地改革运动时期，分他们家东西的时候，其夫人的嫁妆摆了满满的一院子，很壮观。

老人见到我非常拘谨，不知道他经历了什么，让一个传统时期骄傲的灵魂沦落成为现代社会的"糟老头"，说话也语无伦次，说得最多的是他遗憾的人生，三句不离感谢政府。当问及关于1949年之前他家生活状况、田地面积、与农户关系时，老人均以自己在外上学，不了解家事为托词，拒绝提起跟他家有关的任何事情，几番努力之后，我决定暂时终止访谈，等过几天单独再来，或请上琚桦齐爷爷陪我来，我想两位老人在一起话话家常，回忆一下往昔岁月，也许陈银和老人也会敞开心扉，接受我的访谈。

告辞老人之后，我让琚行林叔叔直接带我去琚爷爷给我介绍的程文武老人家，老人85岁，中华人民共和国成立之前，其大伯当了几年家，是村里的小老板，家中土地面积约25亩，主要以打鱼为生，在土地改革运动时期，其成分为富农，老人的妻子是大溪渡一位戴姓老板的女儿，

老人现居毛家新村。在琚叔叔帮忙说明来意之后，老人、毛火仂会计及周边的村民都过来围观，此次访谈，老人主要介绍了程姓家族的起源，及本家族在信江流域的渔权关系。根据老人讲述与程氏族谱记载，程氏家族起源与信江渔权的内容可整理如下：

一是塔湾程氏的起源。余干程氏望出安定，是程伯休父之后，东晋时期，程元谭任新安太守，迁往新安，成为安徽名望之族。至北宋，程叔达由安徽迁入河南洛阳，其第四世又迁回安徽休宁，到元初，程叔达第十七世孙日宝，再由休宁草市先后迁徙居住在余干康山、大溪渡西岸坑口。日宝第九世孙德寿生五子，即友谅、友谦、友敬、友昌、友义。明朝洪武二十六年，五兄弟分居大溪东岸与西岸，其中，友谦、友敬居大溪西岸；友昌、友义、友谅居东岸。义为东岸中房支，原为大溪程氏五老房，俗称五老，后又分迁塔湾、杨埠村、大山、黄金埠、霞山等地。各支程氏以打鱼为生。塔湾程氏在信江一带打鱼，夜晚时常在塔湾村歇脚或短暂寄居于此，与陈氏先祖相交甚好，且此处便于打鱼与耕作，遂便接受陈氏的邀请，定居塔湾。直至1999年搬迁之前，少数陈姓与程姓农户仍杂居于中湾，之后搬迁至毛家新村，与毛姓村民杂居的居住格局基本未改变。

二是塔湾程氏的渔权。中华人民共和国成立之前，余干县有条不成文的规定，即信江内的渔权由各地方的程姓人共同管理。在塔湾村，程姓以打鱼为生，其他姓氏不能随意在信江打鱼。上至黄金埠，下至楼埠的信江河段，即塔湾村段的鱼归塔湾程姓管理，外姓人不得使用专业及大型工具到信江捕鱼，但用笱箕、捞网等工具在江边网点鱼打打牙祭的行为是被默许的。

其他姓氏未经程氏会首及其大多数农户同意的情况下，擅自用专业或大型的工具捕鱼，就会引发矛盾纠纷。一般来讲，擅自捕鱼的行为一旦被发现之后，违规村民便会主动停止，并保证下次不再犯，乡里乡亲的，对方并不会刻意为难，也不用交出捕捞成果；如果同一村民的违规行为屡教不改，程姓的发现者就会第一时间通知会首，会首会根据汇报情况的严重与否及其与违规村民关系的好坏来决定如何处理。如果捕捞事态严重，并且违规村民态度恶劣的，则会首会没收其私捕的鱼虾，并额外罚几斗子谷，罚来的谷子及卖掉鱼虾的钱粮交由程姓会上充公；如果违规的村民与会首关系好，且认错态度较好，会首只会没收鱼虾，口头上教训一番，并不会罚谷；

如果擅自用专业渔具大规模捕捞者为外村村民，无论情节是否严重，均要没收鱼虾，外加会首的言语规训，情节特别严重的，要罚谷物，扣押捕捞者，同时还要派人到村民家中通知其家属来领人，接到通知之后，村民的父母或兄弟会带上既定的罚款及礼物，请上其村内威望较高的长辈（此人通常与程姓会首或塔湾村内有一定威望之人相识）来向程姓会首要人，其叔伯、堂兄弟等至亲也会随同。道歉、罚款、教训过后，会首便会放人。

总体上来讲，其他姓氏在河边捞几条鱼吃是常有的事情，但因捕鱼引发的纠纷较少，理由在于，一方面，信江的渔业资源较为丰富，好的年份，鱼多的没有人捞；另一方面，信江大规模捕捞难度较大，且鱼虾销量不好，程姓之外的农户很少冒着跌面子的风险去私捕。

四

今天起了个早床，吃过饭后，让阿姨家的妹妹琚智萍骑着电瓶车带我到赵家厂去拜访村里的老会计。昨天听琚爷爷介绍，这个老会计是中华人民共和国成立后黄芽村的第一任会计，到分田到户之后才退休，家里应该会有很多文字性的资料和宝贝。满怀希望地一路问到老会计家里，老会计躺在太师椅上挂瓶，说明来意之后，老会计很遗憾地告诉我，以前是有很多关于塔湾村、黄芽村的纸质版材料，但1998年大洪水之后，水淹到半墙高，水退了之后，很多东西也就遗失了，他自己年纪大了，自觉不再参与政事，也没必要去修复被洪水浸泡过的材料，就全部当垃圾处理掉了。

宝贵的文字历史被洪水冲走了，但活的历史还在。惋惜之余，与老会计攀谈起来，主要了解了中华人民共和国成立前后塔湾村的经济社会状况，塔湾村的历史建制沿革。据老会计回忆，民国时期，塔湾村隶属于大溪乡，与金埠、赵家厂同保；中华人民共和国成立后，塔湾村建制变动较为频繁。1949 年到 1956 年之间，塔湾村一直作为独立建制村属于永发乡，1956 年，区乡合并，塔湾村又划归黄埠区管辖，直到 1958 年，人民公社化运动不断推进，塔湾隶属上游公社的黄芽大队，村落内共由 6 个生产队组成，1959 年，黄芽大队归入金埠公社管辖。1963 年，小社并大社，金埠公社又与梅港公社合并为梅港公社，黄芽大队又成为梅港公社的一个大队，1968 年，扩社并队，黄芽并入金埠大队。直到 1978 年，重新恢复黄芽大队的建制。1984 年，改公社为乡，生产大队和生产小队改为村民委员会和村民小组，黄芽大队改黄芽村委会，隶属于梅港乡，塔湾村成为黄芽村委会下辖的一个自然村落，这一建制格局一直延续到今天。

看着老会计说话声音越来越小，看样子是累了，我便示意妹妹起身道歉与告辞。回去的路上还碰到一辆卖豆腐的三轮车冲到路边的林子里，费了九牛二虎之力，终于拉上来了。回忆了一下近日来，每天清早六点半到八点半之间，就有一位来自黄金埠的李姓中年女菜贩会准时地骑着三轮电动摩托车走街串巷，用扩音喇叭叫卖，村民们听到之后会出来根据需要购买，菜品皆为素菜；来自流水垱的一位屠夫肉贩则会骑着摩托车拉上猪肉进入村落叫卖，一般 2—3 天来一次。其他卖水豆腐、凉粉、卖猪仔、鸡鸭仔的流动小贩也会不定时光顾。

传统时期，亦是如此，收货人（黄金埠市场上做粮油生意的老板）会定时上门收购芝麻、油菜、豆子等经济作物，收货人与村民们因年复一年的收购关系成为熟人，收货人到村民家中吃饭喝茶无须支付费用，村民也可以到收货人的粮油铺中赊账消费，相互之间享受着熟人关系序列内的优惠。同时，每半个月或一个月，走街串巷的小商贩会挑着担子进村吆喝叫卖，主要包括镜子、针线、糖、梳子、小玩具等杂货。村民有货品需求就会出来购买。与收货人相似，挑货担子的人也享受着村民开放包容的态度，他们随时可以进村，不用缴纳任何费用及向任何人汇报。

从小生活在农村的我，对此却无很深刻的体会，着实惭愧。在塔湾村，包括之前试调研过的一些村落内也无小型超市或公开营业的杂货铺，陌生人进去根本无法临时购买货物，为什么在村落内没有形成稳定的店铺或集市呢？究其原因，大概是发达、便利的村落集市足以满足农户生产生活的需求，且村内农户亦有去墟市或集市售卖农产品的需求，卖的同时买进自己缺乏的是常态。心中仍然有困惑，明天带着问题去问问老人们吧。

五

今天上午起床刷牙时，突然发现自己的嘴巴张不开了，饭也吃不成，琚叔叔与阿姨见状非常着急，连忙带我去黄金埠诊所买药，回来之后，阿姨也特意准备了去火的凉粉，由于说话口齿不清，便决定暂停一天的访谈，正好可以思考一下在无国家、无律法的村落社会秩序何以可能的问题。

亚里士多德在《政治学》中曾经指出："凡是属于最多数人的公共事物常常是最少受人照顾的事物，人们关怀着自己的所有，而忽视公共的事物。"哈丁、奥尔森等人进一步说明了公共事物不得道的必然性与悲剧性。对于如何化解公共事物悲剧的治理之道主要有三种：一是加强中央政府的控制；二是彻底实行私有化制度；三是自主治理，即通过"自筹资金的合约实施博弈"。在上述三种方案之外，是否存在其他的公共事务治理之道呢？在调研中发现基于对乡村内生权威的层级化认同与塑造、次级公共产权的整合而形成的村落差序性自治体系可以较为有效地将自治单元由"私"的家户过渡到"公"的村落，进而实现公共事务的善治。这在一定程度上是否能作为公共事务治理的补充呢？

楼下叔叔喊吃饭了，吃完饭之后准备继续整理昨天的录音，对照一下提纲，检查一下是否有漏问或者老人们没有回答完整的地方，做好记录，以便在明天进入其他议题访谈前将之解决好。

六

在塔湾村的调研已接近尾声，今天开始进入查漏补缺的阶段，分别访谈了三位老人，主要对村落的由来、水网、经济、文化、社会、治理等各方面的部分内容进行再确认与再补充，以使村落各条脉络更加清晰。按照往常惯例，吃过晚饭之后，和阿姨去散步，不同的是今天要带上琚德玲小朋友，这几天为即将参加转学考试的她补课，我们之间的感情也更为深厚，这也算是调研中的意外收获吧。

现将塔湾村的村落特点总结如下：经过调研发现，本村的特色主要体现在经济形态与治理形态两大方面。一是从经济形态来看，一家一户的小农经济发达。传统时期塔湾村内几乎每家每户均为土地所有者与生产者，无大地主，以自耕或半自耕的土财主为主；村落内租佃关系较简单，以小规模的、村内土地租佃为主，农户以家户为基本单元进行生产经营活动，家户主义特征明显；村落流动性较差，除了少数的、暂时性的家庭兼业流动之外（榨包贸易），农户很少流动，形成内向性较强、相对稳定的格局；村落内各姓氏会上有少量的会产。

二是从治理形态来看，分层治理，层层相扣。村落治理主体（保长、保队副、甲长、村落大头首、话公、会首、家首、家主、头头等）及其治理方式因治理单元、治理事务及其关系的不同而有所变化，各司其职。其中，由国家政权建构而产生的保长、甲长等主体主要负责征兵、税费摊派与征收等政权事务，在村落内有权无威，而基于小农认同的内生性权威治理主体的治理内容涉及村落内外除政权事务之外的方方面面，村落治理基本上是无国家、无律法之下的自治。当然，各治理主体、单元及内容之间并非完全孤立与泾渭分明的，相互之间也会存在一定的交叉、重合与互补，即呈现出"分层（类）治理，层层相扣"的村落治理特征。

另外，村落内的权威认同也具有"层级化"（差序认同）的结构特点，归根结底，村落内生权威产生于家户的认同，但在认同来源形式上略有不同，表现出"自下而上"的阶梯状的认同格局。如家首由家主默认产生，会首源于家首及其一致认同，其权威大小与各姓氏会上的会产多寡直接相关，大头首则产生于会首的举荐，"话公"来自家主的认同，越往上走，权威越大，并通过一层层的认同将村落权威与家户加以联合。

再者，在以村落为基本单元进行公共事务治理时，各姓氏会产，而非村落公共财产是村落自治的经济基础，在一定程度上，公共事务治理内容及其效率以会费为限度，无会费或会费缺口过大，如修路桥、赢灯、灾后救济等公共事务多半不了了之；当会费充足则上述事务的推进通常较为成功，家户的参与积极性较高；当各姓氏会费短缺较少，村落内生权威会出面筹集经费，家户也会以出力或出钱粮的形式参与其中。

七

今天上午趁着叔叔阿姨都在家，我麻烦阿姨帮我把琚友齐爷爷请到家里来，请叔叔当翻译，就中华人民共和国成立之前老板与普通农户的关系，老板与租户的关系，大头首、会首、话公、保甲长等人与农户之间的关系等问题作进一步的充实。下午又接着去借阅陈氏家族族谱，以便对陈氏村民的来龙去脉及相关家规有更全面的了解。

回来之后，接着对之前一直困惑的问题进行思考，即家户主义凸显的内向型小农经济村落是如何通过内生性权威的认同与塑造、次级公共（共有）产权的整合实现自治的？具体而言，要解决上述问题，必须很好地回答以下三个方面的小问题。

首先，传统时期，塔湾村内存在着家户——小家族（"一大家"）——家族（"会"，一姓一家族一会）——村落等自治单元，以家户为起点，自治范围也由小到大，由"私"域逐渐向"公"域过渡，不同治理层级内有自己的权威认同基础、治理内容、方式与主体，并共同构成村落的自治体系，呈现差序化的治理格局（差序治理?）。问题在于，各自治层级之间是如何实现有序衔接的？如何超越家户自治的"私"，走向村落的公共治理的？

其次，自然村以各姓氏会上的会产之联合为公共事务治理的资源基础，会产为各姓氏家户共有产权，理应为各姓氏家户结成的利益共同体的自治服务，即自治单元与公共产权单元相互重合与统一，但事实上，在塔湾村，以村落为基本单元的自治却以另一层级，即同姓会（琚家会、陈家会等）的公共产权为资源基础，各姓氏会产是通过何种方式转化成为整个村落共同体的自治资源的呢？即以会上"私产"为经济基础的村落自治何以可能？经调研发现，正是层级化的村落内生权威认同结构使得"会"这一共同体在村落公共事务治理中整合成为村落共同体，其公共产权也转化成为村落自治的经济基础，实现村落自治单元与处于不同层次的公共产权单元的契合与互动，这种公共产权是乡村权威认同的起点（基础），又是其进行乡村治理的经济基础。是否可以从（类）公共产权与乡村内生权威认同两个变量出发，来考察传统村落公共事务治理的内在机理呢？

最后，集体化时期，村落内公共产权得以无限制扩张，家户产权几乎处于真空状态，村落自治被全能政府的控制所替代，乡村内生的权威被上级任命的干部所取代，其权威认同源于国家；包干到户之后，家户产权不断扩张，村落公共产权受到连续性的挤压，（这个阶段的产权并非传统时期的产权,家户产权扩张与公共产权的压缩更多指的是其产权权利束的分配),村落公共事务治理的内生性、可持续性的经济基础崩塌,家户之外的公共关系网络支离破碎,产生或维持传统乡村内生权威认同的公共产权或资源基础逐渐消解,进而导致乡村内生权威的消逝。在这种情况下,国家不断向乡村输入各类资源,试图以此来实现乡村的有序治理与发展,但乡村自治或公共事务治理仍困境重重,甚至出现自治的"内卷化"。为什么在"有钱老板都不愿意多出一分钱",国家又不"给力"的传统村落可以实现有效的自治,而在国家不断向下"给力"的现代乡村社会在公共事务治理时却十分曲折呢(外部的、强制性的自治)?是否可以从家户产权与公共产权互动关系及乡村内生权威认同的演变来透视不同时期乡村是如何自治的,即依靠什么自治,如何均衡家户产权与公共产权等问题?

要解决好上述问题,还要回到象牙塔里恶补理论才行,任重而道远啊。正在惆怅之时,琚德玲小朋友来找我补英语了,今天就暂时画上一个句号吧。

八

今天是在塔湾村调研的最后一天了,带着不舍与感激把访谈过的老人重新走访了一遍,这次非正式的访谈显得轻松了许多,不再是一板一眼的形式,在有说有笑中汲取着对自己有用的信息,突然发现补充式的访谈也可以如此轻易地完成。依稀还记得琚行林叔叔第一次带我去金家畈找陈银和老人的景象,老人十分拘谨,根本不愿意谈起往事,现在老人有说有笑,还畅谈着如果自己念完樟树高中之后不立马回家会是一种怎样的人生;琚桦齐老人热情依旧,还时不时责怪我在访谈时太过犀利,步步追问,弄得他每回答一个问题都要反复回忆,生怕对我有任何的误导,最后还嘱咐我要尝试考公务,回学校要好好学习,有什么困难再给他打电话；琚友齐老人从最开始以听不懂我说话，不敢随便说为由多次拒绝我的访谈请求，到现在碰到我主动跟我讲述之前遗漏掉的问题；陈帝光老人始终如一，从第一次到最后一次，每次访谈结束之后总会提醒我不要忘了向梅港乡政府或县里的领导反映他被征地之后的遭遇；琚树齐老人从最开始严肃的不以为然到最后跟我控诉他大儿子从小到大，从大到老的种种行为；陈择雨老人依旧是有一说一，对于任何不确定的提问，均会以"这个我不清楚，你去问问其他人"来应对，记忆尤为深刻的是在讲到保长与普通农户之间的关系时，老人直接以"我是独子，保长克扣不到我，如果克扣我了，土地改革运动的时候我就直接向上面说了"来回答，老人严谨、正直的精神让我钦佩。还有很多受访老人也给予我极大的帮助，但由于各种原因，没能在临走前再次拜访他们，深感遗憾。

后　记

又一次定稿，再一次出发，内心五味杂陈。2016年6月有幸参与华中师范大学中国农村研究院深度调查项目，初次进入赣东北塔湾村，领略长江流域村落治理形态与实态。后因研究需要，断断续续几次前往，回想起这段经历，点点滴滴历历在目，彷徨、遗憾、感动与收获并存。正是在塔湾村的关系发现让我迸发切题灵感，完成博士学位论文写作，本书亦是在博士学位论文基础上形成的。

中国乡村"依何而治"虽非新命题，却是一个值得且亟待研究的主题。多学科领域的学者都有所探讨，从规则之治的角度来看，主要存在着礼治、法治与礼法共治三种取向。但无论礼治、法治还是礼法共治，其背后或暗藏着家与社会二元对立的逻辑；在对礼治或法治观点进行阐释时，往往带有较强的价值性倚重色彩，只见国家不见社会，或只强调社会内生性力量、规则而忽视国家的现象也较为普遍，即使是礼法共治的观点亦存在着诸多分歧。那么，如何消弭国家与社会之间的张力，延展解释限度呢？

本书立足于赣东北塔湾村个案分析，以关系—规则为研究视角，通过厘定家户、亲族、村落内部关系特性，剖析与之对应的治理规则或力量，关系与规则的互动及其对治理类型的影响，揭示传统乡村依"关系规则"自我调节式治理的底色性图景，即关系规则之治。同时，挖掘乡村社会的传统底色，寻找现代性法律规则在乡村社会遭遇排斥与对抗的

后　记

底色性原因，为农村法治建设的推进提供参考，为新时代乡村治理共同体建设提供新的思考方向，试图为中国乡村"依何而治"的研究献一份绵薄之力。当然，本书的出版离不开他人的帮助。

本书得以出版，首先要感谢求学时期的恩师。引导我进入乡村治理研究领域的徐勇教授，没有您给予的机会，没有您的指引与指导，我可能不会转行，更不可能有本书的写作和出版。感谢恩师丁文教授，没有您的接收、栽培、包容、体谅、保护与鼓励，我的学术研究能力可能不足以支撑书稿写作。感谢华中师范大学中国农村研究院的培养和各位老师的学术指导与关怀。

我要感谢陪我至今的益友们。你们总能在我的学习、生活、工作处于混沌抓狂时，耐心开导，给出让我豁然开朗的建议，和你们的交流总能碰撞出灵感的火花；你们无微不至的陪伴、关心、支持、帮助与警醒，让我能在迷失中笃定前行，如果没有你们，本书的出版将会异常艰难。

特别感谢塔湾村琚行林夫妇、琚智萍、琚桦齐及各位父老乡亲在调研中给予的无私帮助，没有你们的支持，我的调研之路不会如此顺利，更不可能完成以塔湾村为个案表达的书稿写作。

本书的梳理出版还得益于出版社编辑老师的细心审核与校对，感谢你们辛勤的付出和无私的帮助。当然，还要感谢中国民航大学马克思主义学院学术专著出版经费的资助和各位老师的支持。

最后，还要感谢我的家人，亲人的支持与关怀是我得以和继续前行的动力。

2024 年 6 月 1 日于家中小屋